LECTURAS DE PUEBLA

Portada: Diego Rivera, fragmento del mural
Danza de Huichilobos, Palacio de Bellas Artes

Contraportada: Diego Rivera, fragmento del mural
Carnaval de Huejotzingo, Palacio de Bellas Artes

LECTURAS DE PUEBLA
ARTE

GOBIERNO DEL ESTADO DE PUEBLA/FONDO DE CULTURA ECONÓMICA
PUEBLA, 1994

Primera edición, 1994

Cuidado de la edición: Gilda Castillo
Diseño: Bernardo Recamier
Formación: José Luis Herrera

D.R. © Gobierno del Estado de Puebla
Calle 5 Oriente número 5, Puebla, Pue.

ISBN: 968-29-6159-9

D.R. © Fondo de Cultura Económica, S. A. de C. V.
Carretera Picacho-Ajusco 227, 14200 México, D. F.

ISBN 968-16-4460-3

Impreso en México

ÍNDICE

ARTE

HISTORIADORES

LEYENDAS

EL ARTE Y LA HISTORIA
LOS ORÍGENES AMERICANOS

SALVADOR TOSCANO

En el estado actual de la investigación americana sólo un hecho es posible aceptar como cierto: el indio americano no es originario del nuevo continente. Los opositores a esta afirmación —los poligenistas en general o quienes, como Ameghino, pretendían buscar la cuna de la humanidad precisamente en América— no han podido hasta ahora comprobar la presencia de restos paleolíticos pleistocénicos en este continente, ya que todavía no se encuentra un horizonte contemporáneo al de la edad de piedra sin pulir europea, sin contar con que los hallazgos realizados hasta ahora, como los de Trenton, Nueva Jersey, no han sido realizados en condiciones científicas o se han encontrado depositados en capas fósiles pero por arrastres modernos de las aguas. Tampoco los hallazgos antropológicos óseos corresponden a una humanidad muy primitiva, pues, como ha demostrado Hrdlicka, casi todos los hallazgos conocidos corresponden a indios de características modernas —Lagoa Santa, Brasil; El Peñón, México; Florida, valle de Calaveras, Estados Unidos, etcétera; algunas veces fosilizados por acción no del tiempo sino de agentes químicos naturales—, a diferencia de los hallazgos euroasiáticos que presentan caracteres primitivos acusadamente simiescos: frente deprimida y estrecha, órbitas desarrolladas, prognatismo y tendencia a aguzar la boca en forma de hocico, etcétera. Y, por último, aceptando las ideas evolucionistas debemos convenir que en América faltan los antropoides inmediatos antepasados del hombre, desde los lemúridos hasta los chimpancés y gorilas, que son ajenos a las selvas americanas, cuyos únicos habitantes son los pequeños monitos de centro y sudamérica.

Ahora bien, no habiéndose comprobado la existencia del hombre fósil en el nuevo mundo, hay que buscar una solución al problema del origen y de la posible ruta seguida por los amerindios en su penetración al continente. Desde los primeros años del siglo XVI este problema apasionó a antropólogos e historiadores, pero la falta de una base científica y la abundancia de prejuicios religiosos y humanistas, empujaron a hipótesis fabulosas acerca de un origen Atlántida, judío, fenicio, escandinavo, etcétera, y estas soluciones, es bien sabido, continuaron durante la etapa romántica del siglo XIX. Sin embargo, ya desde fines del siglo XVI dos autores españoles, fray Gregorio García y el padre Acosta, prestaban atención a un posible origen asiático de los indios americanos; esta tesis, a partir de Humboldt, se empezó a fundamentar científicamente buscando semejanzas antropológicas, lingüísticas y aun arqueológicas. Hrdlicka ha confirmado la similitud de las tribus mongoles con las tribus americanas, haciendo notar semejanzas tan fundamentales como las del color de la piel y la forma del cabello. Actualmente la teoría de un origen nordasiático, mongol, es la única que goza de un prestigio científico. Este penetramiento debió ocurrir durante uno de los periodos interglaciares, quizá unos quince mil años antes de la era cristiana, cuando el hombre no poseía elementos de una verdadera cultura, ya que sus conocimientos eran los de un recolector y cazador que escasamente dominaba el arte de pulir las piedras y el de producir el fuego, desconociendo por lo mismo la agricultura, la cerámica, el arco, la metalurgia y, quizá, la cestería y la navegación; la cultura indígena de América, pues, sí es autóctona, y toda semejanza con restos arqueológicos cretenses, egipcios, asirios o chinos, debe considerarse como paralelismos culturales.

Más aún, ¿cuál sería la ruta empleada por estos primitivos

emigrantes? Como sabemos, América está aislada por los océanos en todos sus extremos, pero en su punto noroeste está separada de Asia por un estrecho canal, el de Behring, el cual convienen los geólogos y paleontólogos en que todavía durante las glaciaciones era un puente ístmico, por el cual atravesaron los protomongoles siguiendo más tarde la costa de Alaska y Canadá hasta penetrar en el macizo continental, ruta que parecen confirmar los basureros conchíferos fosilizados regados a lo largo de las extensas costas del Pacífico.

Sin embargo, esta explicación única para la población indoamericana, ha sido modificada por investigaciones más recientes. Aceptando un origen mongol para los indios de norteamérica, se han hecho notar diferencias raciales, lingüísticas y arqueológicas para negar la unidad de la raza americana y buscar varias soluciones al problema. El representante contemporáneo de esta tesis es el antropólogo francés Rivet, quien ha puesto de relieve un posible origen malayo-polinesio y aun australiano. A los primeros los hace llegar como navegantes, pues es bien sabido que éstos fueron excelentes marinos —ya que se supone que hacia el siglo XIV dichos navegantes habían alcanzado las islas de Pascua, frente a Chile, dejando tan importantes vestigios arqueológicos. Antropológicamente, lo anterior serviría para comprobar el origen dolicocefálico de los hombres de Lagoa Santa y, filológicamente, las diversas raíces polinesias encontradas en diversos dialectos sudamericanos; más aún, culturalmente vendría a confirmar el origen común de elementos primitivos de ambas culturas, como la hamaca, la flauta, el *teponaztle*, el *átlat* o lanzadera, la cerbatana, la trompeta de concha, las máscaras de danzas rituales, etcétera.

Por lo que se refiere a los emigrantes australoides, que Rivet reconoce etnográfica y filológicamente, el problema es hasta hoy insoluble. Los australianos nunca fueron buenos navegantes y ni siquiera podemos acudir a la dubitable solución polinesia de Mendes Correa, quien los hace pasar de Australia al polo Antártico en una época en que las condiciones del clima favorecían el paso del hombre, y de allí a la Tierra de Fuego, en sudamérica.

En resumen, la migración americana se sucedió en diversas oleadas, de las cuales la más antigua está formada por elementos australoides —población dolicocéfala del tipo Lagoa Santa—, elementos más tarde arrinconados en las regiones patagonas; una segunda oleada fue formada por los malayo-polinesios, cuya extensión lingüística se extiende a todo el litoral pacífico de América; y, por fin, el grupo nordasiático, mongol, el único científicamente aceptado, cuya población braquicéfala se superpuso a las diversas poblaciones arcaicas; y, por último, la población esquimal, población tardía y francamente mongoloide.

Sin embargo, esta hipótesis, que debe aceptarse vista la variedad étnico-lingüística y arqueológica de las tribus americanas, presenta un escollo para su aceptación: la ruta seguida por los malayo-polinesios y australoides, ya que, como certeramente observa García Pericot, parece inconcebible que tan excelentes navegantes dejaran en América una humanidad torpe en este arte, sin contar con que siendo la población malayo-polinesia la más antigua, esto no se compadece con el carácter moderno de la difusión melanesia en las islas de Oceanía. Es, pues, este problema una de las grandes interrogantes de la ciencia americanista. Como lo ha hecho notar Obermaier: "Que las culturas de la antigua América recibieron aún repetidas inspiraciones y préstamos ajenos, es cosa que debe aceptarse; pero los rostros de todas las civilizaciones de la América central y la meridional miraban, no a Europa, sino al occidente, es decir, a Oceanía. Por desgracia, desconocemos casi totalmente el modo como esas culturas desaparecidas se enlazaban y entrecruzaban; es éste un gran enigma cuya solución quizá nunca podremos arrancar a las silenciosas ondas del Océano Pacífico."

LAS CULTURAS ARCAICAS

Pero si el hombre no es originario de América, su cultura es incuestionablemente autóctona. Al arribar a tierras continentales, el indio americano no poseía más elemento de civilización que el conocimiento del pulimento de las piedras y, quizá, la industria de la cestería. Empujado a su nuevo habitat continuó su vida económica de cazador y recolector: las extensas praderas de norteamérica le brindaron un campo excelente, y este género de vida perduró en América del norte sin apenas modificaciones en el transcurso de los siglos.

Allí, consecuentemente, se encuentran los rastros de la cultura primitiva de América. Su antigüedad lo atestigua el hecho de hallarse frecuentemente puntas de flecha de formas específicas que se emplearon en la caza de animales de una fauna extinguida en los inicios del cuaternario, principalmente mamuths. Esta cultura de cazadores lleva genéricamente el nombre de Folsom por el lugar primero de los hallazgos en Nuevo México. Las culturas de los cesteros en la región del Pacífico y la de los constructores de montículos de la cuenca del Mississippi no son sino evoluciones más o menos tardías de este primitivo horizonte.

Pero el alzamiento de una verdadera cultura está ligado al establecimiento de poblaciones sedentarias de vida económica agrícola. Dicha revolución, que transformó radicalmente el estado social indígena, no se realizó en las vastas planicies de norteamérica sino en los valles de las mesetas mexicana o de la América central, donde por vez primera se inició el cultivo del maíz, base principal y única de la agricultura indígena y todavía hoy el cereal americano por excelencia, ya que los vegetales distintos de América no tenían un valor nutritivo tan completo —yuca, camote, patata, cacao, frijol, calabaza, etcétera—, y añádase a esto la carencia de animales domésticos que les proporcionaran una base alimenticia de leche y de carne —los dos animales conocidos fueron la llama en el Perú y el guajolote en México. El maíz se benefició primitivamente de una gramínea que crecía entonces abundantemente en forma silvestre, el *teocinte* de los mexicanos, cuyo lugar de origen se ha buscado en la meseta mexicana, chiapaneco-guatemalteca y en las huastecas. En la *Historia de los mexicanos por sus pinturas*, manuscrito indígena de 1547, se menciona en la edad cosmogónica más antigua un maíz diferente al que se cultivaba bajo la denominación azteca: "comían en este tiempo de una simiente como maíz que se dice *cintrococopi*..."

Ahora bien, bajo los niveles más bajos de las más antiguas culturas se han encontrado restos de una cerámica tosca y de aspecto sumamente primitivo que se ha denominado genéricamente arcaica. El tipo característico de la cerámica arcaica fue por primera vez reconocido estratigráficamente en el valle de México el año de 1911 por el arqueólogo Boas, quien por la frecuencia de hallazgos en las serranías del valle la llamó de "los cerros". En un principio se creyó confinada dicha cerámica al valle de México, con lo cual se señalaba en dicho lugar el centro de dispersión cultural, pero hallazgos superficiales en Morelos (Plancarte) y en las Huastecas (Staub), arrojaron una cerámica análoga cuya antigüedad, en relación con la del valle, era un problema. Más tarde, entre 1926 y 1927, los arqueólogos Gamio y Lothrop descubrieron en exploraciones estratigráficas el horizonte arcaico de la cultura maya de la América central, el primero en Miraflores-Arévalo, junto a la ciudad de Guatemala, y el segundo en un depósito de cerámica bajo cenizas eruptivas en Cerro Zapote, El Salvador.

Actualmente se conoce cerámica arcaica procedente de los más bajos niveles de las más remotas culturas. Por ejemplo, dentro del área maya, en Uaxactún, Guatemala (Ricketson); en Holmul (Merwin-Vaillant); en San José, Belice (Thompson); en Miraflores (Gamio), así como en El Salvador y en diversos lugares de la meseta guatemalteca (Lothrop). Igualmente se encuentra cerámica arcaica en el horizonte prezapoteca, Monte Albán, Montenegro (Caso), etcétera, tanto en el valle de Oaxaca como en la serranía mixteca. También apareció en la región tarasca, Zamora y Zacapu (Noguera). Y, naturalmente, bajo las ruinas del complejo de culturas gran-mexicanas: Teotihuacán (Gamio, Linne), Cholula (Noguera), Calixtlahuaca (García Payón), etcétera.

Ahora bien, en todo caso, ¿dónde surgió el estilo cultural arcaico? Ya hemos visto que el arcaico premaya, prezapoteca o preteotihuacano apenas si puede considerarse maya, zapoteca o teotihuacano y que las semejanzas de estilo que conservan las diversas cerámicas entre sí no se debe a que sean obra de un mismo pueblo y de una misma cultura, sino a que proceden de una humanidad muy primitiva en un estadio cultural indiferenciado. Recientemente se ha aventurado que la cultura madre de la América media debe buscarse en el riñón sur de Veracruz-Chiapas-Tabasco, el habitat de los viejos olmecas y, en efecto, debió ser en la zona cálida de México donde se transformó el *teocinte* y se inventó el calendario, pues así cabe deducir del hecho de tener éste nombres de días de animales de la zona tórrida, tales como el *cipactli* (cocodrilo) y el *ozomatli* (mono).

Pero los restos mejor conocidos e importantes hasta ahora de las culturas arcaicas se encuentran en el valle de México. Previamente a Franz Boas, y a Paso y Troncoso, Chavero, Holmes, Plancarte y la señora Nuttall habían recogido superficialmente idolillos característicos de la cultura arcaica. Cerámica tosca, bárbara, sin pulimento ni pintura, trabajada por torpes incisiones o por adición de rollos o cuentas al "pastillaje". Pero fue un discípulo de Boas quien en 1912 exploró por vez primera los niveles de Atzcapotzalco y señaló la secuencia cultural del valle de México: en el estrato más profundo y consecuentemente más antiguo, en una capa de espesor de 3.75 m., encontró restos de una cultura desconocida y muy primitiva; en una segunda capa, de menor duración a juzgar por el espesor del nivel (2.25 m.), cerámica teotihuacana; y finalmente, en un estrato de cuarenta centímetros de altura y a flor de tierra, cerámica nahua del tipo azteca.

En 1917 un nuevo hallazgo en el valle de México vino a ampliar el radio de conocimiento de la cultura arcaica. Bajo el basalto del pedregal de San Ángel, en Copilco, se encontraron entierros de un panteón indígena. Incuestionablemente se trataba de enterramientos practicados antes de la erupción del volcán de Xitle, cercano al Ajusco, cuya lava produjo el manto basáltico del pedregal, que vino a recubrir las tumbas de los hombres pedregalenses. Tiempo más tarde se vino a descubrir una pirámide en el pedregal, en Cuicuilco, Tlalpan, cuyo primer cuerpo quedó envuelto por la roca eruptiva del extinguido volcán, lo que viene a confirmarnos que la cultura arcaica pedregalense pertenecía a un estadio sumamente evolucionado, ya que las ofrendas a los muertos de Copilco y la presencia de una pirámide nos indican la existencia de un culto de los muertos y de una religión en proceso de desarrollo. Se ha pretendido calcular geológicamente el periodo de la erupción del volcán de Xitle, señalándose entre 100 a 1000 años antes de la era cristiana, y debe notarse que la cerámica de Copilco y de Cuicuilco no es precisamente la más antigua, no digamos de México, sino del propio valle.

Ahora bien, recientemente el ingeniero Ola Apenes realizó descubrimientos que vienen a confirmar que el valle de México sufrió intensas transformaciones antes de tener la fisonomía que de él conocieron los aztecas o los españoles del siglo XVI. En un sitio cercano a Chimalhuacán, en el sedimento del lago de Texcoco, encontró restos de cerámica arcaica, restos que en los tiempos históricos (aztecas y novohispanos) estuvieron cubiertos por las aguas del lago de Texcoco, pero que al desecarse éste volvieron a aflorar. Es decir, que este sitio arcaico sería en una época muy remota un sitio floreciente que desapareció más tarde por la elevación del nivel de las aguas del lago.

Todos estos cambios parecen recordarlos las viejas historias de origen nahua con el nombre de edades o soles cosmogónicos. Según la *Historia de los mexicanos por sus pinturas*, la primera edad terminó por el Sol de Fuego y duró 676 años; la segunda persistió 676 años y concluyó por el viento huracanado que convirtió a los hombres en monitos; la tercera terminó por las lluvias y concluyó a los 364 años; y la cuarta edad terminó por el agua a los 312 años; los mexicanos vivían a la llegada de los españoles una quinta edad cosmogónica que también habría de concluir por un cataclismo. Lehmann se inclinó a ver en dichas edades verdaderas épocas históricas. Si, en efecto, en el Sol de Fuego vemos sólo una erupción que produjo el manto pedregalense y en el Sol de Agua inundaciones que subieron el nivel del lago de Texcoco, nos explicaríamos la cerámica y restos arqueológicos de Copilco-Cuicuilco y Chimalhuacán y no creeríamos tan inverosímil que los aborígenes del valle de México conservaran el recuerdo de dos o tres mil años de su vida histórica con cuatro edades divididas por cataclismos.

Recientemente el arqueólogo norteamericano Vaillant ha intentado sentar las bases para una cronología científica de las culturas del valle de México conformando los datos arqueológicos y cerámicos con los puramente tradicionales. Sin embargo, para el periodo arcaico de una etapa breve y definida que parece estar en contradicción con la antigüedad geológica del pedregal y la elevación del nivel del lago de Texcoco. El periodo cerámico más antiguo corresponde a los restos Zacatenco-Copilco y el más reciente a la cerámica Cuicuilco Ticomán, continuando entonces la cultura teotihuacana, ambos dentro de un lapso que va de 200 a. de C. a 400 de C. En todo caso, un hecho histórico parece quedar confirmado: la anterioridad de la cultura arcaica a la era cristiana.

Arte Precolombino de México y de la América Central, 4a ed., Prólogo del doctor Miguel León-Portilla, edición de Beatriz de la Fuente, México, UNAM/Instituto de Investigaciones Estéticas, 1984.

PUEBLA, LA CUPULAR
DR. ATL

El campanario es una cristalización ascendente.

Él representa en las iglesias cristianas, colocado junto a las fachadas o sobre los pórticos floridos, un espíritu de elevación.

La cúpula es una síntesis espacial.

Ella representa sobre la nave de los templos la expansión espiritual del sentimiento religioso.

Nacida en tierra irania y trasplantada a Occidente, la cúpula floreció sobre las iglesias, en los países del sol y tuvo su máxima expresión sobre los muros polícromos de Santa Maria dei Fiori.

Transportada a México, esta admirable concepción arquitectónica se desarrolló sobre la vieja tierra de Anáhuac —que no había conocido la curva— prodigiosamente.

Y la cúpula fue el ornamento supremo de las soberbias iglesias metropolitanas, de los pintorescos templos de los pueblos, de las pobres capillas de los campos, y en ellas se explicó con mayor elocuencia y extraordinaria abundancia el sentimiento popular.

IMPLANTACIÓN Y DESARROLLO DE LA CÚPULA

El desarrollo de la cúpula se verificó en México del tipo octagonal renaciente al tipo esférico en los diversos tipos del renacimiento italiano.

Es una creencia muy general que los métodos más simples de construcción han sido siempre los primeros en ponerse en práctica y que de ellos se ha partido para obtener organizaciones complicadas. Generalmente sucede lo contrario, y en el caso de la evolución de la cúpula en México, la simplificación de los métodos y de las formas constructivas es evidente. Ella, por otra parte, vino ya *hecha* a México en los proyectos para las grandes catedrales, siguiendo las formas renacientes, muchas más italianas que españolas y en las estampas o dibujos que indudablemente trajeron consigo los frailes misioneros. Entre éstos debe haber habido muchos educados en Italia, que conservaron las impresiones de las formas de las cúpulas italianas, de las cuales se derivan éstas de México.

La influencia italiana está marcada en la tendencia general a usar la cúpula como un supremo coronamiento de los muros; en las formas de algunas gálibas elegantes; en el uso de las nervaduras y en un cierto aspecto general que se refiere más al *espíritu de la cosa* que a ella misma.

Desde el momento en que las condiciones del país recién conquistado permitieron levantar muros suficientemente sólidos, éstos fueron cerrados con bóvedas corridas de cañón o con bóvedas circulares, pero se previó, en la mayor parte de los casos —así lo revelan las estructuras murales— la elevación de una cúpula central.

Esta, por lo que yo he podido deducir estudiando las construcciones de las iglesias, fue siempre proyectada dentro del tipo octagonal. Existen algunos ejemplares de este tipo que fueron indudablemente construidos en las últimas décadas del siglo XVI. Entre ellos el más importante es el de Xochimilco.

En la ciudad de México abundan los tipos octagonales con entablamentos rectos y la semiesfera a gajos o simplemente poligonal. Ejemplo del primer caso la cúpula de Regina y del segundo la de la Profesa.

El tipo octagonal perduró a través del virreinato y sirvió de armadura para las más variadas decoraciones barrocas, platerescas, poblanas o metropolitanas, o para recibir un total revestimiento de azulejos poblanos. Pero después de sus primeras apariciones, los constructores de la colonia eliminaron el tambor y colocaron la media esfera directamente sobre las pechinas o sobre un aro, abriendo cuatro u ocho ventanas en el cascarón.

Yo presumo que fue Puebla la que inició esta reforma. Mi presunción proviene de haber encontrado en esa ciudad algunas iglesias de principios del siglo XVII que presentan todas las probabilidades de haber tenido desde esa época cúpula esférica sobre aro, enjalbegada de rojo, decorada con nervaduras y ornada con azulejos.

Puede encontrarse otro apoyo a esta suposición considerando la necesidad que tenían las órdenes religiosas de cubrir rápidamente y con galanura gran cantidad de iglesias. Es posible que esa necesidad haya sido la determinante para simplificar las estructuras cupulares.

Como quiera que sea, y para bien juzgar de este importante miembro arquitectónico, lo más lógico —y lo único posible— es estudiarlo por lo que representa plásticamente.

Constructivamente las cúpulas en la arquitectura hispano-colonial pueden reducirse a cuatro formas:

Tipo octagonal, de planta cuadrada, con tambor, inspirado en modelos recientes.

Cúpula sobre aro con penetraciones en el cascarón.

Cúpula sobre pechinas con penetraciones en el cascarón.

Columnaria, peraltada.

Estos tipos los encontramos a través de tres centurias, constantemente modificadas por influencias regionales.

Conozco sólo una excepción: la cúpula de la iglesia de Oaxaca, que se aparta de todos los tipos del virreinato.

MÉTODOS DE CONSTRUCCIÓN

Las cúpulas de México no tienen aparejo. Están construidas en su totalidad con *relleno,* es decir, con una amalgama de piedras poco pesadas —generalmente una escoria volcánica— unida

Acuarela del Dr. Atl.

con mezcla muy fuerte. Esta capa se iba extendiendo sobre la cimbra, la cual, generalmente, tenía la forma exacta que había de llevar la cúpula en su interior. Esa forma se obtenía haciendo un verdadero molde de tierra encima de la cimbra. Este es uno de los motivos por los cuales las cúpulas son muy irregulares y tienen, especialmente las pequeñas, el aspecto de objetos modelados a mano.

En algunos casos, muy raros, por cierto, se calcularon las cúpulas y se hicieron las cimbras como un verdadero trabajo de ingeniería, pero, como casi siempre, las obras eran encomendadas a simples maestros o a albañiles, ellos se ingeniaban para resolver sus problemas en el terreno mismo, sin previos planos.

Hoy día se construyen todavía así las bóvedas y las cúpulas en diversas regiones de México. He visto en Ixtapalapa, D. F., y en Zinancatepec, Edo. de México, construir en esa forma.

En Puebla, este procedimiento de construcción llegó a adquirir una perfección extraordinaria. Los albañiles elevaron cúpulas semiesféricas de una gáliba perfecta y de una gran solidez.

En algunos lugares del estado de Jalisco se usó, en el siglo XIX, un procedimiento muy curioso para construir grandes y pequeñas bóvedas. Se emplearon cántaros ordinarios para acarrear el agua, y se unieron con mezcla muy fuerte. Este procedimiento permitió hacer bóvedas casi planas y de una gran resistencia. Se les llamó "bóvedas de cantarito".

Puede decirse que la manera de construir las cúpulas es completamente peculiar de los albañiles de la colonia, y constituye una interesante revelación de la intuición y de la habilidad manual de estos obreros modestos e inteligentes, que heredaron sus facultades de generación en generación hasta nuestros días. Los albañiles actuales son tan hábiles como sus antecesores del virreinato, pero tienen la desgracia de estar dirigidos por ingenieros o arquitectos educados dentro de los libros.

LA DECORACIÓN

El revestimiento exterior de las cúpulas fue hecho en tres diversas maneras:

1a. Con un aplanado de mezcla muy fuerte, el que era invariablemente cubierto con una ligera capa de mezcla más fina, coloreada con almagre y pulida a manera de estuco, siguiendo los procedimientos que se usaron para revestir los muros de los monumentos o de los templos durante la civilización azteca.

2a. Revestimiento de ladrillos ligeros, muy recocidos, extendidos en forma de *petalillo*, unidos con mezcla.

3a. Revestimiento total de la semiesfera con azulejos.

Estas tres formas obedecían a la necesidad de preservar la semiesfera de la acción de las lluvias, pero ninguna pudo evitar las filtraciones, y no hay cúpula en México que no presente en su parte interior las señales de la penetración pluvial, la que en muchos casos ha destruido totalmente las decoraciones pictóricas.

La ornamentación asume en los exteriores una variedad infinita. Todos los estilos transportados de España o venidos de Italia fueron transformados, enriquecidos. Los más variados motivos y la más fantástica policromía ornan las cúpulas de México. En ellas parece haberse reconcentrado todo el sentimiento decorativo popular.

Las ventanas salientes sobre las *medias naranjas* tomaron del barroco, del plateresco y del churriguera, motivos ornamentales y los llevaron al límite de la fantasía; las linternillas se convirtieron en un motivo de ornato ingenioso y bello; las nervaduras se exageraron y perdieron su misión constructiva para transformarse en simple motivo de decoración; las curvas superficies de las semiesferas rojizas se cubrieron de dibujos polícromos, y cuando Puebla pudo dar grandes cantidades de azulejos, mosaicos de maiólicas azules y anaranjados, amarillos y blancos, tapizaron las cúpulas.

Desgraciadamente éstas son, en la mayoría de los casos, cosas aisladas del resto del edificio. Ya Quatremere de Quincy en su *Diccionario histórico de la arquitectura,* había hecho notar la falta de relación, en muchos edificios europeos, entre su estructura mural y la cúpula que la coronaba. En México esta falta de relación constructiva y decorativa, constituye un defecto capital. Las más bellas cúpulas parecen grandes bibelots colocados sobre muebles sin terminar.

La explicación de este defecto es fácil. Las órdenes religiosas necesitaban muchos templos. Estos eran construidos de prisa, sin un plan general, y como el tiempo que duró la dominación española no fue suficiente para revestir las estructuras, frecuentemente elementales, el interés decorativo fue reconcentrándose en determinados puntos —fachadas, torres y cúpulas. Estas parecieron afocar, desde un principio, todo el sentimiento artístico de la colonia, y ellas constituyen, hoy día, el producto más importante, más típico y más abundante de la arquitectura del virreinato.

Las iglesias que tienen una armonía lineal y polícroma, y en las cuales la cúpula es un *ornamento coordinado,* fueron hechas, reformadas o terminadas después de la mitad del siglo XVII y durante el siglo XVIII. Puebla posee algunos ejemplos muy típicos, entre ellos, San Marcos.

Iglesias de México, Vol. I. Cúpulas. Texto y dibujos del Dr. Atl. Fotografías de Kahlo, México, Banco de México, S. A., primera reedición, 1979.

LA CATEDRAL

MANUEL TOUSSAINT

La catedral corresponde a la serie magnífica de catedrales de América del siglo XVI. Esa serie viene a ser la continuación y término de los grandes templos catedralicios españoles de la edad media y el renacimiento, y su valor no desmerece en un ápice del de sus antecesores. México se enorgullece con los más grandiosos ejemplares de la serie, los que subsisten aún: las catedrales de México, Puebla, Mérida, Guadalajara, Oaxaca y Pátzcuaro, la única que no fue concluida.

Señoreando el burgués alineamiento de manzanas y calles, uniformes en su geométrica conciencia —línea recta y escuadra—, se yergue la catedral de Puebla. El enorme atrio le forma escenario. De no ser así, sería demasiada catedral, un exceso de catedral. Pero se ha calculado todo para que el templo se extienda en su anchurosa y acogedora solicitud y se enorgullezca de la ambición lograda en la altura voladora de sus torres.

Es así como la catedral existe. Ninguna de sus compañeras de México ofrece igual unidad estilística en el exterior. A la severidad escurialense de sus torres avasalladoras se somete fiel al barroco moderado de sus portadas y la modesta, si bien obediente, decoración de pináculos piramidales a lo largo de los costados.

La historia de la catedral de Puebla es muy movida. Ninguna catedral más aventurera que ésta. Por la fecha de su erección es la más antigua de México. Fue fundada antes de que la conquista estuviese consumada, por la bula de 24 de enero de 1518, en Cozumel, que se creía formaba parte del continente. Allí, con una prisa o una fantasía digna de los libros caballerescos, establecieron un obispado carolense, en honor de Carlos V. La inexorable realidad geográfica echó por tierra tan aduladores propósitos: Cozumel no era sino una isla.

Terminada la conquista de México se hicieron gestiones para trasladar la diócesis al nuevo país. ¿Qué ciudad, qué región, qué pueblo, era el más digno de recibir esa categoría catedralicia? Tlaxcala, sin duda; Tlaxcala, que tanto había contribuido a la conquista; Tlaxcala, cuyos caciques habían sido de los primeros en recibir la fe de Cristo.

La diócesis fue, pues, cambiada a Tlaxcala, y su primer obispo, don fray Julián Garcés, presentó sus bulas a la única autoridad civil que existía en la incipiente colonia, el ayuntamiento de México, el 19 de octubre de 1527. Es posible que haya existido en Tlaxcala un templo hecho de prestado, como solían decir, para catedral. Algunos autores afirman que en Tlaxcala no se levantó ningún templo.

Más he aquí que en 1531 se había fundado una Puebla que llamaban de los Ángeles. No sé si estaré en lo cierto, pero creo que una de las causas determinantes de la fundación de la Puebla radicó en los privilegios concedidos a Tlaxcala por la corona, nugatorios del todo, pues mientras la Puebla floreció hasta llegar a ser la segunda ciudad del virreinato, Tlaxcala permaneció muerta. Aun en estos últimos años la he visto como una población muerta.

La diócesis fue cambiada a la Puebla en 1539, para utilizar el templo que acababan de terminar. El hecho fue confirmado por cédula de 6 de junio de 1543, pero la advocación seguía siendo la de Tlaxcala. Todavía puede verse en la portada lateral del templo de San Francisco de Puebla el escudo tlaxcalteca en vez del de esta ciudad.

LA CATEDRAL VIEJA

La primera iglesia que existió en Puebla, después de la enramada que hicieron los franciscanos en el barrio del Alto, se encontraba en el sitio que después ocupó el portal que llamaban de Borja, actual de Iturbide, y su edificio era de adobes con techumbre de paja. En ella el señor Garcés, obispo de Tlaxcala, puso un clérigo con un sacristán para que le ayudase. Por iniciativa del mismo prelado se trató de construir nuevo templo, y como no había otro arbitrio para ello que lo que dieran los vecinos de la nueva población, él encabezó la lista de los donantes con cuatrocientos pesos de oro de minas. Los vecinos, colaboraron con lo que pudieron; pero no llegó a reunirse más de mil ciento veintiséis pesos de oro común. En vista de que tal cantidad era insuficiente, el cabildo trató con los indios del pueblo de Calpan, a fin de que ellos labrasen la iglesia a su costa, eximiéndolos de pagar el tributo, para lo cual el virrey don Antonio de Mendoza había dado permiso con tal de que la ciudad cubriese al rey dicho tributo. El 29 de agosto de 1536 fue colocada la primera piedra, labrada con dos rosas, una a cada lado, por el canónigo de Tlaxcala don Francisco de Leyva. Los indios de Calpan eran hábiles en la construcción de edificios y en decorarlos con escultura, como lo demuestra el convento de su pueblo que aún existe: las capillas posas del atrio son las más ricamente decoradas que se conocen, y acaso ellos intervinieron también en la fábrica del cercano monasterio de Huejotzingo. La obra fue concluida, según Veytia, el 31 de agosto de 1539, y el sitio que ocupaba no se conoce a ciencia cierta, pues en tanto que este autor opina que se encontraba en donde hoy está el Sagrario, la capilla de los Reyes y la sacristía de la catedral, otros cronistas la sitúan del lado opuesto, en lo que hoy es atrio, y fijan su orientación de norte a sur. Parece que Veytia no tiene razón, pues el templo viejo tendría que haber sido derribado desde que empezó la catedral nueva, y consta que no lo fue sino después, en parte, y totalmente en el siglo XVIII. Además, no se encontraba alineada a la calle, pues cuando se trata de repararla se propone agregarle una nave de capillas hornacinas de cada lado, una de las cuales, sin duda, invadiría por lo menos la mitad de la vía pública.

Los documentos nos permiten reconstruirla mentalmente. Igual a todos los templos de su época, era una basílica de tres naves claras, separadas por danzas de pilares de basalto negro, techos planos de vigas sobre zapatas, armadura en la nave central más alta y tres puertas. Carecía de capilla mayor y el techo, como en la catedral vieja de México, era de paja. El edificio sufrió constantes reparaciones; así, en 1555 servía de catedral la iglesia de la Veracruz, hoy de la Concordia, por lo que algunos autores afirman, sin razón, que tal templo fue la primera catedral.

Para 1561 el deterioro era tal que se dice es necesario rehacerla desde los cimientos, según la cédula de 28 de abril de ese año en que se pide al virrey informe acerca del caso. En México, el 6 de diciembre de 1563, el maestro Juan de Alcantara fue requerido para que presentase la traza del templo como se encontraba y una nueva en que marcara las reformas. Conforme a la traza nueva "que agora esta fecha", el proyecto consistía en ensanchar la iglesia agregándole a cada lado una nave de capillas hornacinas y alargándola con el aditamento de una capilla mayor, de que carecía. Con eso quedaría reforzada y concluida, pues le faltaban tales elementos para que pudiera llamarse una catedral. La iglesia, aunque deteriorada, estaba completa y, sin embargo, siempre se habla de terminarla con esos añadidos que según dicen le faltaban. De allí surgió una confusión, como veremos al tratar de la catedral nueva. El año siguiente se pidió dictamen a Claudio de Arciniega, el famoso arquitecto, que lo rindió desde México con fecha 5 de febrero de 1564. En él se ve el afán de menospreciar el templo existente, e insistir en la ventaja de levantar uno nuevo, pues con la abundancia de materiales y buenos canteros en Puebla se lograría con seis mil ducados edificar lo que en otra parte costaría veinte mil, y que la obra tardaría de doce a quince años.[1] A pesar de esta opinión adver-

---

[1] El P. Cuevas publicó la parte sustancial de este documento, pero con la fecha equivocada en nueve años (1555), lo que nos hizo incurrir en error a todos quienes escribimos de la catedral de Puebla.

sa, la reforma del edificio se realizó, pues consta que en 1587 se celebró la reapertura del templo con regocijo y encamisada.

No podía ser de otra manera, ya que el templo duró un siglo más. Fue la catedral de los obispos hasta el señor Palafox, que consagró el templo nuevo. Simultáneamente a la consagración, al decir de Tamariz, se desplomó parte del techo. Subsistió algún tiempo y fue destruida totalmente en el siglo XVIII. A este templo fue trasladada la diócesis de Tlaxcala, de hecho, en 1539 y confirmado por cédula de 6 de junio de 1543, como antes hemos dicho.

LA CATEDRAL NUEVA
ORÍGENES

El problema del origen de la catedral de Puebla es mucho más oscuro que el de su hermana de México. Su construcción fue ordenada directamente al virrey de Nueva España; pero no ha aparecido la cédula respectiva, que debe existir en el Archivo General de la Nación.

En el ayuntamiento de Puebla el autor de la *Cartilla Vieja* encontró, en el Libro de Reales Cédulas, una provisión del virrey de Nueva España, fechada el 27 de enero de 1558, en que está inserta una cédula expedida en Monzón el 25 de febrero de 1552; pero se refiere no a la catedral nueva, como creyó López de Villaseñor, sino a una reparación de la antigua, ya que, como hemos visto cuando se habla de restaurar este templo emplean la palabra terminarlo, dando a entender que estaba incompleto por la falta de capillas hornacinas y de la mayor. De esa cédula surgió la reconstrucción, recomendada todavía en la de 28 de abril de 1561. Pero eso nada tiene que ver con el templo actual.

La fecha del comienzo de la obra es otro punto que muestra cómo los cronistas de Puebla se copian unos a otros sin el menor criterio histórico.

El señor Palafox no tenía conocimiento fijo de la fecha del comienzo. En 1646 escribe: "Cerca de cien años ha que se puso la primera piedra...", lo que da 1546. Cuando proporciona a su cronista oficial de la consagración, Tamariz de Carmona, el texto de la inscripción del altar de los reyes, dice que fue comenzado en 1550, y así aparece en el libro impreso por esos años en España; pero, al entregar el original de la inscripción al lapidario Antonio Lechuga que la grabó, suprime la fecha, que no consta en la lápida de mármol. El año de 1550, inspirado acaso, como supone Leicht, en la falsa noticia del traslado de la diócesis de Tlaxcala a Puebla, publicada por Antonio de Herrera en su *Descripción de las Indias* desde 1601, fue recogido por Tamariz, copiado por quienes le siguieron, que, naturalmente, lo consideraron autoridad justificada. Así Zerón Zapata, en 1697; Bermúdez de Castro, entre 1740 y 46, con la ridícula especie de que era el mismo templo que se había comenzado el 29 de diciembre de 1531. Villa Sánchez lo copia en 1746. Veytia reacciona contra la fecha de 1550 como la del traslado de la diócesis; confiesa que no sabe cuando se comenzó la nueva iglesia, pero afirma que para 1549 ya estaba trazada.

Por documentos del Archivo General de la Nación consta que en 1556 fue expedida real cédula para comprar unas casas cuyo sitio convenía para la obra de la catedral. Ese año se toma como la fecha en que se trató de edificar el templo.

La fecha de su comienzo puede ser fijada ahora, gracias al nombramiento de Becerra como maestro mayor de la catedral. El virrey dice que su sueldo comenzará a correr cuando empiece la obra, luego nada se había hecho, y tenemos que aceptar el año de 1575 para dicho principio; es decir, dos años después que se puso la primera piedra de la catedral de México.

DESCRIPCIÓN DEL EDIFICIO

Su planta forma un rectángulo que corre de oriente a poniente, donde está la fachada principal o imafronte. Mide noventa y siete metros sesenta y siete centímetros de largo por cincuenta metros cincuenta y un centímetros de ancho, según Álvarez. Organízase en cinco naves: una central, dos procesionales y dos de capillas hornacinas. La nave principal se divide en tramos: dos del trascoro, dos del coro, uno de planta cuadrada para la cúpula, dos para el presbiterio, uno que liga las naves procesionales y el final ligeramente más ancho para la capilla real. Las naves procesionales no llegan sino al octavo tramo, en que se ven cerradas por muros que forman, con los espacios que corresponden a las capillas, del lado de la epístola la sacristía y del evangelio, el sagrario. En el cuarto tramo se forma el crucero, con una nave transversal del ancho de la del centro, con que se da espacio para el cimborrio y dos tramos de cada lado para los brazos. En el imafronte aparecen tres grandes portadas y una en cada brazo del crucero.

Las capillas son catorce, aparte de las de los Reyes. Cuatro en el espacio anterior al crucero y tres pasado éste en cada lado del templo. Las primeras se encuentran bajo las torres. En el lado del sur o de la epístola, sus advocaciones son las siguientes: primera, bajo la torre, la Virgen de la Soledad; la segunda, la Sábana Santa; la tercera, el redentor o Señor de la Columna; la cuarta, San Juan Nepomuceno, antes San Nicolás Obispo; sigue el brazo del crucero; la quinta, las reliquias; la sexta, el Sagrado Corazón, antes Nuestra Señora de la Antigua, y la séptima, que sirve de vestíbulo a la sacristía, la Virgen de las Nieves anteriormente, y hoy San Juan de Vianney, cura de Ars. Siguiendo por la nave del evangelio, tenemos; la octava capilla que da ingreso al sagrario, está dedicada a Santiago; la novena, a San Pedro; la décima, a la Virgen de Guadalupe; la undécima, pasado el crucero, al Corazón de María, antes a San Andrés; la duodécima a la Concepción; la trigésima al Santo Cristo y la última bajo la otra torre, estaba consagrada a San Ignacio y actualmente lo está a San Nicolás de Bari.

La estructura es de una lógica perfecta, como en su modelo de México. Las capillas, más bajas, están cubiertas con bóvedas de arista y cada una tiene su ventana rasgada; las naves procesionales ostentan bóvedas vaídas, muy poco peraltadas, con que con una moldura circular aparecen en forma de platillo, y la central, de medio cañón, con lunetos. En cada tramo de las tres naves se abren sus correspondientes ventanas, que en conjunto son ciento dieciocho.

Los soportes están constituidos por gruesos pilares o machones, de sección cuadrada, con medias muestras, o sea semicolumnas, de orden toscano, fuertemente acanaladas y contraacanaladas en el primer tercio, en cada uno de sus lados. En la rosca del arco se prolonga la media muestra, disposición peculiar adoptada en la catedral de México y copiada aquí; pero con la peculiaridad de añadir un pequeño entablamiento sobre el ábaco, al modo de silóee, cosa que no existe en la catedral mexicana.

Sobre el cuadrado que forma el crucero se desplanta el tambor de la cúpula, que descansa en las cuatro grandes pechinas con los ángeles de García Ferrer. El casquete está constituido de piedra pómez, equivalente al tezontle de México, aunque más ligero; la linterna es de bellas proporciones y la remata la estatua de San Pedro, de tres varas de alto.

Las naves mayores se apoyan en contrafuertes en forma de botareles que descansan en las inferiores, y el mismo tambor de la cúpula hizo sentimiento, por lo que fue reforzado por cuatro botareles angulares.

Sobre la capilla real se levanta otra cúpula más pequeña, sin tambor, por lo que, vista por fuera, ofrece desagradable aspecto, en contraste con lo airoso del resto del edificio. En efecto, las torres son altísimas y fueron proyectadas por Luis Gómez de Trasmonte y Rodrigo Díaz de Aguilera, pues es indudable que en el proyecto original las cuatro torres deben haber sido mucho más bajas, como las de la catedral de Valladolid, acaso.

Tal es, descrita a grandes rasgos, la forma de este admirable monumento.

PARROQUIAS POBLANAS

De las parroquias poblanas, la más completa, la de mayor abolengo, la parroquia modelo, digamos, es la de San José. Reúne todos los caracteres y satisface a todas las necesidades de una parroquia. Su emplazamiento, su amplitud, su extraordinaria capilla de Jesús, sus sacristías, su cuadrante, hasta su Casa de Ejercicios, todo es notable. Añádase a ello la belleza de su arquitectura, de sus retablos, de sus pinturas, de su mobiliario eclesiástico, para consagrarla como el ejemplar más valioso, en su género, en toda Puebla.

Cada uno de los conventos de frailes requeriría un capítulo especial para admirar lo que conserva y dolernos de lo que ha perdido. Todos ellos han sido tasajeados, divididos, crucificados. Hablemos de sus iglesias.

El templo de San Francisco es el más venerable. Sus bóvedas son aún de crucería, con nervaduras ojivales. La del sotocorro fue obra del famoso arquitecto Francisco Becerra. La portada lateral es la más antigua de Puebla, como la que ostenta aún el escudo de la diócesis de Tlaxcala, que seguía siendo la designación del obispo aun cuando la sede se hubiese pasado a la Puebla. El imafronte nos enseña como una obra de arte puede sobreponerse a otra de diversa época y estilo sin causarle demérito. Así, sobre la vieja estructura del templo, de pleno siglo XVI, austero aún de medievalismo, viene a incrustarse en el siglo XVIII una fachada de estilo característico poblano, con paramentos de ladrillos ordenados de paneles de azulejos, y una portada de piedra cuya gris severidad acoge generosa los relieves audaces de un escultor churrigueresco. Y viene a recordarnos, por la semejanza del fenómeno, el caso prócer de la catedral de Santiago de Compostela, en que al viejo edificio románico, cargado de siglos, llega a darle un toque de juventud y alborozo la fachada llamada del Obradoiro, de concepción tan atrevida, que se le conoce como la biblia del churrigueresco español.

Santo Domingo es el más rico. Aunque del viejo monasterio sólo queda el templo con su capilla del Rosario, y aisladas las de los mixtecos y de la Tercera Orden, es allí donde reside la mayor riqueza artística de Puebla. Desde la portada del atrio, de típico estilo poblano; los bellos relieves de argamasa a la derecha, en los arcos de la antigua portería; el gran imafronte de granito, de estilo purista; el anchuroso templo del siglo XVII con filas de capillas hornacinas, bóvedas ornadas de relieves, la del crucero protocupular; sus cinco retablos originales: su hermoso púlpito de *tecali* blanco y negro, hasta, como cúspide, la portentosa capilla del Rosario, orgullo y prez de nuestro barroco exuberante de fines del siglo XVII. Es así como las emociones del visitante van en ascenso, en una graduación sabiamente calculada hacia la cumbre.

San Agustín es el más pobre. Las guerras se ensañaron con el edificio. Como el templo es muy alto, lo utilizaban como fortaleza y quedaba maltrecho; veces hubo que al final de la batalla parecía una criba. El interior está desmantelado. Su fachada es de piedra oscura, con excelentes esculturas de mármol.

La Merced es el más popular, por el barrio y el mercado que lo rodea. Su portería está ornamentada al modo de la de Santo Domingo: con ornatos de argamasa, aunque de calidad inferior. En cambio su gran fachada de basalto, idéntica a la de San Agustín, la supera en la finura de su técnica. Un bello relieve de mármol blanco la blasona.

El Carmen es el más romántico. Siempre buscaron estos frailes lo pintoresco y añadiéronle gracia con sus construcciones. Su pasión por los azulejos los lleva a cometer atrocidades artísticas, como revestir pilastras de cantera con estas losetas esmaltadas, tal como lo vemos en el atrio, lleno de la añoranza que suspiran sus cipreses melancólicos. La espadaña, otro elemento romántico, fue también preferida por estos monjes, que las edificaron más que ninguna otra orden religiosa en vez de torres. Algunas, obra del insigne arquitecto carmelita Fr. Andrés de San Miguel, alcanzan gran perfección, como la del Carmen de San Ángel en el Distrito Federal.

El oratorio de San Felipe Neri, o Concordia de Sacerdotes, es el más místico. Sobre la recia fachada de granito vibra el ansia anhelante del santo patrono: "Paraíso, Paraíso quiero". Es una renunciación de todo lo terreno, de todo lo material, de todo lo mundano, a cambio de lo celeste. Sin embargo, bien rico es el templo, sobre todo en pinturas, y la famosa "Casa de Ejercicios", con su patio de azulejos, es una maravilla del arte que se encuentra sucia y abandonada, para vergüenza de México.

Los conventos de monjas agrupan caprichosos sus estructuras, sus claustros, sus ambulatorios, sus celdas, adaptándose a las condiciones del edificio que los aloja, casi siempre casa particular, cedida por sus dueños para la fundación o, si la comunidad es rica, comprada para establecer el convento. Pero en algo son todos uniformes: en la disposición y estructura de la iglesia. En efecto, todas, con las contadas excepciones de las que forman esquina, se encuentran con su nave alineada a la calle, con objeto de que los fieles puedan asistir a las ceremonias del culto sin estorbar la clausura. Dos portadas las exornan y un campanario en uno de los extremos. En el interior es notable la disposición del coro. Es doble, alto y bajo, y tan amplio que casi es otra iglesia. Esto se explica porque las religiosas asisten desde él a las ceremonias del culto. El bajo está cerrado por una reja de hierro muy fuerte; además lleva una celosía de tela. A los lados, pequeñas aberturas llamadas *criatículas* permiten a los sacerdotes darles la comunión desde la iglesia. Todas ellas han desaparecido con las comunidades y al ensanchar el templo con el espacio del coro bajo. El alto sólo lleva mamparas. Si desde el coro puede verse cuanto acontece en la iglesia, desde ésta nada de lo que ocurre de rejas adentro puede ser columbrado.

Es tal la uniformidad arquitectónica de estos templos, que cuando recordamos particularmente algunos de ellos, es porque un detalle ornamental persiste en nuestra memoria.

Así, la Soledad, con su hermosa cúpula blanca y negra; el relieve de su portada, excepcionalmente a los pies, porque forman esquina; sus retablos barrocos. También en Santa Catarina los hay muy bellos; pero aquí son el campanario y la cúpula los que nos atraen con su poblanismo incomparable. Santa Inés, con su jardín al frente y la escultura de la Santa sobre la portada en loza poblana, la mal llamada "talavera". En Santa Mónica son únicas las estatuas orantes de los benefactores y el museo anexo, en que más que obras de arte son notables el número increíble de objetos religiosos y el misterio con que las monjas quisieron rodearse, inútil frente a los esbirros que las descubrieron. ¿Cómo no recordar la cocina de Santa Rosa, la mejor de toda la colonia, tan íntimamente relacionada con el famoso mole poblano? De Santa Clara sólo queda una noble portada de piedra y los camotes a que prestó su nombre.

Las iglesias hospitalarias nos ofrecen uniformidad: ya son modestas, como las de San Pedro, San Roque, San Juan de Letrán, conocido con el nombre de El Hospitalito, o yacen en ruina dolorosa a pesar de su belleza, como la de San Pablo. Una alcanza categoría sobresaliente: la de San Cristóbal, del Hospital de Niños Expósitos. Fue construida de 1676 a 1687, y en su obra he hallado relación con el nombre del arquitecto, Carlos García Durango, constructor de la torre antigua de la catedral. Si fue obra suya, el hecho reviste gran importancia, ya que el barroco riquísimo de su fachada de basalto y los relieves que adornan el interior del templo sólo hallan rivales en los de la capilla del Rosario, y atendiendo a las fechas, aquellos resultarían un antecedente.

Al hablar de los colegios y sus iglesias, los jesuitas se llevan la palma, como en todo el país. Primero la iglesia de San Ildefonso, dedicada en 1625, con su fachada herreriana y sus ornamentos en relieve que cubren las bóvedas y vienen a ser, por tanto, los más antiguos que subsisten en Puebla, precursores de los de San Cristóbal y el Rosario. Sobre todo, la gran iglesia del colegio del Espíritu Santo: la Compañía. ¡Qué iglesia tan iglesia, y cómo se destaca por sus amplias proporciones que le otorgan al tiempo que solemne solidez, elevación a sus torres, si que macizas esbeltas! Su pórtico es bellísimo, cerrado por rejas de fierro. Su cimborrio es único: no es cúpula, pues ostenta planta cuadrada y carece de pechinas. En el interior, el sistema de pilares y arcos imita el de Silóee. Se dice que el proyecto fue del P. Juan Gómez, y la obra realizada por el maestro José Miguel de Santa María. El templo fue dedicado en 1767, el mismo año en que los jesuitas fueron expulsados; pero se continuó la obra, ya que las torres datan de 1804 a 1812. La fachada es diversa en cuanto existe: aparecen en ella interpretaciones populares de las formas cultas y óculos mixtilíneos de forma alargada verticalmente, variante única, por heterodoxa reprobable. Notable muestra de arte eclesiástico es la capilla doméstica, en el piso alto del colegio, con sus bóvedas también cubiertas de relieves, como los que repetidamente hemos mencionado y que, por su abundancia, resultan característicos de Puebla.

No es posible olvidar los dos santuarios que existen. El de Guadalupe, típicamente poblano, con su gran fachada de azulejos cobijada por un arco poco profundo; sus esbeltas torrecillas y su capilla lateral con graciosa cúpula de gajos revestida en el interior con ornatos en relieve, y el de la luz, con planta de cruz griega, caso único en Puebla, y bello exterior en que se combinan el granito gris con los paramentos de ladrillo y los paneles de azulejos que espejean a la luz brillante, en el aire sutil del ambiente poblano.

Las capillas no obseden en su muchedumbre; quisiéramos mencionarlas todas, devolverles, en un recuerdo, el que han dejado en nosotros. No sé qué tienen de íntimo, de amable, de tierno, el contemplar una capilla. Constituyen la manifestación más humilde del templo, pero, acaso, es la más entrañable, porque la vemos más cerca del pueblo; íntimamente unidas a él, a su barrio, al rincón citadino que anima a cada una. Pudiéramos decir que constituyen la cédula de la fe, por donde se transmite a los más apartados sitios de la urbe la savia de la religión. Algunas alcanzan gran categoría artística, que las ha hecho llegar a monumentos, como las de San Juan del Río y Xonaca, con sus finas fachadas de basalto. Otras, como la de los gozos, ofrecen soluciones pintorescamente diversas. Santa Bárbara, una joyita que muy pocos conocen; los Dolores, con una fachada popular, Xanenetla, como un juguete de los que venden en las ferias pueblerinas. Valvanera; el Santo Ecce Homo; San Miguelito; Loreto, en el cerro heroico, con su Santa Casa incrustada en la férrea fortaleza.

He hecho, con la grata compañía de don Pedro Robredo, el recorrido del *Vía Crucis* para localizar las capillas que aún existen. Allí están la de los Dulces Amantes, la del Cirineo, la de la Verónica, la que llamaron del Platero, la de las Piadosas Mujeres, convertida en biblioteca. Y he llegado al Calvario y he visto otras seis capillas en su recinto. Todas abandonadas, menos una: la de la Expiración, con grandes telas de pinturas excelentes que ofrecen las escenas finales del drama tremendo, el sacrificio supremo de Aquel que dio su sangre para salvarnos. Y he disfrutado de la belleza del sitio, de su frescor reconfortante en la cálida mañana, y me he preguntado en vano por qué este sitio tan bello yace en el abandono, y por qué los poblanos no acuden a él otro día que no sea el Viernes Santo. Junto existía una Casa de Ejercicios. En la actualidad es un jardín de niños. Más que jardín parece un huerto inculto; pero allí el arte del pasado ha dejado su huella: una fuente romántica rodeada por una arquería ornamental; sólo unos cuantos arcos han podido sobrevivir a la catástrofe del tiempo.

La Catedral y las Iglesias de Puebla, México, Ed. Porrúa, S. A., 1954.

LA CAPILLA DEL ROSARIO
Y TONANZINTLA

FRANCISCO DE LA MAZA

Puebla, la culta Puebla, creó el barroco mexicano en 1690 al cincelar su capilla del Rosario. Nunca antes se había visto, ni en este Nuevo Mundo ni en el Viejo, ese fulgurar del oro y del color en todo el ámbito de una iglesia. Desde el piso de mármoles rosa, desde el lambrín de azulejos, desde los muros realzados en sorprendente decoración policromada, álzase la cúpula resplandeciente de luces, de lo que pareció a sus contemporáneos la "Octava maravilla del Nuevo Mundo". E igual sucede después en las iglesias y capillas del Rosario: Oaxaca, Tlacolula, Ocotlán, Acatepec, Tonanzintla...

Pero en Puebla se esconde un símbolo cristiano perfecto. Toda la capilla está concebida en un místico lenguaje. Cada motivo ornamental es un paso hacia una metafísica religiosa. En su complicación decorativa lleva una pequeña Summa teológica muy lejos de todo capricho, extravagancia o locura que se ha querido ver en el barroco. Nada hay en este grandioso estilo de insania mental; al contrario, todo es ordenación simbólica y secuencia lógica de sus sentimientos religiosos. En esta capilla del Rosario de Puebla, tres doncellas, que nos vigilan desde sus tres bóvedas en que se plasman y que son las tres virtudes teologales, la Fe, la Esperanza y el amor, nos conducen a la cúpula, en donde la Gracia, una joven coronada, se acompaña de los siete dones del Espíritu Santo que rodean a la mística paloma de la Sabiduría. Santas vírgenes acompañan a María y los cuatro evangelistas montan guardia al ciprés de mármol de *tecali* donde se guarda la graciosa y coqueta escultura de la Virgen del Rosario con sus faldas a la moda del siglo XVII. Todo aquí es sensibilidad occidental cristiana. El maestro Francisco Pinto, creador de aquella capilla, sabía de escolástica o interpretó fielmente la dirección de los frailes dominicos. Y lo mismo pasa en Oaxaca y Tlacolula.

Pero Tonanzintla —madre de dioses— llamada en cristiano Santa María, no obedece a un concepto ortodoxo. No es tampoco que sea una iglesia heterodoxa. Está más allá de pleitos doctrinales. Es el Tlalocan* del siglo XVIII. Es el Tlalocan con vestiduras católicas. Es, nuevamente, el paraíso terrenal de flores y frutos. Es la recreación plástica de la naturaleza y de sus delicias eternas. Veámosla.

En el coro va la obligada orquesta, pero no son ángeles los que tocan el violín, flautas y contrabajos, sino niños desnudos, niños indígenas. Las pilastras que sostienen los arcos torales de las bóvedas, tienen un orden —forzando esta palabra— único. No son clásicas, no son barrocas. Son... indígenas. Sus fustes se forman de adolescentes coronados de flores, de máscaras expectantes y de frutos en sazón y el capitel es ¿corintio? no: es una gran canasta que rebosa flores.

Si Egipto inventó capiteles de hojas de loto y de papiro,** México lo sintió como una ofrenda en la que van juntos la labor manual del tejido de tallos y los dones de la naturaleza. Por todas partes aparecen las *xochime* (flores) entre las cuales asoman los *piltontli* (niños) y los *ixtli* (rostros) de cariátides y muñecos, abriendo desmesuradamente los ojos ante el asombro de estar siendo parte del paraíso. Pero son los *xayacatl* (máscaras), cubiertas de *ihuitl* (plumas) las que nos dejan estupefactos cuando devoran o vomitan, ahítos, los *xochicualli* (flores comestibles o frutas) y se rodean de un *octli* (vino) que recuerdan las uvas

---

* Tlalocan, el lugar de Tláloc, el paraíso terrenal del dios del agua; el lugar de las delicias.

** Loto, planta acuática; papiro, planta que crece a orillas de los ríos. En Egipto se empleaba para fabricar papel.

que se prodigan por doquier. Los pelícanos, como grandes guacamayas, pican las flores y niños danzantes juegan en la inmensa selva que cubre todas las superficies. Hay algunos santos cristianos: San Francisco, San Antonio, los evangelistas, los santos padres, pero sólo forman parte de la decoración como otros tantos motivos ornamentales, sin ninguna relación simbólica. La paloma del Espíritu Santo se rodea de muñecas de dorados pelucones, sin la necesidad religiosa de su presencia como en Puebla. Todo es color. Todo es flores de grandes pétalos y de frutos abiertos. ¿No es esto la viva realización de los trozos de Sahagún y Torquemada aplicados por don Alfonso Caso al Tlalocan de Teotihuacán? En el siglo XVIII pudieron los nahoas de Puebla reconstruir su paraíso como un "traslado de la Naturaleza" según frase de un viejo cronista. Cierto que no hay agua pero ¿no la supone la floración radiante de los elementos de la Tierra? Cierto que no es Tláloc y los tlaloques los invocados; son Santa María y los santos, pero que en el fondo no son sino el disfraz, el nahual, de las viejas divinidades prehispánicas, no muertas del todo en el melancólico indio de los valles de México que, cuando pudo, recreó su paraíso.

Páginas de Arte y de Historia, México, Instituto Nacional de Antropología e Historia, Tonanzintla (fragmento), 1971.

LO MEXICANO
EN LA ARQUITECTURA DEL XVIII

JOSÉ MORENO VILLA

I

No interesa a nadie ya una historia artística de México imitando los pasitos de siempre, como para demostrar que aquí hubo de todo. Hagamos la historia de lo diferencial y veremos surgir lo más definitorio de la fisonomía artística mexicana. Bien está que en los manuales se señalen los conventos y palacios que concuerdan con las estructuras de los renacentistas o góticos europeos, las pinturas que remedan a las flamencas, italianas o españolas, las esculturas que prosiguen la línea de lo español o se deben a manos hispanas; todo eso forma parte de la urdimbre histórica, sin duda, pero lo que decide en última instancia es el acento propio, la llamarada o explosión que surge de lo más íntimo.

Y no se vea en esto desdén para lo europeo ni tampoco altanería patriotera, sino afán de esclarecimiento, necesidad de deslinde.

Una de las cosas que más dolerán o sorprenderán a muchos es ver que según mis conclusiones poca o ninguna importancia tiene la pintura colonial. Pero así es, y no está en mis manos el remediar los hechos. Como los pintores de esa época hubo centenares en España que no pasaron de la penumbra.

Y vamos a ver lo que es el sello mexicano del siglo XVIII.

Si la ciudad de Puebla fuese fulminada por un volcán o por una escuadra de fortalezas aéreas y sólo quedase en pie la iglesia de Guadalupe, la Casa del Alfeñique o la iglesia de San José, bastaría para saber cómo era lo mexicano del XVIII en arquitectura.

Y no es que yo venga ahora a lanzar un cántico huero a Puebla. Sé tirar de las riendas a mi caballo. Pero sé también que todo el que va a Puebla por primera vez se siente como levantado al contemplar las fachadas de estos edificios. Ligereza, alegría y levitación emanan de ellas. Y lo natural es preguntar en seguida por los factores que concurren para producir esa impresión de felicidad. ¿Qué hay en estas obras?

Yo no sé que a partir del estilo gótico se haya conseguido nada tan aéreo y tan firme a la vez como estas iglesias. Las góticas participan de estas virtudes, pero no alcanzan a producir la alegría que las mexicanas. ¿Dónde está el secreto? Para mí es evidente que en los materiales, y en el modo de manejarlos. Los materiales son colores, y el color alegra la vista. Pero hay algo más. El equilibrio feliz de las superficies planas, los cuerpos macizos y los cuerpos perforados y rizados. Estoy ante el santuario de Guadalupe.

Yo veo en esta obra una conjugación perfecta de lo sabio y lo popular. El azulejo lo entiende el pueblo, es cosa suya. En cambio, el dibujo de la portada es un producto cerebral, matemático, de proporciones.

Pero ambos factores, el popular y el erudito o académico, están influidos mutuamente, porque, si nos fijamos bien, el azulejo es de un buen gusto que sólo se alcanza mediante la disciplina de los ojos; y el dibujo académico de la puerta y de las torres es de un buen gusto que no se logra sino estudiando la desenvoltura popular, la fuerza expansiva del pueblo.

En España se utilizó y se utiliza el azulejo. Pero allí me produce náuseas en la mayoría de los casos, y aquí me maravilla. Sin duda lo de aquí está vinculado con lo de allá, pero lo de aquí tiene una personalidad tan fuerte que hace olvidar los orígenes. Personalidad y gusto perfecto, armonioso, musical. Los azulejeros poblanos son muy superiores en gusto a sus abuelos. Jamás son estridentes, saben el secreto de las armonías cálidas y reservadas. Por esto pueden permitirse el lujo de revestir grandes superficies y hasta casas e iglesias enteras, como el templo de San

Francisco Acatepec, la del Alfeñique y la del Callejón de la Condesa de México. Una casa española revestida con azulejos de allá sería para dinamitarla. El color básico, dominante en Puebla, es el rojo profundo, grave, y está matizado con pequeños azulejos de notas más vivas, verdes, azules y blancas.

Delante del santuario de Guadalupe, surge una pregunta delicada: ¿Qué hay de musical en esta fachada? De musical y de marino, agrega con timidez la voz interior que conoce el peligro de resbalar hacia lo lírico.

Hay musicalidad en ese enlace feliz de las torres mediante un segmento de arco balaustrado, ondulación aérea que repite la del arco principal y convierte en ligero lo pesado. Hay musicalidad en la progresiva disminución de los huecos centrales de la fachada. En cuanto al aire marino, lo hay en esas torres rizadas, encaracoladas, leves y erguidas como mástiles.

De paz y de contento se llena el espíritu al contemplar este conjunto armónico de formas y colores, donde canta el blanco típico de Puebla y el rizo de la cantera que vino volando desde más allá del mar. Todos los elementos son importados, pero el producto es mexicano, perfectamente diferencial.

Todas las formas, por abstractas que sean, tienen un lenguaje que puede ser traducido al nuestro. Si a mí me encanta la morfología es por eso, porque me permite descubrir el sentido recatado de las formas. Hay algunas que parecen hablarnos directamente a la sensibilidad, por ejemplo, el cuerpo femenino bien torneado; pero no es cierto; no nos habla tan directamente; es que la contemplación de esa forma es secular en nosotros, llevamos siglos contemplándola, tenemos una larga experiencia de ella, sabemos de memoria lo que significa para nosotros.

Y pongo este ejemplo materialista para que con su plasticidad llegue fácilmente a los sentidos de todos. Sigamos con nuestro análisis. Pasemos de la fachada. Detrás hay una cúpula. Corresponde a la capilla de la Soledad, y en ella es donde se desata la pasión del barroco.

No voy a descubrir lo que es esta pasión, sino a refrescarla. Como toda pasión, rompe con la formalidad. Si la formalidad en arquitectura era la línea recta, la pasión la quebrará. Si es un arco, lo interrumpirá; si es una repisa, la invertirá; si es una columna sabiamente calculada, la inflará o la torcerá. Todo se verá sometido a disloque, inflazón y torcimiento, como la voz, el gesto y el ademán del poseído, del apasionado. Por esto se puede hablar de la pasión del barroco, y decir que las formas hablan al espíritu.

En esta cúpula de la Soledad confirmaremos la pasión del barroco en el claroscuro, luz y sombra, de su cubierta, provocada por el acusamiento de la nervatura. Lo que en una arquitectura clásica es redondo y liso como el cuerpo de la naranja, está tronchado y abultado en el barroco. Hay una especie de sadismo en este estilo. Le gusta atormentar. ¿Qué es sino placer sádico romper la superficie convexa y meter en ella esa mansarda? Hoy tenemos los ojos hechos a la tortura formal del barroco, pero si nos detenemos y analizamos sus formas, irritadas y violentas, la razón nos llevará a concluir que eran productos de la rebeldía. Fenómeno, por lo demás, sumamente humano y hasta conveniente en determinados momentos, cuando la corrección ya no hace efecto.

Pero sigamos. Esa ventana de mansarda francesa, incrustada en la cúpula o domo, está encima de una lucerna profusamente adornada y rehundida entre columnas chaparras y llenas de labores abultadas, cintas y caulículos que producen luz y sombra con sus rizos. La luz y la sombra violentas son otros de los factores importantes del barroco, y México los maneja con valentía y con gloria.

Un temor me asalta en este momento, y es que tal vez estas leves consideraciones sobre el barroco desvíen la atención de la línea que me he propuesto. Era necesario hablar de ello, porque sin el barroco no existirían las mejores obras arquitectónicas del país; pero es que tampoco existirían si les faltase el azulejo y la yesería, lo netamente "poblano". Lo diferencial.

Y como esto es lo que nos interesa, voy a seguir considerando algunas otras obras.

Estamos ahora frente a la llamada Casa del Alfeñique. La sátira popular le colgó este apodo porque le recordaba la pasta de azúcar conocida con el nombre de alfeñique. El mote es despectivo, pero el mismo pueblo que lo inventó considera esta casa como una de las cosas dignas de verse en Puebla.

Y lo es. El viajero, cuando la contempla por vez primera, siente que se halla frente a algo insólito. No recuerda algo semejante. Tal vez aletee en su ánimo el deseo de compararla con un producto confiteril, con el turrón o con el alfeñique, pero pronto reconoce que la armonía del conjunto y la gracia de la invención arquitectónica es superior a la gracia de su chiste. Y acaba por preguntarse: ¿Por qué no se bautizan así también otras muchas obras de la ciudad? Porque el hecho es que la mayoría de las iglesias poblanas tienen su dosis de azúcar. De azúcar estirada en barras muy delgadas y retorcidas, que es como define la academia al alfeñique.

Yo invito, sin embargo, a que miremos con detención los adornos blancos que merecieron la rechifla. Pocos segundos bastarán para convencerse de que sus formas son las corrientes en esa época y en todas partes. Si le pudiésemos quitar lo blanco, veríamos que son nuestros simpáticos adornos franceses del xviii, que aquí, en la Casa del Alfeñique, tal vez se vistieron de blanco para remedar a los de porcelana. Recordemos los salones de porcelana de los palacios reales en el siglo xviii.

La congruencia es perfecta: el arquitecto quiso acercarse lo más posible a un objeto de cerámica. Tenía el azulejo y lo relacionó con el *biscuit,* es decir, con el bizcocho, que es como se llama a la pasta de la porcelana en francés. De esa manera volvemos a la pastelería, por el camino lógico, sin recurrir a explicaciones enrevesadas.

Esta Casa del Alfeñique ha de relacionarse con la Casa de los Azulejos en la ciudad de México. Y yo no encuentro modo de subrayar mejor su carácter diferencial que acordándome de la impresión que me hizo la primera vez que la vi. ¿Es moderna? —le pregunté a un amigo que me acompañaba. Tan fuera de lo español se me hacía, a pesar de que todos sus elementos no eran conocidos.

Y es que en esto estriba la originalidad: en la combinación que se hace con las cosas. Las palabras españolas sirven a Berceo para escribir sus milagros, a Cervantes para su Quijote y a Darío para sus poemas. Pero la disposición y selección de las palabras, como la disposición y selección de los adornos y materiales en arquitectura, nos da el tiempo, la época en que se escribieron o ejecutaron las obras. Por esto abominamos de los escritores o arquitectos que se valen de lo característico de épocas pasadas: son unos falsificadores y unos inadaptados. Traicionan al ayer y al presente.

Nadie puede dudar de que la Casa del Alfeñique sea un producto del siglo XVIII, pero tampoco de que sea mexicano. Y no puedo terminar con ella sin aludir al orden, al equilibrio que la domina. Es verdad que por entonces había desaparecido la pasión barroca y que el rococó se contentaba con alegrar las superficies. Pero, de todos modos, la ponderación de este edificio es notable. No olvidemos que en el mismo siglo XVIII, y en el país, se practica el barroco europeo más truculento, por ejemplo en Querétaro. Y si yo no doy paso a tales manifestaciones aquí es porque no las considero diferenciales. Es lo que me ocurre con la catedral de Zacatecas, llamada por mí en otro libro el Partenón del estilo *tequitqui*. Aparte de pertenecer al siglo XVII, no representa más que un caso aislado, extraordinario y por lo mismo sin imitadores.

II

PUEBLA, EL AZULEJO O EL MOLE

Estamos conformes desde hace muchos siglos en que hay poblaciones alegres y poblaciones tristes. Todas las notas de la escala anímica que creíamos peculiar del ser humano podemos encontrarlas en las fisonomías urbanas. Y tenemos ciudades melancólicas o hepáticas, ciudades sanguíneas o coléricas, ciudades picarescas, levíticas, tacañas, generosas, embusteras, formales, serias.

Esta dotación de caracteres morales que hacemos a las poblaciones puede convertirse en verdadera chifladura. ¿Qué otra cosa es, si no, esta identificación que siempre hago de Puebla con un tío mío llamado D. Manuel, señor castellano, general de brigada, hombre que fue muy serio y comedido, muy devoto, vestido casi siempre de negro, en perfecta armonía con sus bigotes y su perilla blancos?

Puebla es una ciudad de gran abolengo y tiene una dignidad que no he visto en otras poblaciones del país, sin que esto sea denigrar a ninguna. No tiene rótulos chabacanos de tiendas feas en sus calles principales. Sus casas tienen un decoro señorial. Tiene una magnífica catedral que parece hecha por Felipe II y Carlos III al alimón, como si estos dos monarcas distanciados en vida hubieran venido en una segunda existencia a dirigir las obras. Puebla tiene portales castellanos y conventos barrocos donde flamea el oro grueso con un frenesí verdaderamente andaluz. Puebla es cuna de azulejería; es la Talavera de México. Talavera y Puente del Arzobispo y Manises y Sevilla. La azulejería de Puebla puede, en sus momentos de apogeo, competir con las de esos cuatro focos azulejeros de España. Y consigue revestir iglesias enteras y patios enteros. El azulejo poblano es de mejor gusto que el sevillano. No es rabioso, ni estridente. Por esto no cansa. Puebla sabe, además, combinar este artículo decorativo en las fachadas barrocas con grandes superficies rojas y blancas. Véase la Casa del Alfeñique, entre otras.

Puebla sobresale, además, por un detalle cocineril o culinario de gran importancia, el *mole poblano,* un guiso de carne en cuya composición entran nada menos que todas estas cosas: carne de pavo, tres clases de chile (mulato, ancho y pasilla), almendra, ajonjolí, canela, pimienta, clavo, chocolate, avellanas, pepitas de chile, pan dorado, tomate, cebolla y ajos. El plato fuerte de la nación. El plato barroco por excelencia. El plato que, de tan sabroso, hace llorar, o sea que hace llorar de gusto.

Dicen que este mole poblano, distinguido de los demás por el chocolate, lo inventaron unas monjas para regalar a un obispo visitador; las monjas de Santa Mónica, célebre convento que hoy se visita de un modo extraordinario, teniendo que entrar a gatas por un boquete abierto en un muro.

Puebla tiene sus museos: el del Estado y el del señor Bello. En éste hay dos colecciones muy buenas, la de loza poblana y la de cerrajería. Puebla fue originalmente llamada "Puebla de los Ángeles". De la devoción de México por estos espíritus hablaré en otro lugar con más detenimiento.

Puebla ha tenido escuela de pintura. Los caracteres de esta escuela poblana están por estudiar todavía.

Puebla fabrica pequeños objetos domésticos o decorativos con esa especie de alabastro que llaman *tecali.* Fabrica también buenos dulces. Pero por lo que se hizo famosa fue por la loza y por el mole. Y, es curioso, a pesar de los azulejos y del barroco blanco y rosa, para mí es una ciudad severa, sin alegría, como mi tío D. Manuel, general de brigada y oriundo de Castilla la Nueva.

III

CHOLULA, PLANTEL DE IGLESIAS

Cholula es hoy, geográficamente, un satélite de Puebla. Pero la verdad de Cholula se encierra en este dicho vulgar: Tiene más iglesias que casas. Esta es una de esas verdades que todo mundo acepta y nadie comprueba.

Hay, sin embargo, un fenómeno patente en este pueblo y en todo el valle que le antecede: la multitud de torrecillas y cúpulas eclesiásticas. Cholula resulta un foco religioso indudable, una cantera de templos. Es muy posible que debajo de cada iglesia o iglesita haya una pirámide o templete antiguo. Si fue costumbre católica erigir templos propios sobre los lugares sagrados del indio, Cholula fue un centro religioso tan importante en los tiempos precortesianos como después. Y tan difícil resulta explicarse lo antiguo como lo moderno. ¿Es que tuvo una población tan grande como para henchir tantas iglesias? ¿Es que en cada una ofrecía "novedades" o "variantes" propias como hay en los cines? ¿Es que cada orden religiosa fundaba su templo? ¿Es que los particulares fabricaban los suyos en la población y en sus fincas? Misterio. Aunque misterio sonriente, porque las iglesias de Cholula vistas de lejos son alegres, ligeras, coloreadas y como de juguete. ¡Qué bonita se ve la colocada encima de la pirámide! ¡Y qué interesante el interior de aquella "capilla real", trasunto de la mezquita cordobesa por la cantidad de columnas!

IV

TEPEACA O LA NUEVA TORRE DEL ORO

En este pueblecito del estado de Puebla es donde yo he sentido con más rigor lo que significa conquistar y colonizar. El motivo fue la torre que se conserva en la plaza; una torre que se parece algo a la del Oro, de Sevilla.

Esta torre octogonal, de marcado sabor hispano-morisco, con sólo una puerta en el cuerpo bajo y una serie de arcos con perteluz en el de arriba, no es el único vestigio español en el pueblo. Le acompañan la parroquia y un monasterio que se presenta como interesante reliquia histórica. Además, el caserío bajo, de una planta solamente, verdadera hilera de portales, sabe también a España. Pero aquella torre, aquel *rollo,* que es como le llaman en el pueblo, me impresionó más porque las obras de carácter civil abundan menos que las religiosas. Y las obras civiles hacen pensar más directamente en las gentes que deambulaban por la calle. Mis ojos miraban a los vecinos y miraban a la torre alternativamente, queriendo ver el entronque definitivo. Y me preguntaba cómo resultaría la Torre del Oro de Sevilla rodeada de una población totalmente alemana.

En España tenemos edificios árabes de la importancia de la mezquita de Córdoba y de la Alhambra, pero entre las gentes y ellos no hay falta de continuidad. O son monumentos asimilados, o los andaluces somos medio árabes. Habrá quien acepte lo segundo como mejor explicación; pero entonces agregaríamos la pregunta siguiente: ¿no ocurre lo mismo con los monumentos romanos que allá tenemos? El puente de Alcántara, el acueducto de Segovia, ¿no están incorporados a España totalmente?

Por otra parte, en España nadie conserva rencor hacia Pompeyo o hacia Abderramán. Estoy seguro que el español de hoy siente como que se enguyó para siempre a todos los caudillos que la conquistaron en diversas épocas. En cambio, delante de este rollo y de estos aldeanos pienso que Cortés no fue digerido todavía, que mucha población mexicana no lo puede tragar aún.

Culpemos al tiempo. Es posible que estén demasiado verdes todavía los huesos del conquistador. Quizás dentro de ocho siglos afecte Cortés a los mexicanos lo que a nosotros el Gran Califa. Pero también es posible que la culpa esté en no haber volcado España más españoles sobre México en su día. Españoles que hubieran consumado el mestizaje completo de la población.

El rollo de Tepeaca encierra uno de los problemas de México, el problema racial.

V

DULCERÍA

Estaba pensando en el pan —duro pan del escritor—, y me trajeron unos dulces. Sonreí como sonríe uno siempre a las ironías de la vida, y pensé con espíritu conformista: bien venga este lujo que nunca amarga; sustituya el postre inesperado al esperado alimento fundamental.

Los dulces eran de Puebla. Eran los famosos camotes; unos rulitos de pulpa de batata, más gruesos que mi dedo del corazón y tan largos como dos veces mi dedo meñique, esto es, doce centímetros. La pulpa azucarada la matizan en Puebla con ligeros sabores de piña, naranja, guayaba, limón. Cada rulito viene envuelto en papel translúcido y, al agarrarlo, puede uno comprobar si su fabricación es reciente apretándole un poco con los dedos.

Entre la envoltura y el dulce aparece un papelito, un anuncio que dice: "El Lirio. Fábrica de los legítimos camotes de Santa Clara, simples, de sabores y cristalizados, muéganos de vino y tortitas, empanaditas de almendra y coco." Suprimo los demás detalles que pudieran parecer de propaganda.

Este papelito, que tengo a la vista mientras voy mordiendo la sabrosa masita rubia, tiene un dato precioso para los que somos aficionados a la historia y, especialmente, a la emigración de las costumbres y gustos populares.

El dato es el nombre de Santa Clara, un convento. Y voy a decir por qué me resulta precioso.

Estos dulces los conozco desde mi lejana infancia malagueña. En Málaga se les llama *rulitos de polvo de batata*. No son tan largos, ni de tantos sabores. El sabor de limón es el único que se agrega allí al camote. Pero esto no establece una diferencia fundamental entre los fabricados en Málaga y los fabricados en Puebla.

Pues bien, los tales rulitos malagueños, los más acreditados allá, los fabricaban unas monjas, las del Cister. Cuando se acercaban las Navidades, mi abuela y mi madre encargaban unas cuantas libras de ellos a estas monjas, y yo recuerdo intensamente ahora nuestro alborozo infantil a la llegada de aquellos gordezuelos paquetitos, envueltos en papeles azules, blancos, rosas o amarillos.

Resulta que también allá era un convento el que conservaba la mejor receta para su fabricación. Y este dato me hace pensar en que los siempre golosos religiosos fueron los importadores de este dulce, acreditado en Puebla, como de algunos otros de marcado carácter moruno que he ido encontrando por los estados mexicanos.

Qué razón tenía Genaro Estrada al escribirme: "Aquí encontrará usted todo lo de su país".

Los dulces habrán cambiado su denominación, bautizándose a la mexicana, y habrán adquirido nuevos matices, de sabor y de forma, gracias a las frutas indígenas y al barroquismo, pero son esencialmente aquellos dulces morunoandaluces y morunoibéricos que uno ha paladeado en España; se llamarán *camotes* o *ates,* pero son los mismos...

Lo mexicano en las artes plásticas, México, El Colegio de México, distribuido por Fondo de Cultura Económica, 1948. *Cornucopia de México,* en *México y lo Mexicano,* núm. 5, Porrúa y Obregón, S. A., 1952. *Nueva Cornucopia mexicana.* México, Edición y prólogo de Roberto Suárez Argüello, SEPSETENTAS 285, 1976.

LA PINTURA EN PUEBLA

JOSÉ LUIS BELLO Y GUSTAVO ARIZA

Los historiadores de la pintura colonial coinciden en dar a Puebla el lugar inmediato en importancia, después de la capital de la República. En el siglo XIX, la ciudad mantuvo el lugar prestigioso de los primeros tiempos. El número de artistas que en ella pintaron, y la calidad de algunos de ellos, invitan a valorar esta contribución al arte pictórico mexicano.

Todavía no se agota lo que es de interés principal en este asunto. Los estudios de amplitud nacional limitan las referencias poblanas, con una gran concisión, a la categoría de un accidente provinciano. El libro del Lic. Pérez Salazar, guía fundamental en el tema, abarca únicamente los siglos iniciales. Su autor sólo trató de consignar algunos de los datos recogidos en sus meritorias búsquedas. La obra, muy escasa hoy, no puede servir, por eso, para una divulgación que exige el mayor interés actual por nuestro pasado artístico.

El ilustre historiógrafo dejó terminada una segunda edición de su libro, completada por sus posteriores investigaciones. Su muerte, prematura desgracia de las letras de su estado natal, ha retardado el momento en que pueda difundirse este meritorio esfuerzo, cuya realización es un deber de la cultura poblana.

Los demás textos escritos en Puebla, también difíciles de encontrar, abundan en el defecto, común en la literatura de esos tiempos, de abusar del elogio y de encubrir, con ditirambos, lo apresurado de la documentación y la inconsistencia de los juicios. Tenerlos en cuenta literalmente induce a confusiones en la apreciación de una manifestación estética, que conviene situar en su ambiente, medir con serenidad y estimar en sus justas proporciones.

En tanto que alguna de las autoridades eminentes con que cuenta el país se interese por residir en Puebla el tiempo necesario para estudiar a fondo la pintura regional, o que este estudio atraiga a los valores provincianos capaces de analizarlo con la aptitud que falta en estas páginas, un esfuerzo de compilación, hecho sólo para aprovechar la preocupación de las autoridades civiles y de las dignidades eclesiásticas por favorecer toda difusión cultural, puede servir, aunque imperfecta y provisionalmente, para el conocimiento y la estimación de la labor secular, que tan nítidamente contribuyó a integrar el conjunto poliforme y espontáneo, donde afirma la potencialidad creadora mexicana.

Los días de indiferencia para los valores propios, la pérdida de la energía vital, esterilizada en la imitación de cánones extraños, y la destrucción irreparable que causaron las discordias violentas y la ignorancia irresponsable, anulan la posibilidad de abarcar en un estudio total y sistemático un fenómeno constante y siempre en lucha con dificultades ingentes, la mayor de las cuales fue la absoluta falta de comprensión para la obra fecunda del artista. El carácter fragmentario de los comentarios a la creación pictórica poblana tendrá que alcanzar hasta a empeños doctos y pacientes, y el tesoro perdido, mucho más valioso que el conservado, ha de constituir una pena para los espíritus que entiendan el mensaje sentimental de los tiempos en que empezó a integrarse la patria mexicana. Este vacío es absoluto en algunos casos tan sensibles como el de fray Diego de Becerra, uno de los artistas del siglo XVI, del que sólo queda, en la ciudad en que pintó, el recuerdo del lance novelesco que lo hizo enclaustrarse, y una tradición borrosa sobre las excelencias de sus cuadros, destruidos en buena parte en el incendio que consumió el templo de San Agustín en el asedio de 1863, y arrebatados los restantes por la exportación ambiciosa de los lugares para los que fueron pintados.

El juicio aislado sobre la pintura colonial ha de atribuirle inferioridad con respecto a las demás manifestaciones artísticas de Puebla. Las artes industriales, sobre todo la arquitectura, revelan mayor originalidad y alcanzan más fuerza expresiva. Son las construcciones religiosas y civiles del siglo XVII la concreción más vigorosa y sugerente del arte regional, y es en ellas donde se percibe mejor el matiz poblano. Acaso uno de los espectáculos de mayor interés estético de México sea la apreciación del contraste de violenta armonía que existe entre la austeridad de la basílica, creación típica y homogénea del alma española, y las construcciones arbitrarias pero bellas que la rodean, y que son productos del alma mestiza, y afirmaciones fluidas de su capacidad creadora.

Esta inferioridad de la pintura no se debió a deficiencias intrínsecas. Se origina en dos causas ineludibles: la falta de una tradición pictórica semejante a la europea en la civilización aborigen, y la función social del arte pictórico, limitada exclusivamente a servir al sentimiento religioso. Estas coordenadas limitaron forzosamente sus posibilidades de desarrollo, y las subordinaron a otras manifestaciones artísticas que ofrecían mayor libertad.

La pintura colonial poblana es religiosa en los primeros tiempos, porque la actividad civilizadora en Puebla estuvo en manos de la Iglesia, y porque fue auxiliar en la tarea evangelizadora. Sólo los pintores del siglo XIX trataron temas ajenos al sentimiento místico, y a la difusión de los dogmas y enseñanzas de una religión, cuyo afán catequista, en tierras de idolatría, fue el único impulso animador de la pintura colonial.

A estas causas determinantes del sentido en que forzosamente había de desenvolverse la pintura, vino a unirse la falta de guías y estímulos directos. A los artistas que pintaron en Puebla les faltó radicalmente la oportunidad de vigorizar sus aptitudes innatas con el estudio de los grandes modelos, y no recibieron nunca la ayuda de un medio interesado en el perfeccionamiento de lo que sólo era una ayuda para sus sentimientos religiosos. Por esto es el nuestro un arte tributario, y los aciertos y las excelencias de nuestros artistas emocionan tan fuertemente, cuando se ve en ellos signos espontáneos de facultades que, alentadas y conducidas, hubieran producido creaciones tan insignes como las que legítimamente enorgullecen a los pueblos predilectos del arte.

Cuando se aprecia, en conjunto, el resultado secular de la labor pictórica de Puebla, se nota la influencia empobrecedora de la incapacidad ambiente para valorizar el bien común que es la obra de arte, y se percibe el trabajoso desenvolvimiento de una facultad, siempre en lucha con la incomprensión; se palpa la imposibilidad de realizar todo lo que prometía la abundancia y variedad de las vocaciones, que sólo pudieron dejar, tras rudos y amargos esfuerzos, trunco el mensaje creador que sintieron, y cuyas imperfecciones revelan, no la limitación de una facultad prístina, sino el resultado precario que pudo obtener un empeño aislado, y vencido al fin por la indiferencia irremediable.

Siendo la pintura una manifestación artística de mayor elaboración, que requiere condiciones más complejas para su desarrollo, tenía que adolecer en Puebla de las deficiencias que sobre ellas reflejaran los defectos de la mentalidad general. La falta de interés por el desnudo humano, tema de jugosa y limpia fecundidad artística en otros países, se causó por la extrema austeridad de las costumbres heredadas de España. La carencia de una modalidad paisajista, en un fragmento del país donde la naturaleza se presenta con una fuerte peculiaridad, se debió al predominio de sentimientos absorbentes, religiosos primero y profanos después, que limitaron el interés artístico a motivos puramente internos descuidando la captación de una de las causas generadoras del goce estético, más fuertes y personales con que es posible contar.

Hace algún tiempo que las causas antaño predominantes están equilibradas, y ya existe en Puebla una tendencia naturalista que, todavía joven, trata de entender el lenguaje de las cosas inanimadas. Si ese esfuerzo aparece con retraso en la historia artística de la ciudad, la culpa no es de nadie, o ella es de todos. Aunque el tiempo perdido y los valores anulados en la esterilidad hacen falta en la integración cultural, siempre es tiempo de trabajar en tareas que esperan la hora inicial. Pero existe una forma pictórica cuya atrofia es más lamentable, y es el cultivo de la pintura histórica. Siendo el estado de Puebla, y principalmente su capital, uno de los escenarios más importantes en la marcha de México hacia sus destinos, es imperdonable que la incuria haya descuidado la perpetuación de los acontecimientos que sucedieron en territorio poblano, y que esmaltan de gloria los días y los esfuerzos del pasado. La lucha de las facciones y la defensa de la patria merecen conservarse en formas plásticas dignificadas por la emoción artística. Lamentaremos siempre que la vida azarosa de Alconedo no le haya permitido dejar, en un lienzo, un fragmento de la epopeya insurgente que consumió su vida: que Morales, irreductible y leal conservador, no haya interpretado el elegante valor de los gallardos desplantes de Miramón, ocurridos en Puebla, y que Arrieta, el pintor del pueblo, no nos haya legado siquiera un episodio del heroico impulso plebeyo que triunfó en Guadalupe. Y en este aspecto es mucho más urgente reparar la grave deficiencia anterior, antes de que se pierdan las conexiones que todavía tenemos con una época lejana ya, pero que es posible entender aún, y antes de que los acontecimientos del futuro absorban por completo la energía estética.

No es, ésta, misión exclusiva de las instituciones oficiales. La tarea de lograrla es general, y en ella tiene un sitio quien sepa que el culto y la comprensión del pasado son indispensables para el verdadero progreso, y que el arte es el lenguaje histórico más penetrante y más perdurable para guiar a la posteridad.

La pintura antigua de Puebla tiene continuidad y consistencia para dar a las tendencias artísticas de nuestro tiempo el honor de una tradición, y ser el acicate de un ejemplo creador. Con sus defectos y sus limitaciones, es muestra vigorosa de aptitud y voluntad, y debe fortalecer a los nuevos valores y, sobre todo, influir en la colectividad: así se rodeará la producción artística con el estímulo tutelar que hizo posibles las obras que enorgullecen a la humanidad, cuya integridad nos preocupa en las tribulaciones de estos días, y cuya magnificencia mantiene en la memoria de los hombres el recuerdo de los días en que pudo realizarlas el arte. Frente a los lienzos pintados por el empeño obstinado de crear belleza, y por la voluntad de vencer a la incomprensión egoísta, debemos recordar que las épocas históricas valen por los bienes morales que produjeron, y que de todos los posibles, es el arte el más duradero, el más desinteresado y el más alto.

No tiene este trabajo como único objeto popularizar algunos datos de la pintura poblana en los tiempos que ya pertenecen al pasado. Trata, principalmente, de contribuir a que el conocimiento de lo que fue posible realizar antaño, sirva para fomentar el impulso colectivo de magnificar un esfuerzo de tan preclaros antecedentes, y de convertirlo en una obra común, en la que la contribución selecta e insubstituible de los dones artísticos se complete por la ayuda calurosa de quienes, por haber nacido en Puebla, tenemos un interés mayor en su prestigio y en su gloria.

Los cuadros seleccionados sólo son aquellos que a los autores de esta obra fue más fácil escoger. Hay nombres ilustres que no se mencionan, y acervos públicos y privados numerosos que no se tocan, y que merecen conocerse y divulgarse tanto como lo que se produce. Si este esfuerzo interesa, y si no hay quien lo complete y continúe con mayor acierto, habrá de insistirse en el tema, publicando una recopilación complementaria.

Como la actividad artística de la ciudad de Puebla, en los siglos que abarca este trabajo, fue de las más importantes del país, y como en el siglo XIX el hábito culto de coleccionar objetos de arte tuvo importancia y trascendencia, fue posible la llegada al medio poblano de pinturas extranjeras, que han influido y seguirán influyendo en la educación artística regional. Por ello se consideró útil incluir en esta obra de difusión algunas muestras de esta corriente vigorizadora que, producto de otros medios y muestra de otras concepciones, se encuentra ya incorporada a la historia artística de Puebla y forma parte de su patrimonio cultural.

Como única alusión personal, desean los autores explicar que, si el apellido de uno de ellos se repite con frecuencia en estas páginas, y si entre los cuadros reproducidos hay algunos de los de la galería que heredó de sus antepasados, no hay en ello ningún móvil personal. Como es bien sabido, sus familiares fueron de los que con mayor tesón procuraron privadamente conservar las preseas artísticas existentes en Puebla. Esta conducta ancestral lo pone en condiciones especialmente favorecidas para un trabajo de esta índole, que emprendió pensando únicamente en cumplir con el deber, que para él es también ejemplo íntimo, de enaltecer nuestras manifestaciones artísticas.

La exaltación que se hace de las producciones poblanas puede parecer exagerada a quien las analice con criterio puramente objetivo y las compare con las de otros medios. Este trabajo no quiso juzgar así nuestro acervo pictórico regional. Aparte de que un largo y reverente contacto con estas pinturas no es bastante para dar a los autores una autoridad crítica, de la que plenamente carecen, ellos no han podido nunca contemplarlas desvinculando, de la emoción que producen, el recuerdo de las condiciones de ambiente en que fueron creadas. Así, este trabajo, que aspira a tener interés histórico, sabe que la exposición que hacen sus autores tiene también un valor documental, porque trata de expresar, sinceramente, la forma especialmente calurosa con que los poblanos apreciamos y sentimos las muestras de un arte que es, para nosotros, motivo de satisfacción y de orgullo.

Este libro no implica, en ninguna forma, olvido de las dolorosas preocupaciones del momento que vive la patria. Por el contrario, desea contribuir a que entre nosotros se fortalezca la convicción de cumplir la parte que nos corresponde en el deber de lograr que en el mundo subsiguiente a la victoria democrática, el cultivo de las facultades y potencias más nobles del ser humano, entre las que la admiración al don artístico es de las más importantes, aleje y depure las concupiscencias que son germen de discordias y de violencias.

NÓMINA DE ARTISTAS QUE FLORECIERON EN PUEBLA

Aunque el título de "escuela" resulte tal vez exagerado para la modalidad pictórica que floreció en Puebla, durante los siglos que abarca este estudio, el número de cultivadores de ese arte es un dato demostrativo de la importancia que tuvo. Se reproducen aquí, aparte de los reproducidos en la presente obra, los que cita Pérez Salazar y la parte de la lista del libro de Olivares de los que arraigaron en Puebla. De muchos de ellos no se conoce ningún cuadro. Su mérito es desigual, pero su publicación es útil como testimonio irrefutable de una actividad artística que fue de las principales de aquellos tiempos.

Francisco Acuña
José Bernardino Águila
José Mariano de la Águila
Luis Rodríguez de Alconedo
Salvador Alfaro
José Luciano Amador
Mariano de Amarilla
José María Apueyo
Nicanor Aranda
Miguel Ramírez de Arellano
Manuel de los Reyes Ariza
Agustín Arrieta
Miguel Aviar
Francisco Rodríguez de Ayala
Miguel Ángel Rodríguez Ayala
Fray Diego Becerra
José Antonio Benítez

José de Simón Bermúdez
Diego Berruecos
Luis Berruecos
Mariano Berruecos
Miguel Berruecos
José Berruecos
José Moreno de Bustos
Antonio Betancur
Diego de Borgraf
Diego Calderón
José María Calderón
Manuel Caro
Miguel de Carranza
Manuel Carrillo
José del Castillo
José Mariano del Castillo
Manuel Antonio del Castillo

Domingo Javier Carnero

José Rodríguez Carnero

M. Cebada

José Ruiz Corona

José María Ruiz Corona

Miguel Crisóstomo

Matías de Cuenca

José de Chávez

Francisco Antonio Díaz

Manuel Díaz

José Antonio Díaz Ureña

Pedro Escalante

Manuel Espejo

Mariano Rafael Fernández de Córdoba

José Mariano de la Fuente

Pedro García Ferrer

José Garcilaso de la Vega

Jerónimo Gómez

José Francisco González

Manuel de Garrostola

Vicente Gordilla

Diego Gradillas

Diego Guardiola

Nicolás de Guevara

Francisco Herrera

Miguel Herrera

Ignacio Huerta

Salvador del Huerto

José María Ibarrarán

Juan Manuel Illanes

Felipe de Jesús Juan

Mariano Jiménez

Luis Lagarto

Miguel Simón Lobato

José Mariano López

Manuel López Guerrero

Francisco Javier López Noroño

Antonio López de Salas

Luis Machado

Ignacio Machorro

Joaquín Magón

Domingo Mancera

Andrés Martínez

Felipe Mata

Simón Mauleón

Fernando Medina

Pedro Luis de Mena

Miguel de Mendizábal

Diego Mendoza

Francisco Antonio Mendoza

Miguel Mendoza

Miguel Meneses

Pedro Meneses

José de Miranda

Ignacio Miraval

José Miraval

Jacobo Monfort

José de la Mora

Francisco Morales

José Julián Morales

José Javier Moreno

Francisco Juan Moreno

Manuel Javier Moreno

Francisco Muñoz de Salazar

Gaspar Muñoz de Salazar

Manuel Ignacio Muñoz

Miguel Ordóñez de Lara

José Ortiz González

José Mariano Peralta

Juan de Perea

Joaquín Mariano Pérez

Pascual Pérez

Bernardino Polo

José Patricio Polo

Jerónimo de la Portilla

Miguel Ramos

José Rivera

José Antonio Rodríguez

José Joaquín Rojano

Clemente Mariano Román

Francisco Javier Salazar

José Buenaventura Salazar

Juan Crisóstomo San Martín

José Sánchez Carnaza

Antonio Santander

José Santander

Marcos de Santacruz Serrano

Mariano Pablo Segura

José Vargas Sierra

José Joaquín Soto Mayor

Antonio Torres

Cristóbal Talavera

José Talavera

Vicente Talavera

José Antonio Téllez

Juan de Torres

Nicolás Trujillo Villavicencio

José Manuel Uriarte

José María Velasco

Benito Vázquez

José Antonio Vergara

Ignacio Vergara

Miguel Jerónimo Zendejas

Lorenzo Zendejas

Andrés de Zúñiga

LUGARES DONDE ESTÁN SEPULTADOS ALGUNOS PINTORES POBLANOS

Diego de Borgraf. En el templo de San Agustín.

José Rodríguez Carnero. En el templo de la Compañía.

Cristóbal de Talavera. En el templo de San Roque.

Juan de Villalobos. En el templo de la Merced.

Pascual Pérez. En la catedral.

Zendejas. En el templo de Santa Rosa.

Manuel Caro. En el templo del Carmen.

Agustín Arrieta. En una fosa gratuita del panteón de San Antonio.

José María Calderón. En el panteón de San Francisco.

Francisco Morales. En el panteón Municipal.

Daniel Dávila. En el panteón de la Piedad.

LAS COLECCIONES PRIVADAS
DE PINTURAS EN PUEBLA

A medida que la cultura dominada por las disciplinas religiosas que caracterizó la etapa colonial fue infiltrándose de nuevos elementos, y que la difusión de las noticias y datos de los sucesos de otros países dio variedad y amplitud a los horizontes mentales mexicanos, fue tomando cuerpo un sentimiento de curiosidad y de interés por las formas artísticas peculiares de México, y se empezó a encontrar el valor de las que, no por corresponder a circunstancias específicamente distintas de las que imperaban en los países que se tomaban como modelo, dejaban de tener las esencias de la auténtica obra de arte. Entonces, las creaciones de nuestros artistas empezaron a ser examinadas como valores estéticos, independientemente de la función utilitaria que desempeñaban y de los cánones que regían para otros países.

La aparición de esta tendencia mexicanista prestó al país el inapreciable servicio de la conservación de obras antiguas que todavía poseemos, y que, de otra manera, hubieran desaparecido por la barbarie destructora cuya ceguera ignoró la existencia de modalidades espirituales típicas o, presa de una extraña codicia, consiguió a ruin precio el traslado de muchas preseas insustituibles de aquellas épocas fecundas.

Ambas causas actuaron con menos intensidad en lo correspondiente a la pintura religiosa, debido a que muchos de los cuadros de ella tenían una función de culto que los vinculaba a la vida pública. Pero esta causa defensora se debilitó extraordinariamente en la guerra de Reforma, durante la cual faltó, desgraciadamente para la posteridad, el conocimiento del valor artístico de muchos de los objetos religiosos, que hubiera evitado su pérdida inútil e irreparable.

No es fácil valuar la importancia de estos factores negativos, en una ciudad donde el arte religioso había acumulado una parte de las más ricas y variadas de sus tesoros. Datos fragmentarios, consignados incidentalmente en crónicas antiguas, leyendas y tradiciones seguramente deformadas en parte por la ingenuidad popular, y la escasez casi absoluta de trabajos de los artistas de mayor renombre, permiten calcular las dimensiones de un acervo que soportó durante mucho tiempo las pérdidas irreparables que sufría.

El empeño destructor hubiera terminado en Puebla con las muestras de una tendencia que logró revestirse de una indiscutible originalidad regional, de no haber sido por la obra salvadora de una minoría culta y sensible que pudo entender la importancia que para la historia de Puebla significaba. Muchas veces el afán conservador no nacía del valor artístico, sino del valor afectivo, que unía esas preseas a la vida sentimental de cada familia. Pero, para nosotros, el resultado es el mismo, y el agradecimiento colectivo no debe hacer distingos cualitativos para los factores a los que debe el entendimiento y la contemplación de los valores pretéritos.

La parte más valiosa de esta defensa artística radicó en Puebla en las colecciones privadas que, si bien no fueron suficientes para evitar la pérdida de la mayor parte de las riquezas desaparecidas, sí tienen la suficiente entidad para merecer un lugar de honor en la historia local, por la empeñosa y fructífera ayuda que nos procuran.

Con una impresionante uniformidad, los hombres que en Puebla dedicaron parte de sus esfuerzos y de sus recursos a la conservación artística, fueron filántropos que en los días de transformación social en que vivieron laboraron en empeños de solidaridad humana y entendieron la preeminencia que les daban sus caudales y el respeto social como un medio de ayudar a los demás.

La primera colección privada de pinturas de que se tiene noticia en Puebla es la que perteneció al obispo Antonio Joaquín Pérez Martín, poblano de nacimiento, que fue diputado a las cortes españolas, reunidas en Cádiz en 1810, y que, designado obispo de su tierra natal en enero de 1815, se consagró en Madrid, en marzo del mismo año, y gobernó la diócesis de 1816 a 1829.

No se tienen noticias precisas sobre los cuadros que integraron esta primera colección, y sólo se sabe que pertenecieron a ella cuadros de los pintores poblanos y mexicanos de esa época. Es natural que trajera de su viaje algunos europeos, pero su colección tuvo en Puebla la enorme importancia de haber sido la primera, y la autoridad moral que daban al prelado sus dignidades, su cultura y sus virtudes, influyeron favorablemente en la apreciación de las artes vernáculas, que motivaban el interés de personas de su valimiento y capacidad.

Cronológicamente la segunda galería de pinturas que hubo en Puebla fue la del inmediato sucesor del obispo Pérez, que lo fue don Francisco Pablo Vázquez Sánchez Vizcaíno, uno de los poblanos más ilustres de su tiempo, y limpia gloria de su tierra natal. Nació este ilustre varón en Atlixco el año de 1769: estudió en el Seminario Palafoxiano de Puebla y en la Universidad de México. Fue catedrático distinguido del Colegio de San Pablo de México. Se doctoró en Teología y se ordenó sacerdote de 1795. Sirvió los curatos de San Jerónimo Coatepec, San Martín Texmelucan y del Sagrario de Puebla. Desde 1803 fue secretario del obispo Campillo hasta la muerte de este prelado. Posteriormente fue canónigo de la catedral.

En el año de 1823 el comandante general de Puebla se pronunció proclamando la soberanía del estado, antes de que se promulgara la Constitución de 1824. Por gestiones de don Francisco Pablo Vázquez, el cabildo eclesiástico protestó, fundándose en que las leyes debían emanar de una Asamblea constituyente.

En 1824 fue electo diputado al Congreso del estado de Puebla, del que fue primer presidente, habiendo asistido a las sesiones en que se discutió la constitución local.

El gobierno de don Guadalupe Victoria lo nombró plenipotenciario ante la santa sede, para arreglar con ella el concordato necesario para el despacho de los negocios eclesiásticos, convenio que exigía previamente el reconocimiento por el papado del régimen independiente.

La comisión diplomática conferida al canónigo Vázquez, sobre ser el primer nombramiento de esa índole, era el de más difícil desempeño en esos días en que sólo Inglaterra, potencia protestante, había reconocido al gobierno mexicano.

El nombramiento (que original conserva la biblioteca Lafragua de Puebla) tiene fecha 25 de abril de 1825. Menos de un mes después se embarcó el ministro mexicano, a quien acompañaban seis jóvenes artistas cuyas pensiones consiguió Vázquez para estudiar en París. Ellos fueron Vicente Casarín, arquitecto; Ignacio Vázquez, pintor; Manuel Labastida, escultor, y Valdivieso y Negrete, cuyas aptitudes ignoramos. A ellos se unió el insigne arquitecto y pintor poblano don José Manzo.

Después de incidentes delicados que obstaculizaron su misión, habiendo vencido las dificultades que el abandono pecuniario del gobierno mexicano le ocasionó, en julio de 1830 empezaron las pláticas diplomáticas del enviado mexicano con la santa sede. La influencia de España estaba a punto de hacerlas fracasar, cuando la muerte de Pío VIII, y la elección de Gregorio XVI, que ya como cardenal había manifestado interés en los negocios de las nuevas naciones americanas, hizo posible el éxito de la empresa del diplomático poblano.

El 6 de marzo de 1831, el Sr. Vázquez fue consagrado obispo de Puebla en Roma, y de retorno a su patria, prestó el juramento de su nueva dignidad en Amozoc el 30 de junio del mismo año.

La gestión episcopal del Sr. Vázquez fue especialmente difícil, por haberse iniciado en ella las divergencias entre los poderes eclesiástico y civil, que culminaron en 1857.

Dice un biógrafo anónimo y coetáneo de monseñor Vázquez que, contristado por la invasión norteamericana que a él le tocó recibir en Puebla, le vino una enfermedad que puso fin a sus días en Cholula, el 7 de octubre de 1847.

La actividad de este preclaro talento fue múltiple. Al mismo tiempo que fue escritor religioso profundo, y varón de ejemplar caridad, se interesó por el adelanto agrícola de su sede, y en su casa de campo (cercana a Puebla y llamada todavía la Quinta del Obispo) ensayó con éxito los cultivos del lino, del cáñamo y del olivo, para introducir estas especies útiles en su país. Fue traductor de varias obras escritas en italiano, de la célebre historia de Clavijero. Entre otras tenía una valiosa biblioteca que en vida donó a la Palafoxiana.

Su galería de pinturas fue famosa y muy importante. De Europa trajo cuadros valiosos, algunos de los cuales donó a la catedral. Con afectuoso interés reunió con ellas obras de los pintores mexicanos y, especialmente, de los poblanos de su tiempo.

Del ejemplo de estos dos prelados y de la difusión de la cultura artística nació el afán coleccionista que, en la segunda mitad del siglo XIX, formó en Puebla las siguientes galerías.

La que formó don Francisco Díaz San Ciprián, instalada en el número 13 de la calle de ese nombre, hoy 1013 de la Avenida 2 Oriente.

Al trabajo de este ilustre poblano, militante de las ideas liberales desde el movimiento de Ayutla, se deben principalmente los hospitales de sangre, que Puebla erigió después de la batalla del 5 de Mayo. En 1878 intervino en la fundación de la Casa de Maternidad. En 1880 presidió los trabajos para la segunda exposición que hubo en Puebla. Sirvió con probidad y altruísmo diversos encargos públicos y murió en 1891.

Esta galería poseyó cuadros europeos. Como sus descendientes no continuaron el esfuerzo de don Francisco, la mayor parte de ellos pasó a las galerías Ruiz Olavarrieta, Cabrera y Ferrando, y Bello y González.

Don Joaquín Cardoso, miembro de una antigua y honorable familia poblana, fue del credo liberal. Como representante de un distrito de Oaxaca perteneció al Congreso Constituyente de 1857. Fue hombre culto y sincero filántropo.

La colección que formó estuvo instalada en la casa número 5 del antiguo portal Iturbide, y contó con pinturas europeas y mexicanas de valor. A la muerte del Sr. Cardoso se repartieron entre las que tenían en Puebla los señores Ruiz Olavarrieta, Cabrera y Ferrando, y Bello y González, y las famosas del Dr. Lucio, de don Alfredo Chavero y don José García Rubín, de la ciudad de México.

Don Alejandro Ruiz Olavarrieta, ilustre filántropo poblano, instaló en la casa donde hoy está el Monte de Piedad "Vidal Ruiz", una de las más importantes colecciones artísticas que ha tenido México. Hombre de recursos y de refinamiento, aprovechó su estancia en Europa para adquirir selectas obras de arte, entre las que figuraban pinturas de las más valiosas que han venido al país.

El señor Ruiz Olavarrieta perteneció a una familia de filántropos. Su hermana, la señora María Gertrudis Benigna Ruiz y Olavarrieta, viuda de don José Manuel Vidal, muerta en México en 1884, dejó su fortuna a su hermano don Alejandro, quien, interpretando su voluntad, y después de dotar a los parientes pobres de la testadora, destinó doscientos mil pesos a la fundación del Monte de Piedad llamado "Vidal Ruiz", en memoria de las personas que reunieron el capital con el que se constituyó, y que desde el 5 de mayo de 1890, cumple en Puebla una valiosa misión de ayuda colectiva.

La colección Ruiz Olavarrieta, la más valiosa de las que Puebla ha tenido, fue a parar a la Academia de Bellas Artes de la ciudad de México, por la voluntad testamentaria de su propietario.

La galería de don Francisco Cabrera y Ferrando estuvo en la casa número 8 de la antigua calle de Estanco de Hombres, hoy 10 de la Avenida 4 Oriente. Su propietario, también de ideas liberales, fue uno de los que en Puebla sobresalieron en el patriotismo activo que organizó la resistencia al invasor francés.

Con sus recursos personales, que no fueron escasos, y con su actividad, aunque sin ningún encargo oficial, ayudó a la defensa patria. Ocupada Puebla, escondió en su casa al general Berriozábal y favoreció su fuga, y, hasta el triunfo de la república, prestó apoyo pecuniario a la lucha contra el imperio.

Su colección, que tuvo la importancia que le comunicaban su caudal y su afición, contó con preseas valiosas, que en su mayor parte se perdieron para México, al transmitirla sus herederos a la empresa norteamericana "Sonora News Company", que la llevó al extranjero a venderla fragmentada. La única parte que conservó Puebla fue la que adquirió el Sr. don José Mariano Bello y Acedo, y dos cuadros más, ahora en poder de don Carlos Bello, y tres más que hoy tiene don Enrique Cabrera Bello.

Don José Luis Bello y González, nacido en Veracruz, pero asentado en Puebla, y dedicado a la entonces naciente industria textil, formó, en el esfuerzo coleccionista de toda su vida, una de las galerías más afamadas de Puebla. Este distinguido varón fue modelo de virtudes cívicas y privadas. Luchó con las armas contra la invasión norteamericana, mereciendo ser condecorado. En la guerra con Francia fue uno de los principales directores de la cooperación civil a la defensa mexicana. Su esfuerzo y su ayuda fueron de los principales con que contó la organización de la resistencia en la ciudad de Puebla. Después de la capitulación, escondió en su casa al general Porfirio Díaz y, asociado con su pariente el señor Cabrera, protegió la evasión de él y de don Felipe Berriozábal. El cateo que una fuerza francesa verificó en su domicilio, que acababa de abandonar el general Díaz, costó una grave enfermedad a su esposa. Alejado por completo de los negocios públicos, jamás aceptó las recompensas cívicas que correspondían a sus méritos. Colaboró en las obras de beneficencia laica, que iban a llenar el hueco dejado por las instituciones religiosas, y fue siempre patriota, caritativo y probo.

Sus objetos de arte constituyeron una de las colecciones privadas más importantes de México. A su muerte, acaecida en 1907, y por su voluntad, se dividió en lotes iguales que se rifaron entre sus cuatro hijos, los señores Rodolfo, Francisco, Carlos y José

Mariano Bello y Acedo, quienes heredaron el cariño de su padre a las manifestaciones artísticas y continuaron su ejemplo.

De los señores Bello y Acedo, los que tuvieron mayores oportunidades de acrecentar más la parte heredada fueron don Rodolfo y don José Mariano. La colección de este último, notablemente enriquecida por él, fue donada a su muerte a la Academia de Bellas Artes de Puebla, que así recibió un legado inapreciable para la cultura artística colectiva.

La colección de don José Mariano es muy rica en marfiles, herrajes, porcelanas, sobre todo en la talavera de Puebla, en tanto que don Rodolfo se dedicó especialmente a la adquisición de pinturas.

Las colecciones de los señores Bello y Acedo, excepto la de don José Mariano, se encuentran hoy en poder de sus descendientes.

De las colecciones formadas el siglo XIX sólo falta mencionar la que en la antigua 4a. Calle Real de San José, hoy 2 Norte, 1006, formó el caballero poblano don José María Suárez Peredo, miembro de una familia que se distinguió por el talento de sus miembros y por su sincero y leal apego a las ideas conservadoras.

Aunque menos numerosa que las anteriores, fue muy valiosa, por lo escogido de sus ejemplares, la que formó el señor licenciado Francisco Pérez Salazar. Como herencia de familia, conservaba objetos muy valiosos por su antigüedad, por su vinculación a la historia de Puebla, y por su calidad artística. Este lote inicial fue acrecentado por las adquisiciones que hizo durante toda su fecunda vida, en las que lo guió una cultura especializada en cosas poblanas. La parte de pinturas es muy completa y selecta.

La colección Pérez Salazar fue formada ya en el siglo XX. Igual cosa sucede con la del señor Agustín Gómez Daza, que ha reunido en la casa número 505 de la Avenida 7 Poniente, de la ciudad, un valioso lote de pinturas, algunas de las cuales se reproducen en este trabajo.

El valor histórico de estos esfuerzos es inmenso. Aunque una parte valiosa de sus obras de arte quedó en la ciudad en que estos próceres vivieron, alcanzó a todo el país, que fue beneficiado con el tesón y desinterés que animaron esa obstinada labor, cuyas dificultades aumentaban a medida que se encarecían las posibilidades de adquisición. Posteriormente, cuando se manifestó el ansia extranjera por adquirir las muestras del arte nacional, los poseedores de ellas recibieron solicitudes que una gran mayoría no supo resistir. No es fácil apreciar con exactitud las tentaciones de ventaja económica que tuvo que vencer el propósito de conservar estas riquezas, y la falta de egoísmo que entrañó ese empeño.

El interés privado por el arte marca una etapa evolutiva en el proceso cultural. Falta que esa noble curiosidad se extienda a todos los grupos sociales, y que en todos ellos arraigue el interés por su cultivo. Creemos asistir al desarrollo de esa nueva época, y creemos también que en ella habrá de fundirse en la misma estimación colectiva el afecto a los que pudieron crear valores estéticos y a los que los defendieron de la incuria y la rapacidad.

Esta forma fecunda del patriotismo civil merece popularizarse con los pormenores que una investigación cuidadosa logre reunir.

Pinturas poblanas (Siglos XVII-XIX), México, D. F., 1943.

Cuatro pintores poblanos
Juan Tinoco
Antonio Castro Leal

Vivió, y quizá nació, en Puebla; fue contemporáneo del flamenco Diego de Borgraf, y, como éste, parece haber realizado la mayor parte de su obra en la segunda mitad del siglo XVII. Su *Santa Rosalía*, que se observa en la iglesia de San Agustín (Puebla), está fechada en 1683; en 1687 figura como testigo de matrimonio de Juan de Villalobos, otro pintor que vivió y trabajó en Puebla, y que probablemente fue discípulo suyo. (Véase *Algunos datos sobre la pintura en Puebla en la época colonial*, del Lic. Francisco Pérez Salazar, publicados en las "Memorias de la Sociedad Científica Antonio Alzate", tomo 41, 1921-22, págs. 229-30). No sé qué relación de parentesco pueda haber entre Juan y un Antonio Tinoco que menciona Revilla (*El arte en México*, 1923, pág. 155) y del que no he encontrado ningún dato.

La escuela de Puebla tiene en el desarrollo de la pintura colonial una importancia sólo superada por la escuela de México. En aquélla ocupa Juan Tinoco uno de los primeros lugares. Además de la *Santa Rosalía*, ya mencionada, sus obras comprenden una colección de los doce apóstoles, la Virgen y el Señor, que se conservan en la Academia de Bellas Artes de Puebla, y algunos otros cuadros, "bastante buenos", que existen en el templo de la Concordia, también en Puebla. Este último dato lo debo a Manuel Toussaint, sin duda la persona más informada en la materia.

El cuadro reproducido aquí representa al Apóstol Santiago y pertenece a la colección de la Academia de Bellas Artes de Pue-

Juan Tinoco, *Apóstol Santiago*

bla. El apóstol, dominante y recortado sobre el paisaje, tiene algo de la monumentalidad de los retratos religiosos de Zurbarán, y también esa humanidad con que este pintor trataba sus asuntos místicos; esa humanidad, que en Zurbarán alcanza una admirable justeza incisiva y lúcida en los cuadros de su mejor época, tiene en Tinoco —menos en el *Apóstol Santiago* que en otras de sus telas— algo del exceso y flojedad de los imitadores de Rubens.

La figura es de una plástica vigorosa; bajo la capa y los hábitos, modelados con sobriedad y gracia, se delata el cuerpo recio y la energía ostentosa y más bien física del operario evangélico preparado y dispuesto a todas las fatigas para plantar la fe en esta dura tierra. Una gama de colores fríos parece concentrar y recoger el dibujo. Ese mismo aire de fuerza y esa misma presencia plástica bajo las telas, se encuentran en los demás cuadros del apostolado, uno de los cuales ha reproducido Pérez Salazar en el estudio ya citado.

Entre los cuadros de Cristóbal de Villalón —pintor de la escuela de México que trabajó en Puebla en la segunda mitad del siglo XVII— y los de Juan TInoco existen ciertas semejanzas de estilo, que acaso se deben a la influencia del uno sobre el otro.

JOSÉ LUIS RODRÍGUEZ ALCONEDO
MANUEL TOUSSAINT

La pintura del siglo XVIII, lo mismo en Europa que en México, carece de la fuerza que la animaba en tiempos anteriores. Es preciosista, femenina, y, entre nosotros, endeble hasta la desintegración. Protesta brutal y sarcástica, Goya levanta en España la bandera de un nuevo realismo. Había sabido arrojar lejos de sí los impertinentes *rococó* y ver a la naturaleza en todo su trágico desnudo.

En México Rodríguez de Alconedo parece un Goya pequeño. No era pintor de oficio: sus actividades eran la platería y el cincelado; pero, como en los grandes renacentistas, su sentido del arte era integral. Había nacido en Puebla en 1761; a los diez y nueve años se casó y poco tiempo después vino a radicar en la capital del virreinato. Las ideas revolucionarias de Francia lo sedujeron y causaron su ruina: encarcelado, remitido a España como un fardo, permanece en Cádiz de 1808 a principios de 1811, en que regresa a su país donde vuelve a ser preso y libertado. Pero ya la revolución de independencia lo atrae como un vértigo: se afilió con las tropas del genial Morelos; más tarde pasó con las de Rayón; fue hecho prisionero en Zacatlán y fusilado en Apam el 1o. de marzo de 1815 por orden de Calleja. Así ofrendó su vida, en aras de la patria, el que antes la enalteciera con su arte. La calle donde estuvo su casa y la tienda del héroe llevaron su nombre hasta que lo borró el municipio demostrando, más que injusticia, ignorancia.

No llegan a seis los cuadros que se conocen de Rodríguez Alconedo: los más característicos son el retrato de la señora Hernández Moro y el suyo, pintado por él mismo y que ahora se reproduce. La sensualidad adiposa de la dama, subrayada por la cínica sonrisa, nos lleva al arte cruel y maravilloso de Goya cuando reproduce admirablemente los horribles monigotes que formaban la familia de Carlos IV.

José Luis Rodríguez Alconedo, *Autorretrato*

Su autorretrato une ese realismo, un poco brutal, con suavidades que inician la obra de los pintores del siglo XIX. Lleva la camisa abierta que pusiera de moda Lord Byron y ciñe con una corona de flores delicadas un busto académico de mármol. La técnica, el pastel, se ha doblegado humildemente bajo la mano del artista; ha obtenido efectos que nunca antes aparecen en nuestra pintura: la boca expresiva, de gruesos labios carnosos, sombreados por el bozo que forma el bigote, no afeitado a tiempo y que empieza a salir; los ojos inquisitivos y de mirada enérgica, contrastan con la suavidad de la camisa y el *velouté* del cuello de pieles. Las manos de prodigiosa vitalidad, complementan el animado conjunto.

La gran figura de Rodríguez Alconedo es la última de nuestra época colonial y la primera del siglo XIX.

José Juárez

Jorge Cuesta

No abundan, en el caso de José Juárez —como tampoco en el de los demás pintores mexicanos de los siglos XVII y XVII—, esos datos biográficos que ayudan a interpretar la vocación y encauzamiento de una vida dedicada a un fin preciso (Don Manuel Toussaint, don Francisco Pérez Salazar y don Manuel Romero de Terreros, que consagran laudables afanes a estas investigaciones, seguirán rescatando noticias inéditas). La mayoría de los indicios hacen presumir que él y los suyos proceden del estado de Puebla, y, según afirmación del historiador citado en primer término, nació entre 1610 y 1615. Se supone que murió en la década del sesenta. Todo un puente de cerca de un siglo y medio fue transitado, con distintas graduaciones de garbo y destreza, por miembros de una misma familia, en cuya fidelidad al cultivo del arte pictórico hallamos una lección estimulante.

Después de Luis Juárez, el fundador de la dinastía, que pintó desde los primeros años del siglo hasta 1633, José, su hijo, le sucede. Los dos están influidos hondamente por Echave el viejo; pero nuestro artista halla ciertos resquicios por los que su íntima personalidad atina a expresarse. Ejerció sus funciones creadoras durante un periodo aproximado de veinte años, y apenas se conserva de él una escasa decena de cuadros —varios de ellos "atribuidos". La calidad de sus obras marca irregulares ascensos y descensos, lo que no impide comprobar, en el conjunto, una nota permanente de severa armonía, un claro acierto en la elección y distribución del color y un naturalismo del que, por imperativa exigencia de la pintura de la época, no pudo escapar.

La pintura colonial gira íntegra —las excepciones son muy sumarias— en torno al eje de la inspiración religiosa. Así, lo mismo que la hace ganar en dones de seriedad, de tono austero, de concentrado cálculo, le escamotea los soplos de la vida exte-

José Juárez, *La sagrada familia*

rior, del campo abierto a las alegrías espontáneas. Por ello resulta tanto más meritorio el esfuerzo de aquellos pintores que, ceñidos con tácitas ligaduras a esos modos convenidos de creación, lograron sobresalir a merced de su voluntad de trabajo y mejoramiento.

La sagrada familia, según datos de Revilla, pertenece a la serie de las primeras obras de José Juárez. Es un cuadro en tela de 2 x 2.50 y se custodia en el Museo de Puebla. La entrañable intimidad de la escena suelta un hálito de tibieza. Los paños, aunque no son opulentos, están tratados con elegante discreción —en el mejor sentido de la palabra— y es de notarse el justo equilibrio que establecen, en las partes superior e inferior, los atributos frutales que adornan la composición. Dado el realismo propio de éste y todos los lienzos de la escuela pictórica colonial, no dejan de sorprender las proporciones, algo excedidas, de los dedos de ciertos personajes. El color fue empleado con pericia; sus tonos, parejamente oscurecidos, hacen resaltar con viveza los detalles visibles de los cuerpos humanos. Y el conjunto, presidido por la tierna y robusta figura central del Niño, se resuelve en una obra de estimable calidad.

MIGUEL JERÓNIMO ZENDEJAS

ANTONIO ACEVEDO ESCOBEDO

Miguel Jerónimo Zendejas nació en Acatzingo, Puebla, en 1723 y 1724. Se llegó a atribuirle un origen indígena; pero está probado su origen español. "Fue su padre don Lorenzo Zendejas, que poseía un establecimiento, donde vendía estampas". Aprendió el oficio de la pintura con un artífice poblano, don Pablo Talavera, y "alcanzó tan rápidos progresos en el arte, que a poco tiempo logró trabajar, en calidad de oficial, con don José Joaquín Magón y don Gregorio Lara Prieto y otros pintores célebres en aquel tiempo". Su obra fue de las más abundantes, lo cual se debió a su fecundidad tanto como a su larga vida, pues vivió hasta los 92 años, sin haber tenido que lamentar el decaimiento de sus fuerzas; se dice que pintó hasta sobre su lecho de muerte. Por su capacidad natural, por las enseñanzas que recibió y por su larga experiencia, debe juzgarse que fue uno de los pintores mexicanos que más completamente entraron en el conocimiento de la tradición europea, que, en la época en que vivió Zendejas, ya había dado en México casi toda la variedad de sus frutos.

Siguiendo a la española, la tradición mexicana evolucionó pronto hacia lo barroco, si bien con ciertas reservas que es interesante notar. No sin razón, se ha asociado el estilo barroco con la contrarreforma, señalándose de este modo su hondo sentido religioso. Y si no se pierde de vista esta correspondencia y se tiene en cuenta la poca significación que debió encontrar en la Nueva España el movimiento contra-reformista, se explica, por la poca profundidad de su raíz espiritual, el carácter, o superficial o académico, del barroco mexicano. En efecto, las circunstancias eran tales, que, si para mantener su poderío en Europa, el sentimiento católico necesitó hacerse exaltado, riguroso y místico, en las tierras americanas en que acababa de desembarcar, su prestigio constantemente dependió de su belleza y su ver-

Miguel Jerónimo Zendejas, *San Jerónimo*

dad externas más que de su pureza y su certidumbre interiores. Estas circunstancias se manifestaron en la pintura religiosa, inclinándola, en cuanto se libraba de la vigilancia académica, hacia lo "primitivo" y natural.

Creo que el interés de la pintura de Miguel Zendejas se debe a los rasgos que acusan esta tendencia mexicana. Por eso es importante el cuadro que aquí se ve. Su factura no es de ningún modo original, como no puede decirse que lo fue este pintor vigorosamente; antes al contrario, sólo repite una composición que, sobre todo en el retrato, había sido muy autorizada por el uso. También el color responde a un aplicado y respetuoso conocimiento formal de la tonalidad clásica. Pero no es convencional todo en esta obra, cuya notoria intención austera se ve sorprendentemente defraudada. El naturalismo de las manos; el claro dibujo de la silla, obtenido a expensas de la proporción justa y de la veracidad de la perspectiva; el artificioso desorden del fondo de libros; el pliegue ingenuo de la ropa; el logrado propósito de hacer más ostensible que verdadero el movimiento físico de la figura; la candidez y la intranscendencia de la nota mística, todo denota un "primitivismo" que no puede atribuirse sino a una incongruencia positiva de la escuela, a una deliberada desobediencia de la forma, a una consciente y satisfecha corrupción del espíritu tradicional.

Boletín Mensual Carta Blanca, México, Cervecería Cuauhtémoc, 1934.

ARRIETA, CALDERÓN, MORALES Y DÁVILA

JUSTINO FERNÁNDEZ

La pintura popular del siglo XIX nos ofrece, en expresiones finamente cargadas de sensibilidad, de tiernos sentimientos o de dramáticos trances, la visión de la vida cotidiana en los diversos niveles sociales, pues si bien los retratos en general pertenecen a las altas esferas provincianas, aristocrático-burguesas, al clero, a la milicia o a la clase media, en los *retablos,* especialmente, el pueblo entero irrumpe en la pintura en forma dramática, tanto por las circunstancias en que se pinta como por la fe religiosa a que se atiene en los grandes momentos de la vida; y porque no faltara nada, la filosofía popular de carácter inmanente hace sentir su presencia. El interés por la naturaleza es menor; pocos paisajes relativamente; más bien es la ternura, mejor expresada en los retratos de niños, tan frecuentes, lo que da una fuerte nota a esta pintura de intimidad, tan mexicana, puesto que en ella no son el indio ni el español los actores principales, sino esa amalgama que constituye a México y que el artista popular dejó sintetizada. Por eso, si se toma en conjunto, es una auténtica expresión de la vida de nuestros abuelos, en la que algo se echa de menos y es la política del tiempo que al parecer no tenía interés ni cabida en la intimidad de la vida burguesa y religiosa. Y no es que estén ausentes los cuadros de sucesos notables, pero no son de calidad ni cantidad suficientes para dar la tónica de esta pintura. La turbulenta política del tiempo encontró expresión por otras vías, por otros medios, que alcanzan más eficazmente la vida pública.

g) *Otros pintores*

Hasta aquí hemos considerado la pintura académica de la ciudad de México y la popular de otros sitios que más se distingue por su calidad, pero aún es necesario ocuparse en otros pintores de dos escuelas que tuvieron cierta importancia en el panorama nacional de arte del siglo XIX.

A la Academia de Bellas Artes de Puebla, que ya en las postrimerías de Nueva España comenzó a funcionar, pertenecen cuatro pintores, distintos por sus intereses y expresiones: José Agustín Arrieta (1802-1879); José María Calderón (1824-1876); Francisco Morales Van der Eiden (1811-1884) y Daniel Dávila (1843-1924).

Arrieta es el más conocido y cuyos cuadros tienen mayor personalidad e interés; la dureza de su pintura y el colorido "charro" que la acompaña van bien con los temas costumbristas que por lo general trató, de manera que su obra resulta en alto grado mexicanista, brillante y atractiva. Su dibujo y sentido de composición era bueno; interesado en describir las costumbres mexicanas y en particular las de su estado natal, Puebla, toma un gran empeño en detallar objetos, platillos, tipos e indumentarias; sus naturalezas muertas siempre son valiosas para el arte y la historia.

Calderón fue retratista aceptable dentro del naturalismo académico, y Morales, director de la Academia, interesa mayormente por sus pinturas y retratos, algunos excelentes, entre los que se cuentan los de Maximiliano y Carlota; fue también continuador tradicionalista de la pintura religiosa y en su inmensa producción puede decirse que hay de todo.

Dávila vino a estudiar a la Academia de San Carlos, de México, después de sus primeros años de estudiante en la de Puebla, y fue discípulo de Pina, Rebull y Velasco; más tarde fue profesor en la Academia poblana. Como pintor académico tenía buenas dotes para el dibujo y logró hacer algunos cuadros originales con gran corrección, mas todo lo resumió en una obra excepcional: *Descanso* (1889), de un gusto, composición, color y todo, tan artificial y tan sincero en su cursilería que es un ejemplo magnífico del sentimiento romántico provinciano de fin de siglo.

A la escuela de pintura poblana del siglo XIX podrán señalársele debilidades, pero la salva su mexicanísimo carácter y su sinceridad.

Si consideramos por una parte la producción de la pintura popular de Jalisco, con José María Estrada a la cabeza, la de Guanajuato, con Hermenegildo Bustos, la de Durango, con Mariano Silva Vandeira, y el inmenso número de obras anónimas provenientes de todas las regiones de la república, y por la otra, la pintura académica de Puebla, con Arrieta y Dávila, y la veracruzana, con José Justo Montiel, tendremos un vasto panorama que significa la importante presencia de la provincia, en su sentido más auténtico, en el arte mexicano. Y si a lo anterior se agrega que muchos de los pintores que florecieron en la capital, como Juan Cordero, natural de Teziutlán, que entonces pertenecía al estado de Veracruz, provenían también de diversos sitios del país, se verá que la expresión de México en el arte no es producto exclusivo de la cultura capitalina o metropolitana, sino que, por el contrario, tiene sus raíces clavadas en el país entero.

Fragmentos del libro *Arte moderno y contemporáneo de México,* UNAM, Instituto de Investigaciones Estéticas, 1952.

Indumentaria indígena
de la Sierra de Puebla
Daniel Rubín de la Borbolla

La sierra de Puebla

La sierra de Puebla es una de las zonas más aisladas de la Sierra Madre Oriental. Está situada al noroeste del estado, entre la Meseta Central y la costa del Golfo de México.

El término sierra de Puebla, que aquí se emplea tiene una doble connotación: la étnica y la geográfica. Topográficamente la forman los macizos más elevados de la Sierra Madre Oriental. Hacia el noroeste de Puebla se desvanece en la Meseta Central, y por el lado opuesto llega hasta las tierras bajas del Golfo de México.

Étnicamente abarca desde Mecapalapa, al norte, hasta Zacapoaxtla al sureste. Su punto más oriental es Teziutlán, mientras que hacia el occidente termina en Tulancingo. Aunque penetra en Veracruz e Hidalgo, su principal territorio comprende el norte del estado de Puebla.

Su población la forman grupos indígenas de habla Tepehua, Totonaca, Nahoa y Otomí. Aunque mezclados, los Tepehua y Otomí viven al noroeste; los Totonacas al sur y al oriente y los Nahoa al centro y sur. Hay municipios en donde se hablan hasta tres lenguas indígenas diferentes, además de la lengua nacional.

La sierra no fue lugar atractivo para la colonización europea, por ser muy abrupta; por su clima y aislamiento. La tierra es fértil pero no goza de riego. Prevalece una perpetua humedad ambiente, debida a los vientos que arrastran las nubes que se forman en el

Golfo de México, que al chocar con las montañas se descargan en lluvias frecuentes. Esta humedad perenne facilita la agricultura.

Los cultivos preferentes son maíz, frijol y chile. También se cultivan el cacahuate, plátano, caña de azúcar, café y frutales, de acuerdo con las alturas y temperaturas de la región. La topografía no hace atractiva la ganadería; la caza es sumamente pobre y la pesca se practica muy poco por la escasa corriente de los arroyos y ríos torrenciales.

La vida ha variado poco. El aislamiento ha conservado la cultura local, mientras que ocurren transformaciones rápidas a su alrededor. Existe, sin embargo, una intensa intercomunicación entre los cuatro grupos étnicos a pesar de las barreras lingüísticas. Aquí se puede presenciar uno de los más extraordinarios ejemplos de convivencia entre pueblos de diferente habla.

El contacto continuo ha motivado o conservado, entre otras causas, cierta uniformidad en el vestido indígena, aunque cada pueblo mantenga sus tipos de decoración local. Es notable, por ejemplo, encontrar entre los cuatro grupos el uso exclusivo del quechquémitl, prenda femenina de origen precolombino.

Las congregaciones indígenas, más o menos numerosas, viven casi siempre en las partes más abruptas de esta serranía, a donde han sido empujadas por la población mestiza que ha logrado posesionarse de las tierras más fértiles, de los vallecitos y de las vegas de los numerosos arroyos y ríos torrenciales. Del espeso bosque que antiguamente todo lo cubría sólo quedan pequeñas extensiones, que pronto desaparecerán si no se modifican los sistemas de cultivo y se hacen nuevas dotaciones de tierra a las comunidades que ahora tienen que desmontar y cultivar las pronunciadas laderas, en terrenos llamados *milpas colgadas*.

Los tepehuas viven en la municipalidad de Huehuetla, Hidalgo, y en el estado de Veracruz; algunos han emigrado a Pantepec y Mecapalapa del estado de Puebla. Al municipio de Huehuetla también pertenecen congregaciones otomíes, entre ellas San Gregorio, famoso por sus tejidos. Mecapalapa está al fin de la sierra a unos 500 metros sobre el nivel del mar. La población está dividida en barrios mestizo, totonaco, tepehua y otomí.

La región en que predomina la población otomí se extiende desde los municipios de Huehuetla, San Bartolo, Tenango de Doria y Tulancingo en Hidalgo, hasta los ríos de Tlaxco, Cuaxtla, Tlacuilotepec, Pahuatlán y Honey del estado de Puebla. Los mexicanos de habla nahuátl en numerosas congregaciones, viven entre Pahuatlán, Huauchinango, Acaxochitlán, Necaxa y Zacatlán en el centro de la zona, y entre Teziutlán, Hueyapan, Zacapoaxtla y Cuetzalan en el sur. Los totonacos se encuentran principalmente en Pantepec y Mecapalapa en el norte de la zona y entre Zacatlán y Zacapoaxtla hacia el sur.

LA INDUMENTARIA

Lo que más distingue a estos indígenas del resto de la población aborigen de México, es su indumentaria, especialmente la femenina, porque la del hombre ha perdido su personalidad, excepto entre ciertos grupos del occidente, como los huicholes. De su vestido, el quechquémitl es la prenda más vistosa y elaborada, a pesar de ser la más sencilla de forma y la más elegante.

El quechquémitl es una especie de capa para cubrir busto, espalda y hombros. Su hechura es sencilla: la unión de dos tiras largas rectangulares, o el doblez de una tira larga formando dos cuadrángulos; o la unión de los extremos de una tira con dos extensiones horizontales del mismo lado. Esta prenda se usó comúnmente en muchos sitios del México precolombino. Parece que se reconcentró entre los pueblos de la Sierra Madre Oriental y la costa del Golfo, llegando hasta la Península de Yucatán.

Aunque no se han hecho estudios profundos de la distribución geográfica del uso del quechquémitl en las épocas prehispánicas y actual, los datos conocidos muestran una coincidencia geográfica muy extraordinaria, que permite suponer su uso continuo en ciertas regiones desde muy antiguo, quizá desde el siglo V de nuestra era o mucho antes, es decir esta prenda femenina lleva más de quince siglos de uso entre los pueblos indígenas de México.

En la actualidad se le encuentra en el Altiplano Mexicano, en toda la Sierra Madre Oriental, Golfo de México, y entre los huicholes del occidente. Se conocen algunos ejemplares procedentes de Michoacán, pero no se ha visto a ninguna mujer tarasca usarlo, ni hay referencias escritas de ellos.

El quechquémitl requiere un telar angosto, no mayor de 60 cm de ancho, de tipo indígena usual. Se teje una tira rectangular larga; en otros es más complicado porque se emplea un tejido especial para dar la vuelta en ángulo recto. Su tamaño original debe haber sido más grande que el actual, como se ve en algunas representaciones prehispánicas. Este se ha reducido por el uso de la camisa y el deseo de lucirla, especialmente cuando está bordada en el escote, los hombros y las mangas, como ocurre en la huaxteca potosina, prolongación de la Sierra Madre Oriental, en donde esta moda ha reducido el tamaño al grado de que en algunos casos se usa como si fuera bufanda.

Antiguamente el quechquémitl se usó sin poner antes otra prenda de ropa. Las ideas europeas de recato han obligado a la mujer indígena a usar camisa de escote rectangular y mangas cortas. Se le hace de manta de algodón de fábrica y se le adorna con bordado o punto de cruz multicolor, aunque todavía predomina la decoración de un solo color, negro, azul, o rojo. En la decoración de la camisa hay menos apego a la tradición estética indígena, que permite innovaciones que aún no han afectado al quechquémitl.

La falda, enredo o enagua se hacía de lana o algodón obscuro o blanco. Generalmente se usaba el estilo indígena, es decir, un largo pedazo de tela que se enrollaba en el cuerpo a la altura de la cintura, con o sin pliegues. La enagua siempre se sujeta a la cintura con un ceñidor o faja. Este ceñidor es de tejido indígena con motivos geométricos, animalitos y flores. Otros tienen una complicada decoración de hilo de lana multicolor grueso que da la apariencia de plumón fino. El decorado se completa con lentejuelas. Hay fajas de tejido grueso de dos vistas, blanca y negra, con doble decoración.

El ceñidor para hombre es a veces de tejido indígena con las puntas bordadas polícromas y con borlas de hilo de algodón blanco. La carestía de la chaquira impide el uso corriente que tenían en la decoración de las puntas.

El vestido de la mujer lo completa el tocado de la cabeza que a veces se hace con cintas de lana de colores, cuyas puntas están bordadas con chaquira. En la zona mexicana de Cuetzalan se acostumbra un difícil trenzado de cordones gruesos de lana que simula el trenzado del pelo. Este tocado es común también a las mujeres Yalaltecas de la sierra de Oaxaca.

Para protegerse del sol la mujer de la sierra pone el quechquémitl en la cabeza. Las mujeres de Cuetzalan, se colocan un quechquémitl sobre el tocado, pudiendo decirse que su indumentaria usual es de dos quechquémitl a la vez.

La mujer hace servilletas, costales o bolsas, rebozos de lana decorados con punto de cruz y algunos otros tejidos, mientras que el hombre sólo teje gabanes y sarapes, de lana, para su uso.

DANZAS

En la sierra de Puebla sobreviven algunas danzas que, siendo antiguamente muy comunes en diversas partes de México, ahora sólo se encuentran en esa zona. De las más destacadas se pueden mencionar el *volador,* que más que una danza es una ceremonia acrobática, de enorme peligro y atrevimiento; la danza de los *quetzales* y la de los *acatlaxquis.*

La primera es de origen precolombino. Se hacía en muchos sitios del antiguo México en honor de Xipe Totec y Tlazolteolt. Ahora se le encuentra en la sierra, en la costa de Veracruz y en la huasteca potosina, donde ya casi se ha perdido, según los informes del señor Stresser Pean.

Para realizar este atrevido acto acrobático se requiere el tronco de un árbol, no menos de 14 metros de largo, que se corta en el bosque con ceremonias adecuadas. Se le transporta al sitio del espectáculo, y se le fija verticalmente, después de las ceremonias y ofrendas, rociándolo con aguardiente. En la punta se coloca una plataforma giratoria y se le entretejen en el cuerpo cuerdas que sirven de escalones. La plataforma giratoria se llama *cuacomitl,* aunque entre los otomíes de Chila y Huehuetlilla se le denomina *tecomate.* Antiguamente se hacía la ceremonia con cuatro hombres, pero en la actualidad el número varía según la región y las nuevas costumbres.

En la región hay dos o más tipos del volador. Para ejemplificar describimos el otomí, con un bastidor octagonal, que está amarrado a la plataforma. Los danzantes, uno por uno, bailan encima de la plataforma, exceptuando el músico. Uno de ellos se viste de mujer y se le llama *La Malinche.*

La indumentaria es sencilla: sobre su ropa se ponen pantalón corto de franela o manta roja, dos mascadas cruzadas por encima de un hombro, gorro de franela roja y sonaja en las manos. El músico toca una flauta y un tambor a la vez. Cuando el danzante baila en la plataforma giratoria los voladores lo acompañan con música de sus instrumentos. Al terminar esa danza, los voladores se lanzan de espaldas al vacío y comienzan a girar de cabeza, amarrados de la cintura. A llegar cerca del suelo se enderezan y aterrizan de pie.

La danza de los *Acatlaxquis* es menos espectacular que el volador pero tiene gracia e ingenio. Se le encuentra entre las congregaciones de mexicanos de Pahuatlán y los otomíes de Zacapehuaya y San Nicolás.

El *Acatlaxqui* está hecho de 12 a 14 pedazos de carrizo, de cerca de un metro de largo, atados paralelamente de una manera ingeniosa. Las puntas de los carrizos están decoradas con vistosas plumas de loro, guacamaya y otros pájaros. El carrizo más grueso se sostiene en la mano, con la que se le da un impulso fuerte hacia adelante, a la vez que se levanta. Los carrizos unidos se deslizan hasta formar un arco de flores. Cada danzante lleva un *acatlaxqui* desplegado en la mano derecha mientras que con la izquierda marca el ritmo con una sonaja.

El traje es sencillo: un tocado cónico de papel con tiras de colores, dos mascadas atravesadas a los hombros y pantalones cortos sobre el calzón. El conjunto está formado por 15 a 20 danzantes y un muchacho vestido de mujer, a quien a veces se le llama *La Maringuilla*.

La danza de los *Quetzales* es sumamente vistosa por el tocado que usan los danzantes en la cabeza; es muy elegante en su ejecución por la variedad de pasos y "evoluciones de víbora", de cruce y de formación; por la música de sones variados que tocan con flauta y tambor y por la variedad de "figuras que se hacen", cuando el conjunto de danzantes es numeroso.

Sin poder precisar si es de origen precolombino, aunque el nombre a veces se ha señalado como indicio seguro de su linaje indígena prehispánico, que más bien es indicativo del lugar de su procedencia Cuetzalan, es evidente que la danza llamada de los quetzales tiene un sabor aborigen tan marcado que, cualquiera que sean sus verdaderos comienzos, es una de las danzas más indígenas de México.

La indumentaria se compone de un gorro cónico que sirve de eje, o centro a un enorme círculo de armazón de carrizo, cuyos rayos están cubiertos con un tejido de cintas multicolores de papel, que alguna vez deben haber sido de plumas o listones de tela de vistosos colores. Cada rayo del círculo remata en un popotito donde se colocan dentro de él plumas multicolores.

Sobre el calzón blanco lleva un pantalón corto, generalmente rojo, con flecos amarillos. Al cuello van cruzados dos pañuelos o mascadas, y sobre todo una capa o manto rojo, o a veces amarillo, con ribetes en otro color. El danzante lleva en la mano un pañuelo o mascada y una sonaja.

La música es variada aunque sólo se emplean la flauta de carrizo con tres agujeros llamada *tapiz* entre los indios de Cuetzalan, y el tambor con gamuza de venado. La riqueza radica en que se tocan cerca de cincuenta *sones,* todos ellos en ritmo acelerado y vivaz.

Entre los tepehua se conocen las danzas llamadas: *Danza de la Culebra* (Tambulan) y *Danza de los Pastores.* En ambas se usan instrumentos de cuerda —violín y guitarra— que se acompañan con *teponaztle.*

En la de los pastores, los danzantes llevan palos o carrizos largos, en la Culebra llevan varitas, con las que tratan de matarla bailando a su alrededor. Los bailes se hacen en círculo, con diversos pasos y figuras al ritmo de la música y sus canciones, cantadas en tepehua.

PAPEL RECORTADO

Además del tejido existen otras industrias que tienen interés para las artes populares. Entre ellas se destaca la fabricación de papel de corteza de *amate* o *amacahuitl* y las figuras recortadas de papel indígena o fabricado. Se tienen datos precisos sobre su origen precolombino.

Las técnicas no han variado en muchos siglos. Aunque San Pablito es un centro renombrado por esta industria, existen otros pueblos en la sierra que la practican.

En la primavera se quita la corteza de los árboles y se la pone a secar. Cuando se desea fabricar papel se toma una parte de la materia seca y se la hierve en agua con ceniza o agua de nixtamal, se lava y se la coloca en una batea con agua limpia. La fibra blanda se pone en tablas y se golpea con una piedra rectangular. Cuando la pasta ha adquirido su espesor uniforme se le pone a secar al sol. Cuando está bien seca se quita de la tabla y se dobla en cuatro.

Se le usa principalmente para magia y brujería. Se hacen con él figuras recortadas. Las de color blanco para magia benéfica, las de obscuro para hechicería. Hay espíritus del cerro, de las semillas, del cielo y la tierra, del monte y del agua, cada una con figuras que lo identifican.

Los muñecos de papel obscuro sirven para la brujería. Generalmente se usan en ceremonias especiales en las que los brujos ejercen sus poderes sobrenaturales para causar daño a una persona y a sus intereses o propiedades, por encargo de quien desea perjudicar por venganza, desprecio, enojo o rencor.

El uso de papel de fábrica, barato, atractivo por sus colores y fácil de recortar por su textura ha suplantado al papel indígena, que en la antigüedad se usó también para documentos pictográficos (códices) y para ceremonias religiosas y vistosos adornos para los dioses.

ALFARERÍA

La cerámica aunque irreemplazable para los usos domésticos no es vistosa. Se fabrican ollas, cántaros, jarros, cazuelas, sahumadores y comales de formas comunes. Hacia el norte de la región, llega la cerámica de la huasteca con baño blanquisco y decoración en color café obscuro. A pesar de las dificultades del transporte, en los mercados y días de plaza se venden cerámica vidriada de Puebla, Hidalgo, México y algunas veces de Oaxaca. Es probable que la constante humedad del ambiente dificulte el secado y horneado de la cerámica y a ello se deba que el indígena no haya desarrollado esta industria y prefiera comprar lo que se importa de otras partes.

CESTERÍA

La cestería no está muy desarrollada. Se fabrican canastos grandes cuadrados para la recolección del café; canastos para empaque y carga, *capizayos,* petates, y algunos otros objetos de uso doméstico común. El sombrero de Tehuacán que ha invadido la región, por su precio, su forma, acabado y adornos, puede competir con el sombrero de fabricación local.

TALABARTERÍA

La arriería, que constituye la forma de transporte e intercambio más general a pesar de los nuevos caminos, ha hecho florecer la talabartería para la fabricación de morrales o bolsas de cuero, cinturones, chaparreras y avíos para monturas. El trabajo es sencillo pero vistoso y atractivo, especialmente el bordado con hilos de colores de las bolsas o morrales y de los cinturones llamados *víboras* para guardar dinero. Aunque no puede competir con la talabartería de Puebla y Guadalajara, conserva sus decorados propios y su colorido y composición que ya desaparecieron en otros centros más importantes pero más expuestos a influencias externas.

ESCULTURA

Se conocen algunos ejemplares de escultura en madera. Se fabrican los santos más populares y venerados de la región. La forma y colorido son muy ingeniosos, conservan cierto primitivismo, que acusan técnicas defectuosas y faltas de experiencia. Sin embargo, el conjunto de figuras o de temas produce una impresión agradable por el atrevimiento casi infantil de forma, expresión y colorido.

En algunos casos el tallado adquiere personalidad por la finura de su ejecución. Este se hace ahora principalmente en cuerno. Los ejemplares que se conocen son de finos realzados, con figuras o motivos diversos, según el gusto personal o el de la demanda local. Como el cuerno labrado se usa para cargar aguardiente, para el viaje por la sierra o en el trabajo del campo, sus decoraciones y leyendas son alusivas a su uso y a su contenido.

Es indudable que la industria textil y el traje indígena femenino se han conservado en la sierra de Puebla, por el aislamiento geográfico y el orgullo que siente la población por su propia indumentaria. Sin embargo, se notan signos de cambios que hacen suponer una transformación peligrosa que puede degenerar en abandono de ese traje femenino. El aumento progresivo de pobreza y los procedimientos primitivos de cultivo han obligado al indio a substituir la lana por el algodón, a emplear telas de fábrica en vez de sus propios tejidos y a comprar estambres de colores mal teñidos.

Cualesquiera que sean sus condiciones actuales de vida, han sabido conservar y mantener uno de los más extraordinarios ejemplos de la textilería aborigen y una de las prendas de mayor distinción y abolengo indígenas.

Sus danzas más cercanas a lo indígena que a lo europeo, tienen colorido, ritmo y composición que superan a las que se conservan en otras partes de México. *El volador*, singular por su alarde de acrobacia, ha hecho sentir al indio la satisfacción de haber dominado el espacio.

Indumentaria indígena de la sierra de Puebla, México, 1951.

EL GRABADO CONTEMPORÁNEO
ERASTO CORTÉS JUÁREZ

Trato de hacer una poca de historia del grabado mexicano de nuestra época, iniciándola en el año de 1922, nueve años después de la muerte del extraordinario José Guadalupe Posada, fecha en que, como se verá más adelante, resurge espléndidamente la práctica del arte del grabado.

Antes de entrar en materia, deseo insistir en mi tributo de admiración a los tres grandes maestros de la estampa mexicana, Manuel Manilla, Gabriel V. Gahona "Picheta" y José Guadalupe Posada, muertos, respectivamente, en los años de 1895, 1899 y 1913.

Desde esta última fecha hasta 1922, no hubo prácticamente ninguna actividad digna de ser registrada en el desarrollo del grabado. No surgieron nuevos grabadores de índole representativa, ello debido tal vez a que el periodo revolucionario por que atravesó el país solamente despertó la pasión por búsquedas que habían de cristalizar más tarde. En ese tiempo imperó una fuerte desorientación en lo que respecta a las artes plásticas, cosa que se hizo sentir particularmente en los sectores del medio de la juventud, un tanto raquítico y anquilosado. Por su parte, los pintores de algún renombre, no prestaron mayor atención al hecho de vincular el grabado a las medulares circunstancias de la revolución. No se aprovechó la lección legada por Posada, el más idóneo con los aspectos de la vida nacional; él representó la más alta categoría plástica, la más incisiva capacidad crítica y expresó magistralmente los altos y bajos de nuestro movimiento social.

Los grabados de Posada, impresos por su gran amigo y colaborador, don Antonio Vanegas Arroyo, circulaban profundamente entre todos los medios; los corridos de los temblores, de las inundaciones, de los fusilamientos, de los descarrilamientos, de las fiestas patrias, de las calaveras, etc.; un acervo eminentemente popular, muy valioso para la historia del arte mexicano.

Acerca de esa misión del grabado con respecto a la vida social, ha dicho Leopoldo Méndez: "Cualquier obra de arte plástica que refleje un pedazo de la vida es gustado por el pueblo, es decir, amado por él, y no solamente entendido... No recuerdo cuándo ni cómo empecé a pintar, pero sí recuerdo que de siempre me habían interesado enormemente todas las actividades plásticas; si me he dedicado al grabado es porque he creído que siguiendo esta disciplina era más útil a mi pueblo".

Con estas palabras se reanuda la tradición del gran Posada.

En 1778, a sugestión del grabador español Jerónimo Antonio Gil, se abre una escuela de grabado en la Casa de Moneda, y en 1783 se funda la Real Academia de San Carlos.

La enseñanza formal del grabado en madera comenzó en 1853; impartió la clase el grabador inglés George Periam, traído especialmente de Londres gracias a un contrato que firmó por una duración de cinco años. Valiosa fue la enseñanza de ese artista pero, signo del tiempo, adoleció del defecto de concretarse a una labor ejecutada dentro de los vetustos muros de la Academia. La vida exterior era absolutamente indiferente, y así quedaron relegados los temas nacionales. Todavía no se estimaba la necesidad de plantear nuevos derroteros para el grabado, un grabado que llegara directamente a la existencia mexicana, para convertirse en un vehículo de utilidad social, con el complemento, claro está, de una buena calidad artística.

Hasta 1913, la enseñanza de las artes plásticas se impartía únicamente en la Academia Nacional de San Carlos. Enclavada en el corazón mismo de la ciudad de México, cumplía evidentemente una misión, mas se echaban de menos otras escuelas, de índole popular, instaladas al aire libre. Era indispensable su establecimiento toda vez que ellas llenarían la necesidad de promover la inclinación, y aun el entusiasmo por el arte en los barrios pobres y en el campo, de donde debían salir artistas de reconocida capacidad.

Propiciado el ambiente, comenzaron a aparecer las Escuelas Populares de Pintura y las al Aire Libre.

El maestro y pintor Alfredo Ramos Martínez funda en 1913 la primera Escuela en el pueblo de Santa Anita, en la jurisdicción de Ixtacalco, D. F. Siete años después, en 1920, desaparecida dicha Escuela, la traslada a Chimalixtac, y a poco, la lleva a Coyoacán. Lugares todos ellos cubiertos de jardines, huertas, arboledas, bañados por el sol. Punto de partida para una orientación fecunda en beneficio de la enseñanza plástica mexicana. En Coyoacán —en donde se trabajó por espacio de varios años— se notaron palpablemente los magníficos resultados, reflejados tanto en la numerosa población de alumnos, como en el contingente de obras. El resurgimiento del grabado era ya un hecho, toda vez que se habían colocado las bases para un próximo y floreciente desarrollo.

Cabe decir, como justo homenaje a la memoria de Ramos Martínez, que a consecuencia de su admirable labor, la Escuela dio excelentes pintores, muchos de los cuales supieron canalizar debidamente las nuevas inquietudes plásticas.

Estos provechosos antecedentes dieron motivo a la creación de otras escuelas similares en diversos barrios de la ciudad y en algunos puntos del Distrito Federal. Todas ellas se fundaron en el curso del año de 1925, y a poco se registró la inauguración de las de Cholula, Pue.; Cuernavaca; Mor.; Tasco, Gro.; Monterrey, N. L.; y Guadalajara, Jal.

Además de esos factores de incremento del grabado, existen otros que paso a enumerar, para volver a referirme posteriormente al papel de dichas Escuelas.

En 1921 llega a México el pintor y grabador francés Jean Charlot, quien traía en su equipaje un álbum de grabados en madera realizados por él mismo en Francia en el año de 1918, titulado "Vía Crucis". Don Lino Picaseño, bibliotecario de la Escuela Nacional de San Carlos, puso en contacto a ese artista con Fernando Leal, quien en aquel entonces estudiaba pintura, formando parte del grupo de siete alumnos fundadores de la Escuela de Pintura al Aire Libre, de Coyoacán. Así, Leal fue el primero en conocer el citado álbum y de ese conocimiento y de las conversaciones que respecto a la estampa sostuvo con Charlot, surgió su interés por el arte del grabado.

Juntos empezaron a grabar en 1922 en la Escuela de Coyoacán, utilizando la madera de hilo; esos fueron los primeros grabados que indicaron patentemente el resurgimiento del grabado en nuestro país. Ambas muestras ilustran este trabajo, en la parte correspondiente a las ilustraciones.

Poco después despertó el interés en Francisco Díaz de León y en Gabriel Fernández Ledesma, asimismo alumnos de la Escuela de Coyoacán. Iniciáronse con maderas de hilo, principiando así una labor gráfica que a poco había de escalar un aventajado lugar en la historia del grabado mexicano. En esta forma, principió una era trascendente de la plástica mexicana, con características de tal calidad que bien pronto había de adquirir beligerancia internacional.

Es en 1925 cuando surgen los talleres de grabado en las escuelas que hemos mencionado anteriormente. Francisco Díaz de León, Gabriel Fernández Ledesma y Fernando Leal son nombrados directores respectivamente de las siguientes instituciones: Escuela de Pintura al Aire Libre, de Tlalpan, D. F.; Centro Popular de Pintura "Santiago Rebull", instalado primeramente en el exconvento de la Merced, después en el callejón del Hormiguero, para terminar estableciéndose en el callejón de San Antonio Abad; Centro Popular de Pintura "Saturnino Herrán", instalado en la calzada de Nonoalco.

Hago especial mención a esas Escuelas por haber sido las primeras y las que vieron desarrollar las más importantes actividades relacionadas con el grabado. La de Tlalpan, casi en las estribaciones del Ajusco, estaba rodeada de vastos y húmedos huertos, de jardines bien cultivados, de calles angostas y tortuosas que conducen a viejos rincones. Muchos de sus habitantes concurrieron inmediatamente a las clases, en medio de aquel ambiente dedicado al placer de los sentidos y a los ojos bien dispuestos.

En calidad de ayudante de Díaz de León estuvo el pintor y grabador japonés Tamiji Kitahawa, respaldado por su capacidad y su obra. El taller de grabado, gracias al empeño de Díaz de León, adquirió bien pronto relevante valor, al dedicarse a profundizar el estudio del grabado en todos sus procedimientos.

El Centro Popular de Pintura "Santiago Rebull", arraigó en los barrios eminentemente populares, allí donde el México viejo proclamaba su poder de evocación. Inscribiéronse en las clases los hijos de los locatarios del Mercado de San Lucas, así como la prole de enfermeras y empleados del Hospital Juárez. Tampoco faltaron los obreros de la fábrica de ácidos cuya fachada miraba a la tradicional Calzada de la Viga; de las numerosas vecindades adyacentes concurrían niños y artesanos, los cuales aprovechaban así las horas de asueto. El entusiasmo más legítimo les impulsaba. Al igual que en la Escuela anteriormente citada, su director, Gabriel Fernández Ledesma, supo desarrollar atinada y eficiente labor didáctica, cimentando su fama de gran técnico de las artes gráficas. Contó, en calidad de ayudante, con un muchacho sencillo y silencioso, Everardo Ramírez, que con el tiempo había de convertirse en un excelente grabador en maderas.

El Centro Popular de Pintura "Saturnino Herrán", se instaló en el barrio fabril y ferrocarrilero de Nonoalco. Característico rumbo de la ciudad, en el que el constante trajín industrial y el bosque de chimeneas ofrecía un espléndido campo de estampas plásticas. La concurrencia de alumnos distinguióse por su clara filiación proletaria, llegando a alcanzar un número crecido de inscritos. Fernando Leal la dirigió con notable eficacia, secundado por un ayudante, Gonzalo de la Paz Pérez, quien sigue grabando en la actualidad.

Otro antecedente importante es la introducción de la enseñanza del grabado en la Escuela Central de Artes Plásticas (1928) en donde, bajo la dirección de Emiliano Valadez salieron artistas de la categoría de Carlos Alvarado Lang, Rubén Acuña, Alfonso Franco, Alfredo Jiménez y Rosario Cabrera. A partir de 1929, Carlos Alvarado Lang se encargó de la clase de grabado que dejó por enfermedad el maestro Valadez. Nuevos y meritorios valores surgieron de sus grupos de alumnos, entre los cuales cabe citar a Isidoro Ocampo, Francisco Gutiérrez, José Chávez Morado, Alfonso Alarcón, Mario Ramírez Aguilar, Armando Franco y Ernesto Jorajuria. La enseñanza en la Escuela podía jactarse de contribuir espléndidamente a la difusión del grabado.

Desde entonces los acontecimientos se han desarrollado intensa y eficientemente. El paisaje, el hombre y los grandes sucesos han sido incorporados definitivamente en la expresión plástica, bajo la imponderable influencia de Posada.

Él marcó el camino a seguir: establecer un íntimo contacto espiritual con el pueblo; ennoblecer y difundir sus costumbres y tradiciones; palpar íntegramente sus miserias y tragedias diarias. Dejó tras de sí una enorme secuela saturada de concepciones profundamente humanas.

Ante los ojos de los grabadores mexicanos apareció un vasto y sorprendente espectáculo. Los fenómenos sociales experimentados en el país han sido un constante venero para la imaginación de los grabadores, y hay que manifestar que han sabido aprovecharlo como concepto medular de su creación plástica.

El singular aspecto de nuestro paisaje también ha sido debidamente incorporado a la expresión de la estampa, que lo ha compatibilizado con su labor social y pedagógica. Bien visibles lucen los periódicos murales y otras formas de divulgación del pensamiento. Ese periódico mural difunde a los cuatro vientos la voz del progreso: obras de irrigación, de salubridad, ejidos, construcción de escuelas, campañas alfabetizadoras. Lleva estas noticias a los rincones más apartados de la república, consumando de esta manera un aspecto humano del que Posada y los que, como él, hicieron del grabado un instrumento popular, no podrían menos que enorgullecerse, al comprobar que la siembra había sido fructífera.

También ha logrado destacar su influencia en el ramo del cartel, que desde los muros de todas las localidades del país ha informado oportunamente sobre ciertos temas de orientación, lucha y propaganda, todo ligado a la vida social mexicana.

Asimismo interviene activamente el grabado en la confección de libros pedagógicos, literarios, históricos... A base de maderas, lámina, linóleum, ilustra sin cesar gran número de volúmenes, dándoles prestancia y haciendo honor a la historia de la tipografía. Es de suma importancia el contingente de libros iluminados con obras de los más destacados artistas de esa rama. No ha faltado tampoco a la cita con periódicos, folletos, volantes, etc., en los que muy a menudo el grabado ha tenido una parte importantísima.

El grabado contemporáneo (1922-1950), México, Enciclopedia Mexicana de Arte. Núm. 12, Ediciones Mexicanas, S. A., 1951.

TALAVERA DE PUEBLA

LUZ DE LOURDES VELÁZQUEZ THIERRY

Con este nombre se conoce un tipo de cerámica elaborada en la ciudad de Puebla con la técnica de la loza estannífera, consistente en aplicar a las piezas de barro cocido un barniz vítreo, producto de la fusión de la mezcla de estaño y plomo, siendo un género de alfarería de doble cocción.

A la loza estannífera fabricada en Puebla también se le ha dado otros nombres, tales como mayólica y loza blanca. El primero, utilizado por primera vez en Italia para nombrar a la loza esmaltada proveniente de Mallorca, con el tiempo varió su sentido haciéndose común el empleo de este apelativo para indicar cualquier tipo de pieza elaborada con la técnica de la cerámica estannífera.[1]

Con respecto al calificativo "loza blanca", se sabe que en las ordenanzas de loceros de la ciudad de Puebla de 1653, en las que se indicaba la producción de tres diferentes géneros de alfarería: fina, común, y amarilla,[2] se designaba con ese término a una calidad de cerámica estannífera elaborada en dicho lugar. Así, en uno de los puntos de las citadas ordenanzas, relativo a la manera en que debía fabricarse la loza, se menciona que "en este género común se entiende loza blanca, entrefina y pintada en todo género de vasos".[3] En algunos documentos del gremio de loceros que se han publicado, se puede apreciar que la designación

---

[1] Bardin, *Técnicas de cerámica*, p. 79.

[2] Cervantes, *Loza Blanca y Azulejos de Puebla*, tomo I, p. 23.

[3] *Ibídem*, tomo I, p. 24.

Tablero de azulejo perteneciente a la fachada de la iglesia de San Bernardino, Tlaxcalancingo, Puebla

"loza blanca" en un momento dado llegó a utilizarse para indicar no sólo al género de cerámica común, sino también a la de mejor calidad.[4]

En la actualidad, a la loza estannífera de Puebla comúnmente se le conoce como "Talavera", habiendo diversas opiniones que tratan de averiguar el motivo de tal denominación. La opinión menos difundida, y que ha perdido vigencia por no haberse podido comprobar, aseguraba que el nombre se debía a que el primer alfarero que produjo loza estannífera en la ciudad de Puebla llevaba dicho apellido. Algunos estudiosos de este arte,[5] consideran que se le llama así en honor a los alfareros provenientes de Talavera de la Reina, España, quienes introducen la técnica de esa cerámica en Puebla. Ciertos autores,[6] basándose en la tradición oral, mencionan que los frailes dominicos establecidos en la ciudad de Puebla, conociendo las aptitudes alfareras de los indígenas y deseosos de obtener azulejos para su convento, mandan traer de su monasterio en Talavera de la Reina, hermanos que supieran el arte de la cerámica estannífera, para que lo enseñaran a los nativos. Estos escritores consideran a los frailes dominicos como los introductores de esa técnica en la Nueva España, sin embargo, no se han encontrado documentos que fundamenten esta opinión.

La mayoría de los estudiosos de este arte[7] sostienen que a la

---

[4] *Ibídem*, tomo I, pp. 35-48; Hoffman, "Verdades y errores de la Talavera de Puebla" en *Memorias y Revistas de la Sociedad Científica Antonio Alzate*, p. 626-628; Leich, *Las calles de Puebla*, p. 123.

[5] Contreras, Juan, Marquez de Loyola (seud.), *Historia del Arte Hispánico*, tomo 4, p. 619; Castro Morales, Efraín, "Puebla ciudad de los Ángeles y Zaragoza" en *Puebla Monumental*, p. 36; Tablada, *Historia del Arte en México*, p. 215.

[6] Barber, *Catalogue of Mexican Maiolica belonging to Mrs. Robert W. de Forest*, p. 4-5; Romero de Terreros, *El Arte en México durante el Virreinato*, p. 123.

[7] Ventosa, "La Loza Poblana" en *Puebla Azulejo Mexicano*, p. 261; Palacios, *Puebla su territorio y sus habitantes*, p. 655; Contreras, *op cit*, tomo 4, p. 619; Cordero y Torres, *Historia compendiada del Estado de Puebla*, p. 276.

loza de Puebla se le designa con el término de Talavera por ser una copia fiel de la producida en la población española de Talavera de la Reina, centro alfarero que tuvo fama durante los siglos XVII y XVIII.

Recientemente ha surgido la hipótesis[8] de que el término Talavera comienza a utilizarse a partir de las ampliaciones que en 1682 se realizan a las ordenanzas de loceros de la ciudad de Puebla, puesto que uno de sus incisos ordena que la "loza fina será contrahecha a la de Talavera...",[9] entendiendo por contrahacer el "efectuar una cosa tan semejante a otra, que difícilmente se pueda distinguir la verdadera de la falsa".[10] Hay que aclarar que este punto normativo únicamente habla de la loza fina, excluyendo definitivamente a los otros géneros de cerámica.

Algunos investigadores[11] consideran que todas estas opiniones y tradiciones no autorizan a calificar a la cerámica de Puebla con el nombre de Talavera.

Por otro lado, hasta el momento no se ha esclarecido la época en que se comenzó a designar a la loza estannífera fabricada en Puebla con el calificativo de "Talavera". Algunos autores consideran que responde a una modalidad del siglo pasado.[12] Otros[13] más piensan, como ya se ha mencionado, que posiblemente su uso se haya generalizado en fecha posterior a las reformas de las ordenanzas de 1682.

Al consultar a los diversos cronistas de la ciudad de Puebla de los siglos XVII y XVIII, se aprecia cómo en sus textos se exaltaba la

[8] Cortina, "Cerámica y Cristal" en *Franz Mayer, una colección*, p. 20.

[9] Cervantes, *op. cit.*, tomo I, p. 29.

[10] Real Academia Española, *Diccionario de Autoridades (1726-1737)*, tomo I, p. 562.

[11] Cervantes, *op. cit.*, tomo I, p. X; Angulo Íñiguez, *La Cerámica de Puebla*, p. 11-12.

[12] Angulo *op. cit.*, p. 12.

[13] Cortina, *op. cit.*, p. 20.

calidad de la loza estannífera de ese lugar,[14] llegándola a considerar mejor que la elaborada en Talavera de la Reina y que podía competir con la de China.[15] Por su buena calidad y fama se vendía en grandes proporciones "para la capital de México y todo el resto del reino y para fuera de él".[16]

Se sabe que en el siglo XIX existió en Puebla la calle de "Talavera", entre las opiniones que se dan sobre el por qué de este calificativo, se dice que en dicha vía hubo una locería que se dedicaba a producir cerámica de "Talavera".[17]

El cronista del siglo XVIII, Fernández de Echeverría y Veytia, comenta la existencia de diferentes calidades de cerámica en la ciudad de Puebla y designa a la fina como "Talavera" al decir "Pero todavía son más acreditadas las fábricas que hay dentro del casco de la ciudad, de loza blanca que llaman de Talavera. El barro blanco de que la fabrican... hacen todo género de piezas tan pulidas, curiosas, bien barnizadas y pintadas que compiten con las que traen de Europa y la imitan perfectamente".[18] A través de este documento se puede observar cómo para el siglo XVIII los calificativos loza blanca y Talavera eran sinónimos y se utilizaban para nombrar a la loza estannífera poblana.

Posiblemente la modalidad de llamar a la loza de esa ciudad,

---

[14] Zerón, Zapata, *La Puebla de los Ángeles en el siglo XVII*, p. 35, Moreti, Luis, *El Gran Diccionario Histórico o Miscelánea Curiosa de la Historia Sagrada y Profana (1753)*, tomo I, p. 519 y Valle, Juan N del, *Guía de Forasteros de la Ciudad de Puebla para el año de 1842*, ambos en Barber, *The Maiolica of Mexico*, pp. 13 y 16 respectivamente.

[15] Vetancurt, *Teatro Mexicano (1697-1698)*, p. 47, Villa Sánchez, Juan de, Fray., *Puebla Sagrada y Profana, Informe dado a su ilustre Ayuntamiento el año de 1746*, p. 38, Bermúdez de Castro, *Theatro Angelopolitano o Historia de la ciudad de Puebla (año 1746)*, p. 190.

[16] Fernández de Echeverría y Veytia, *Historia de la Fundación de la Ciudad de la Puebla de los Ángeles en la Nueva España, Su Descripción y Presente Estado (1778)*, tomo I, p. 304.

[17] Leicht, *op cit.*, p. 260.

[18] Fernández de Echeverría y Veytia, *op cit.*, tomo I, p. 304.

fabricada con la técnica estannífera, con el apelativo de "Talavera" se deba a que en España, durante los siglos XVII y XVIII, por la fama y prestigio que adquirió la cerámica de Talavera de la Reina, (vendiéndose tanto en las ciudades de España como en todos sus dominios), llegó a generalizarse el uso de esta palabra para indicar a la alfarería producida en dicho lugar, volviéndose oficial la utilización de dicho vocablo, al incluirse en el *Diccionario de Autoridades* de la Real Academia Española.[19] Algunos historiadores de la cerámica española, basándose en documentos, comentan que dicho calificativo con el tiempo llegó a emplearse para designar cualquier género de loza,[20] sin importar su procedencia.

Posiblemente, la costumbre española de llamar a la loza estannífera con el nombre de "Talavera" también fuera introducida en la Nueva España, y por ser la ciudad de Puebla la que en aquella época fabricaba la de mejor calidad, y considerándose que podía competir con la de Talavera de la Reina y la porcelana China, se haya iniciado la modalidad de designarla con este calificativo.

En la actualidad, el empleo de la palabra "Talavera", como sinónimo de loza estannífera, ha caído en desuso en España, no así en México, donde se continúa utilizando dicho vocablo en forma generalizada para designar a la cerámica elaborada con dicha técnica, que se produjo y continúa fabricando en la ciudad de Puebla.

---

[19] Talavera: "La loza fabricada en la villa de este nombre", Real Academia Española, *op cit.*, tomo 3, p. 215.

[20] Seseña Diez, Natacha "Cerámica (siglos XIII/XIX)" en *Historia de las Artes Aplicadas e Industriales en España*, p. 602, Pérez Vidal, "Talavera, apelativo de loza" en *Boletím Museu de Cerámica Popular portuguesa*, núm. 1, agosto de 1968, ; Hoffman, *op cit.*, p. 621-622.

POBLANOS

NOTAS DEL SIGLO XVII Y XVIII

Siglo XVII

Se caracterizaban los moradores de Puebla por una constitución recia, un ánimo resuelto y perseverante, una inteligencia aguda y una fuerte inclinación a correr tierras, navegar mares y sobre todo a manejar armas. Continuamente había en la ciudad tantos duelos y riñas "que solían amanecer en una casa dos o tres individuos muertos". En aquella época, pelear era allí acción muy honrosa que pocos desdeñaban; forasteros de diversos lugares de la Nueva España y, lo que causa más admiración, de Europa, venían a Puebla en solicitud de sus animosos hijos para probar con las armas su valor y esfuerzo; existían escuelas públicas de armas en diversas calles de la ciudad. Resulta casi innecesario añadir que los poblanos, como la mayor parte de los habitantes de la Nueva España, eran católicos extremados, jugadores impenitentes y tan amantes de malgastar, que muchos hijos de antiguas familias opulentas se convertían en miserables mendigos.

> Genaro García, en *Don Juan de Palafox y Mendoza. Obispo de Puebla y Osma. Visitador y Virrey de la Nueva España*, México, 1918.

Siglo XVIII

No es menor su ingenio para las ciencias como lo han demostrado tantos hombres doctos nacidos en esta ciudad. Son gente devota y muy inclinada a cosas de iglesia, tienen fama general de ser astutos y por eso se dice que los angelopolitanos tienen sentimientos; entendiéndose con esta expresión que se habla de un angelopolitano o de un hombre astuto.

Se dice también que son melancólicos pero esto no es verdad, como puede verse en las fiestas tanto religiosas como profanas.

> Francisco Javier Clavijero, *Descripción de Puebla. Tesoros documentales de México, siglo XVIII*, compilados por Mariano Cuevas, S.J., México, 1944.

José Luis Rodríguez Alconedo

Francisco de la Maza

Nació el orfebre, pintor y revolucionario don José Luis Rodríguez Alconedo, en la ciudad de Puebla, cuando todavía era de los Ángeles, el 20 de junio de 1761, según la fe de bautismo que encontrara en el Sagrario Don Francisco Pérez Salazar y que dice: "En la Ciud. de los Angs. a veynte y tres de Junio del año de mil sets. sesenta y uno, yo el Br. Manuel Obando, Theniente de Cura de la Sta. Igla. Cathl. baptizé solemnemente a Joseph Luis Anto. que nació el día veynte de dho. mes, hijo lexo. de Joseph Miguel Anto. Rodríguez y de María Igna. Roxas, españoles..." Los nombres parece que no corresponden exactamente, pero como dice bien Pérez Salazar: "las irregularidades que en ella se observan es muy común encontrarlas en actas de esta naturaleza" y tampoco hay que tener en cuenta que el propio Alconedo haya asegurado en 1808 que tenía 46 años de edad, lo cual daría la fecha de su nacimiento en 1762, pues no es nada difícil, en aquella época, que se equivocara y se quitara, sin saberlo, un año.

Tuvo un hermano llamado José Ignacio, dos años menor que él. Quizás los dos hermanos vivieron sus primeros años en Atlixco, de donde surgió la creencia de que eran originarios de allí, pasando los segundos en Puebla, donde José Luis se casó a los diecinueve años, el 17 de diciembre de 1789 con María Gertrudis Acuña, criolla y poblana también.

Debe haber trabajado en Puebla en alguna platería, como aprendiz y oficial y aún quizás como maestro, pero el año de

1791, que vino a México tuvo que presentar examen para obtener licencia de abrir tienda, examen que se efectuó el 22 de octubre de ese año.[1]

Una vez maestro del "Nobilísimo Arte de la Platería", según lo mandaban las ordenanzas del gremio de San Eloy, abrió su establecimiento, naturalmente, en la calle de Plateros, en la esquina con el portal de Mercaderes, en "la letra C, frente al Bibac principal de esta ciudad",[2] es decir, frente a la Plaza de la Constitución o "Zócalo" actual.

En 1792 sabemos que apreció, por orden del gobierno, la estampería y herramientas de cincelar, de su fallecido compañero de oficio don Miguel Ponz y a fines de siglo recibió el título de profesor de grabado y Académico de Honor en su flamante y recién fundada Academia de Las Tres Nobles Artes de San Carlos. De su actividad artística de esa época, nos quedan dos hermosas placas de plata repujada descubiertas en junio del presente año, pues se creían obra francesa, por el jefe del departamento de etnografía colonial del Museo Nacional, don Federico Hernández Serrano. La primer es un medallón con el busto de perfil del rey Carlos IV, muy parecido a los perfiles de sus monedas, vestido a la romana y coronado de laurel. Abajo del medallón y a un lado se sienta como si fuera una persona, un leoncillo de mirada feroz, que empuña una espada y protege dos esferas del Nuevo y Viejo Mundos; atrás de su cabeza asoma un estandarte. En el otro lado correspondiente, un cañón y un tambor salen entre banderas y trofeos. El medallón se circunda en la parte alta por una guirnalda de flores y se remata con el ojo de la Providencia rodeado de rayos. La labor de cincelado es finísima, sobre todo en los cabellos y vestidura del rey, así como en las preciosas florecitas del suelo y la guirnalda. Está fir-

---

[1] Manuel Toussaint, *Historia del Arte en México*, Tomo III Época Colonial.

[2] Cuando ponga entre comillas, sin cita especial, debe entenderse como tomado del proceso de infidencia que se encuentra en el Archivo General, Tomo 108 de Historia.

mado detrás de la pequeña placa, separada de la principal, que lleva el nombre de Carlos IV. ¡Extraña manera de firmar ocultamente y en una parte tan fácil de perderse! Dice: "José Luis Rodríguez Alconedo natural de la Ciudad de los Ángeles, a 1º de Junio de 1794, a 32 años de edad". La segunda placa es una portada de Biblia, en la que a los lados de un medallón pequeñito que descansa en una columna truncada y remata en una lámpara, conteniendo el Arca de la Alianza, se irguen solemnes y elegantes, Moisés con la vara y las tablas de la ley y Josué con un estandarte y un escudo. El primero está vestido como sacerdote hebreo y el segundo como soldado romano, haciendo muy bello y original contraste. En la parte superior otro medalloncito, el triángulo representativo de la Providencia saliendo entre las nubes como una luna y rodeado por una guirnalda, más primorosamente labrada, si es posible, que en la placa de Carlos IV. En medio dice: Antiguo Testamento.

El 23 de enero de 1794, según sabemos por el "Diario de don José Gómez", se estrenaron en la portada principal de la catedral las armas de Castilla y León, de bronce dorado a fuego, rodeadas de un toisón de oro, todo colosal, y en las puertas inmediatas las armas pontificias, de la misma materia y dorado". Fue hechura de "don José Luis Rodríguez Alconedo, el mejor platero de México, que perdió en la obra". En 1796 se encargó dice Marroqui, "de las letras de bronce doradas a fuego que se pusieron en las puertas de la Plaza de Armas adornada por el Marqués de Branciforte para colocar en ella la estatua ecuestre de Carlos IV". Estas letras debieron ser las que describe González Obregón como "las hojas de las grandes puertas de hierro pintadas de negro y de buena labor, de curiosos enlaces y adornos dorados, formando su remate otros adornos, cuyo centro ocupaba un óvalo con las cifras del virrey marqués de Branciforte, con su corona marquesal, todo de bronce dorado y en cada puerta, en chapas de bronce, también dorado se leía el trisagio: "Sanctus Deus. Sanctus Fortis. Sanctus Inmortalis". Estas puertas daban acceso a la plaza elíptica, rodeada por un barandal, donde se colocó la estatua de madera del rey, precursor de la actual de bronce. Probablemente también fueron de Alconedo las letras de las cuatro dedicatorias que había a los lados de la estatua, que "de bronce dorado con oro molido" y los medallones y trofeos con que rodeó y adornó el marqués de Branciforte la provisional estatua.

Por supuesto que nada de esto nos queda, sino el recuerdo. Los escudos de armas de la catedral, quitados en 1823 por el decreto que abolía la nobleza, deben haberse fundido para fines más prácticos aprovechando los buenos materiales y las puertas del monumento se quitaron cuando las fiestas de la coronación de Iturbide, para celebrar la corrida de toros, dejando enmedio al pobre Carlos IV cubierto por un grande y feísimo globo azul. "Las puertas de hierro fueron llevadas primitivamente a la Alameda y más tarde a Chapultepec, en donde se encuentran en la actualidad" según dice L. Martínez Alfaro[3] pero no están ya tampoco en Chapultepec.

Tampoco de lo que haya cincelado en su platería nos queda nada conocido y todas esas "cifras" o sellos que le mandaban hacer sus amigos los ricos y nobles de la colonia, los cálices, copones y custodias para los conventos y parroquias, los cetros y coronas para las imágenes, los platos y vajillas de plata y oro, los jarrones de bronce, las montaduras de joyas y todos los variados usos y objetos de arte maravillosos de la platería, deben rodar anónimos y dispersos. En el proceso de infidencia encontré que a principios del siglo XIX le hizo al conde de la Valenciana "un marco de plata para Nuestra Señora de Guadalupe" enviándoselo a Guanajuato. También se dedicaba, en su establecimiento de la esquina de Plateros a las antigüedades y al comercio de telas y piedras preciosas.

Más no hay que imaginarse a nuestro Benvenuto Cellini como un hombre pacífico y reposado, sino como inquieto y tur-

---

[3] En revista *Universidad de México*. Marzo-abril de 1933.

bulento, a la manera de aquél, sin llegar a sus exageraciones, evidentemente, opinando y discutiendo de los sucesos políticos y sociales de su época, que si bien ahora es cosa fácil y sin peligro, no lo era así en la colonia inquisitorial de la Nueva España, a la cual había dicho no hacía mucho tiempo el virrey marqués de Croix en memorable bando: "Los vasallos nacieron para callar y obedecer y no para discutir ni opinar en los altos asuntos de gobierno". No es pues de extrañar que la inquisición le persiguiese, de la cual, astutamente, paró el golpe denunciándose a sí mismo. "La semana última del mes de abril próximo pasado —dice en la denuncia de su puño y letra, muy bella por cierto— un amigo que me estima me dio noticia de que este Santo Oficio me seguía causa; con este motivo solicité a quien consultar los artículos que siguen por ser esto lo que a mi ocurre de delito, salvo que en el discurso de mi vida tenga otros que mi poca memoria no me los presente o mi advertencia no me los deje conocer, pues es mi última voluntad confesarlos y someterme humildemente a todas las penas a que me hecho acreedor". Y después ennumera los "delitos": fue el primero algunos decires que tuvo entre los años de 1793 a 1795 sobre que en la Iglesia primitiva no había ese tribunal (el de la inquisición) sino la predicación de los apóstoles y antes morían éstos que obligar a nadie por fuerza a profesarla"; el segundo consistió en simpatizar con Francia y los franceses (no hay que olvidar que era la época del terror en París) y que quiso irse a Francia "aunque en lances de celebrar las artes de pintura, de escultura, etc..."; el tercer pecado fue que defendió los saqueos que en iglesias y conventos hacían los revolucionarios, "pues nosotros —dijo sin empacho— sin herejía ninguna, si Su Majestad se hallase sin fuerza de moneda haría lo mismo en los nuestros" y, por último, haberse dejado llevar de la lengua en demasía diciendo al platero Alejandro Cañas que "la inquisición era un tribunal impío y que a sus determinaciones no había que alegar y defender uno lo que era suyo y no habiendo razón para quitarle a uno lo que le tocaba" y otras cosas que no se acordaba pero "que no tiraban en ofensa". Esto lo decía porque le habían sido recogidos por Fray Francisco de Bolea, comisionado para ello por el Santo Oficio, "una estampa y una miniatura de caja de tabaco", entregando él, además, "de voluntad, otras estampas desnudas, las figuras de la Academia en varias actitudes, sin contener éstas pasajes torpes y provocativos por ser destinadas sólo para estudio que para el efecto las tenía por ser profesor..." y termina declarando que es católico y pidiendo al tribunal use de misericordia al ver su arrepentimiento y espontánea denuncia.

El decadente tribunal le absolvió sin dificultades, por lo cual volvió tranquilamente a su platería, aunque sus íntimos pensamientos no fuesen, seguramente, como hubieran deseado los señores inquisidores, continuando sus labores artísticas tanto en Plateros como en el taller de su casa, en la calle Nueva de Alconedo, "pasada la pulquería que llaman del Puente del Santísimo",[4] hasta que una nueva y muy seria desgracia había de acaecerle en el agitado año de 1808, en que fue hecho prisionero por conspirar contra el gobierno. Se dice en el artículo del "Museo Mexicano", que el virrey Iturrigaray había distinguido al orfebre con su aprecio y que "su ojo perspicaz conoció en Alconedo el amor patrio, el deseo de independencia que ya fermentaba en él y no dudó hacerlo partícipe de aquella conspiración que tan desgraciado éxito tuvo para el virrey y sus cómplices". Pero a pesar del "ojo perspicaz" de Iturrigaray, nada de esto es cierto. Alconedo conspiraba, seguramente, pero por su cuenta y riesgo y aún tal vez en conocimiento y conexión con alguna de las muchas juntas rebeldes que surgieron entonces en la capital y en las principales provincias. Tenía sus ideas de independencia como tantos otros criollos y aún españoles en esa época de efervescencia y conocía bien los conatos de insurrección de 1794 de Juan Guerrero, en el cual el denunciante es el platero Antonio Camaño, amigo del artista; el de 1797, de Portilla, en el

[4] Hoy 4a. de Artículo 123.

cual estaban afiliados oficiales y maestros de relojería y platería; el de 1801, de Francisco Antonio Vázquez, que quiso comprometer al rico conde de Pérez Gálvez y el del indio Mariano, que se quiso coronar rey y comprometer también a otro conde, el de Miravalle. "Aunque estas conspiraciones —dice Alamán— fueron por sí mismas poco temibles, la repetición de ellas manifiesta que se iban acumulando materiales para más formales intentos y la importancia que el gobierno les daba prueba que conocía el peligro a que se hallaba expuesto..." y al saberse los sucesos napoleónicos en España, "fue el momento crítico en que se comenzaron a desarrollar las semillas de las turbulencias..."

Como se verá, muchas de estas ideas las tenía Alconedo, de tal manera que no parecerá increíble ni calumniosa (aunque eso sí, vil y exagerada), la acusación que el Conde de Santa María del Peñasco hizo al gobierno en septiembre de 1808. Dijo el aristócrata en su denuncia que "habiendo ido a la platería de don José Luis Rodríguez Alconedo en busca de una cifra de Nuestro Rey a horas que serían creo las cuatro y media o las cinco de la tarde, aunque allí se hallaban otros individuos dependientes de la misma casa y unos carpinteros, me habló aparte sin que esto lo percibiesen y sin parar el de su trabajo manifestándome un pensamiento que él tenía para cuya ejecución contaba conmigo y mi caudal, cuyas disposiciones eran las siguientes: que respecto a que los gachupines del comercio estaban apoderados de todas las armas, éstos vendrían a hacer aquí lo que quisieran y que para evitar esto sería muy oportuno en lo privado ver a los gobernadores de Santiago y otros haciéndoles presente que lo que convenía era que ellos se coronaran aquí como antes estaban y que con esto estarían prontos todos ellos a dar auxilio con todos sus indios para abrir con la mayor prontitud fosos y contrafosos a las orillas de la ciudad para impedir la salida a todos los de aquí y el que les metieran víveres, y, por hambre, hacerlos rendir las armas y entregarse y luego que se coronara a un indio y destinar a todos los gachupines por distintas partes del reyno para que nunca hubiera tantos juntos en un lugar como se halla ahora México y oros lugares y que todos los que vinieran en lo futuro de España que sí se recibieran pero que cuando éstos se quisieran casar se les obligara a que lo hicieran con las indias. Habiéndole yo dicho que para coger los puntos que el decía era menester saberlos muy bien y haberlos andado, me respondió que él los sabía muy bien todos y los había visto y añadió que hasta las aguas se podrían meter en México para inundarlos. Para estos fines me aseguró que contaba con varios individuos a quienes no nombró pero hizo alto hasta de tener gachupines a su favor y que aún no sabía el modo de pensar del conde de la Valenciana, pero que hablándole él seguramente lo tendría a su partido para su fin. Las obligaciones que tengo por cristiano de evitar los males que serían consiguientes a estas ideas en que peligran la religión, la monarquía y la patria por quien debo dar el último aliento, me estrecha a denunciar a este delincuente como lo hago en debida forma y con el juramento necesario..."

El conde del Peñasco se quedó perplejo ante esta serie de ingenuos y desaforados desatinos y se retiró a su casa. Volvió más tarde y Alconedo le repitió lo mismo aunque "ya no fue con tanta extensión" y entonces se decidió a dar parte a las autoridades. Al día siguiente, a mediodía, volvió y se encontró con que el cincelador ya estaba preso, contándole su hermano José Ignacio Rodríguez Alconedo, botánico y farmacéutico, con residencia en Puebla, que él ya se iba de México, porque "estaba lleno de borucas y que le habían asegurado mucho y aun le habían propuesto llevarlo a una casa para que si quería alistarse para lo siguiente: que en la casa de un abogado que le pregunté quién era y me dijo que no lo sabía que estaban alistando y en otras cuatro o cinco casas con varios juramentos para dentro de ocho días acabar y matar a todos los gachupines y que a todos los que cogieran fusil para esta empresa se les pagaría un peso diario y que tenían de su parte a tres o cuatro regimientos... y que tuviera silencio porque si percibían que yo hablaba esto con alguno me costaría el pellejo". Todo esto no es una invención ni una calumnia de Peñasco, dados los antecedentes de todas estas ideas y que no podía adivinar el 18 de septiembre lo que días después efectivamente descubrieron, esto es, las conjuraciones del abogado Martínez y otras.

La prisión de Alconedo se había llevado a efecto esa tarde por el capitán José María Franco, en compañía del escribano real don Rafael Cartami, el cual llegó preguntando, como si nada pasara, por un sello; y como Alconedo no estaba, lo esperó hasta que llegó, conduciéndole a la real cárcel de corte, "que obedeció sin alteración", incomunicándole. Se procedió después al cateo de su casa, extrayéndole de los cajones de dos cómodas grandes algunos papeles y dos cartas de su hermano.

Siguieron inmediatamente las declaraciones de testigos y personas nombradas en la denuncia, de las cuales algunos, como los gobernadores indígenas de Santiago Tlatelolco, don Manuel Santos Vargas Machuca y el de San Juan, don Eleuterio Severino Guzmán, dijeron estar ignorantes del asunto y no conocer al platero que pensaba nada menos que coronarlos. El conde de Valenciana dijo que hacía más de tres años que no trataba a Rodríguez Alconedo, porque se había dado cuenta de que era hombre "de mala versación y conducta", añadiendo que "en todos sus tratos y contratos no tiene palabra de verdad y procura quedarse con lo que no es suyo como él lo experimentó, por lo que le parece no había de ser sujeto a presentársele a tratarle de un proyecto tan infame". Esto lo decía Valenciana porque una vez le compró un brillante en 2 000 pesos por haberle asegurado Alconedo que valía 8 000 y después se convenció que sólo valía 3 000 (!) "Si no hubiera datos para saber quién era y cómo el conde de Valencia —dice Pérez Salazar— esta sola declaración bastara para calificarlo". Además el pleito fue también por unas cortinas de tapicera que el conde quiso cambiar, una vez compradas, por otras más grandes, sin querer aumentar el precio y por unas láminas de don Gerónimo Antonio Gil, de las cuales al vendérselas en 300 pesos, le sustrajo una (según dijo el conde) y la vendió por separado. Esta declaración no añadió nada nueva a la causa, pero empeoró la situación del platero en el ánimo del juez. Los oficiales de la platería Rafael Urbina, Agustín Vargas y José Lorenzana, defendieron a su patrón como pudieron, mostrándose ignorantes de todo, pero contradiciéndose un poco en cuanto a lo que de que si Alconedo había hablado a solas con el conde de Peñasco.

Rodríguez Alconedo negó todo al principio, diciendo que estaba tan de acuerdo con el gobierno, que cuando un tal Pantaleón le había avisado de la prisión de Iturrigaray, le había dado, lleno de regocijo, "dos reales para vino"; pero en subsecuentes careos confesó que sí había hablado de "fosos y contrafosos" y levantamiento de indios, pero "para defender a la Nueva España de los franceses".

Entre los papeles que se le habían recogido no se encontró nada sospechoso, salvo una de las cartas de su hermano, en la que éste le dice que quiere ver una medalla de la toma de la Bastilla, en términos un poco raros. "Ya deseo ir a ésa —dice— para ver la medalla que me dices y me acuerdo de varias particularidades, del ataque de dicha fortaleza que no dudo estará representada como la rotura de las cadenas del puente levadizo con una bala de cañón para lo que se ofrecieron mil pesos al artillero que lo consiguiera y de sus resultas le tomó la fortaleza con muerte de cuantos la defendían." La medalla existía, ciertamente, en poder del platero pero las palabras del botánico no dejan de ser confusas y sospechosas desde 1808 hasta la fecha. Enseguida le pregunta por la salud de su hijo y le felicita porque no le alcanzó "la caída de Godoy", que según explicó después así le habían puesto a una epidemia de disentería que había hecho crisis precisamente cuando cayó del poder el Príncipe de la Paz y por esto había tomado el nombre; le pide el dibujo de un jarrón para el jardín botánico que entonces andaban fundando en Puebla José Ignacio y el intendente don Manuel Flon, conde de la Cadena, y un cáliz que hacía José Luis para una iglesia poblana, el cual quiere que ya vaya consagrado. Le transcribe después, detalladamente y al parecer, con un íntimo gusto, los pasquines poblanos:

> Sacuda nuestro valor el yugo tirano
> del Galo, del Anglo y del Hispano.

y otro:

> No queremos novenarios
> ni tampoco rogación
> sino que muera Fernando
> y que viva Napoleón.

y este soneto:

> Mientras discurre el oriental tirano
> como astuto opresor de Nueva España
> hace víctima fácil de su saña
> todo el vasto Hemisferio americano.
>
> De nuestro Dios la poderosa mano
> que la humana altivez el brillo empaña
> encienda el patriotismo de cada entraña
> del generoso pueblo mexicano.
>
> Compatriotas del Viejo y Nuevo Mundo,
> en mi país reunidos por el cielo,
> clamad con entusiasmo el más profundo:
>
> ¡que viva independiente aqueste suelo
> y enmedio de un senado sin segundo
> del teniente Borbón el alto mando!

Alconedo explicó esta carta diciendo que no había en ella nada sospechoso y que era cuestión familiar y nada más. Agregó que lo de la coronación de un indio era falso, pero que "aunque sobre la materia pudiera hablar más no lo ejecuta porque es necesario tener presente al individuo o individuos que lo acusan" y excusó otras preguntas y diligencias por encontrar muy enfermo de vómitos de sangre y estar tan débil y tener el pulso tan tembloroso que no podía ni firmar. El doctor don Luis Montaña, que fue comisionado para que lo atendiera, pidió fuese trasladado a su casa para que se pudiera dar "baños tibios". A principios de noviembre fue puesto en libertad provisional, bajo la salvaguardia de su compañero el cincelador don Antonio Camaño.

Mientras tanto, don José Ignacio había sido hecho también prisionero en Texmelucan y conducido a Huejotzingo, donde declaró que había ido a México a consultar con don Vicente Cervantes sobre el jardín botánico y que habiéndole platicado la noche de la prisión de su hermano un carpintero que se habían llevado a José Luis "por haber hecho una corona de oro que pensaban o atribuían era para coronar al Br. Iturrigaray, constándole al confesante que dicha corona de oro fue para Ntra. Sra. de las Mercedes de Aguascalientes" y por haberle platicado también que había una conjuración en casa de un abogado, lo primero que se le ocurrió ¡cosa extraña!, fue irse a Puebla a denunciar la rebelión, como si no hubiera sido mejor hacerlo en la ciudad de México, precisamente en donde se fraguaba. Declaró también ser "profesor de farmacia" en la botica de la cofradía de San Nicolás de Tolentino, que por cierto debió ser un negocio jugoso el de la botica a juzgar por el "almacén" de enormes dimensiones que Rodríguez Alconedo, como administrador y don Manuel Mariano Fernández y don Antonio Ruiz Cabrera, como mayordomos, mandaron pintar en 1797 a Miguel Gerónimo Zendejas, en donde el pintor poblano puso abajo de las ciencias y las artes, los retratos de los tres boticarios *amateurs*.[5]

De Huejotzingo fue conducido a México, donde se siguió paralelo proceso a los dos hermanos hasta que fueron enviados a España. Por la anterior declaración de José Ignacio se ve que no andaban tan errados Bustamante y demás historiadores en cuanto a la corona que hacían Alconedo, consistiendo el error en creer que era para Iturrigaray o para un "príncipe de Borbón", como pretende Revilla, pero no es posible negar la leyenda, que tomó cuerpo esa misma noche de la prisión del artista, como lo hace Pérez Salazar. La verdad es, pues, que hacía una corona de oro para una virgen de Aguascalientes y de allí partió la broma o la falsa creencia de que era para coronar a un rey en México.

Y tenemos un nuevo dato de una obra de arte de Alconedo.

Como el fiscal del crimen no pudo probar nada a los dos hermanos, pues hasta en el careo que tuvo José Luis con el propio conde de Peñasco en febrero de 1809, negó todo lo dicho por éste y como no hubo nuevas denuncias o sospechas, decidió pedir su traslado a España, a lo cual accedió el virrey, sin que podamos dejar de pensar en alguna intriga de los condes de Peñasco y Valencia. Tal proceder fue injusto, pues si bien creo no estuvieron limpios del delito de rebelión, no habiéndose probado jurídicamente ésta, no hubo derecho a deportarlos.

Salió de México Alconedo, según una carta de su esposa: "sin ropa, y estuvo soterrado en una galera de San Juan de Ulúa, con un par de grillos, desnudo y envuelto en una sábana en toda esta prisión que fue desde el 5 de julio hasta el 24 que salió el navío en cuya funesta navegación padeció un desecho temporal, desarboló, destrozo de popa y proa, fuego, corsarios..."[6] Así

---

[5] La botica estuvo en la casa número 8 de la calle de Los Miradores, hoy Avenida Reforma 500 y existió hasta 1922 (Cita de Manuel Toussaint, de "Las Calles de Puebla", del Dr. Hugo Leicht). El almacén o estantero se conserva en el Museo Nacional.

[6] Tomo 108 de Historia. A. G. N. Publicada en parte por Pérez Salazar.

andaba el navío "San Leandro" por el mes de noviembre. Y es hasta enero de 1811 cuando recoge a sus desgraciados navegantes la fragata inglesa "Undaunted", poniéndoles por fin en Cádiz el 15 de febrero. ¡Siete meses de navegación!

La junta central de seguridad de Cádiz absolvió a los prisioneros el 25 de mayo, amonestándoles "que fuesen más cautos en sus conversaciones en orden a asuntos políticos". Alconedo "aguardó buque del rey para su vuelta, con ración de armada por su indigencia y logró con pasaporte de nuestro soberano llegar a su familia según la real resolución, embarcándose el 17 de febrero de 1812".

Durante su estancia en España aprendió la técnica de pintura al pastel y pintó los tres últimos cuadros que nos quedan de su mano. Son su autorretrato, el retrato de la señora Hernández Moro y el de una dama con su hijo. El primero representa al artista de medio cuerpo, con su rostro de criollo hermoso, amable y viril, cuyo pelo rizado, de color castaño con tonalidades doradas le cae en desorden sobre la frente dándole una gracia picaresca. Está en actitud de colocar una corona o guirnalda de flores en una cabeza de mármol, de gusto académico, en cuyo pie se lee: "En souvenir". Sus ojos pequeños, y vivísimos, bajo las finas cejas en arco perfecto, no ven lo que hacen sus manos y miran con fuerza y fijeza, a la vez que con dulzura, un punto alejado y ajeno al asunto. Una tenue sonrisa, que deja asomar ligeramente, por un milagro de técnica, los dientes, contrae los labios sensuales. "Su autorretrato —dice Toussaint— une ese realismo, un poco brutal, con la suavidad con que inician su obra los pintores del siglo XIX. Lleva la camisa abierta, que pusiera de moda Lord Byron, y ciñe con una corona de flores delicadas un busto académico de mármol. La técnica, el pastel, se ha doblegado humildemente bajo la mano del artista. Ha obtenido efectos que nunca antes aparecen en nuestra pintura: la boca expresiva, de gruesos labios carnosos, sombreados por el bozo que forma el bigote no afeitado a tiempo y que empieza a salir; los ojos inquisitivos y de mirada enérgica contrastan con la suavidad de la camisa y el *velouté* del cuello de pieles. Las manos, de prodigiosa vitalidad, completan el animado conjunto".

El fondo del cuadro es de un gris madera uniforme, que da mucho realce a la figura, y el cuello de pieles, color gris obscuro, hace resaltar la camisa, de un blanco opalescente y el verde-azuloso de la manga. La carnación del rostro y de las manos es morena, llena de vida y de sangre, carne de atleta que guarda y trasluce en carmines y oros el beneficio del sol. Está pintado con una técnica minuciosa, perfecta, a la vez que con un fervor y una espontaneidad tales que nos entregan al artista completamente, con toda su inquieta espiritualidad.

Esta maravillosa pintura, uno de los mejores pasteles del mundo y una de las obras maestras de la pintura mexicana, cierra nuestra historia del arte colonial y supera en grado sumo a todo lo que hicieron el neoclasicismo, dentro del cual actuó Alconedo, y todo el siglo XIX.

No está firmado por su autor. Detrás del cuadro una mano extraña, quizás la de su hermano que estaba con él cuando lo pintaba, dice: "Retrato del célebre cincelador don José Luis Rodríguez Alconedo, pintado por él mismo. Febrero de 1811", lo cual quiere decir que lo hizo unos cuantos días antes de embarcarse para la Nueva España.

El retrato de la señora salmantina doña Teresa Hernández Moro es anterior. En la inscripción dice: "Lo pintó en Cádiz el año de 1810 José Luis Alconedo Académico de mérito de México en la Real Academia de San Carlos". Es una dama entrada en carnes y en años, cuyo gesto recuerda los retratos de Goya. "La sensualidad adiposa de la dama —dice Toussaint— subrayada por la cínica sonrisa nos lleva al arte cruel y maravilloso de Goya cuando reproduce admirablemente los horribles monigotes que formaban la familia de Carlos IV". Está vestida de blanco, con un escote desmesurado y sostiene negligentemente en la mano un abanico cerrado. Lleva en la cabeza un ramo pequeño de flores y en las orejas y el cuello luce perlas enormes. La técnica y el acabado están a la misma altura que el autorretrato.

El retrato de una señora con su hijo, que se había venido llamando, equivocadamente: "Retrato de los hijos del pintor", representa a una mujer de unos treinta años con un niño de cuatro o cinco años. La señora, a pesar de su cara de corte clásico y las finas facciones, es un tanto vulgar. El niño es muy gracioso, con su trajecito de hombre a la francesa y sus manos, llenas de espontaneidad, que coloca la una en un brazo de su madre, la otra sobre las piernas y mira fijamente al artista que lo dibuja. Este cuadro no tiene la calidad ni la técnica ni el colorido de los otros dos; es bastante inferior.

Don Manuel Toussaint cree que un pastel retrato de Fernando VII que se encuentra en el Museo de Puebla es de Alconedo, pero como es muy inferior a los cuadros descritos y no deben haber sido muchas las ganas de pintar al rey de España, por quien andaba, indirectamente, en tantos sufrimientos, prefiero dejarlo en la duda. También se le atribuye un retrato del platero José Manso, hoy en el Museo de Puebla.

Aquí es necesario repetir, con Pérez Salazar, la falsedad expandida por el citado artículo de que trajo "buena copia de España", ya que, como se ha visto, sólo estuvo unos meses en Cádiz y en condiciones pecuniarias deplorables, así como de que fue discípulo de Goya, ya que éste era entonces pintor de corte del rey José Bonaparte en Madrid. En cuanto a lo que dice Revilla de que trajo por primera vez la violeta a México, puede decirse que si acaso es cierto eso, debe haber sido su hermano el botánico y no él, además de que ya nuestros viejos pintores coloniales pintaban violetas en sus cuadros, como puede verse, entre otros, en Juan Rodríguez Juárez en los bocetos de la Academia de Bellas Artes. Las vírgenes al pastel que soñó Revilla no existen ni en Atlixco ni en Puebla ni han existido nunca.

El 6 de febrero se le dio su pasaporte: "Fernando VII rey de España e Indias y en su Real nombre el Consejo de Regencia compuesto del Serenísimo Señor Don Joaquín Blake y los Excelentísimos Señores Don Pedro Agar y Gabriel Ciscar... concedo libre y seguro pasaporte a Don José Luis Rodríguez Alconedo para que pueda regresar al Reyno de la Nueva España de que es natural... Volvió en el navío San Pedro de Alcántara", a fines de febrero de 1812.

Al llegar a la ciudad de México se encontró de nuevo prisionero por nueva acusación del funesto conde de Peñasco, en una carta al virrey que decía: "Tengo sabido que se hallan restituidos a este reyno por disposición de Su Majestad y aunque la venero como siempre no puedo dejar de poner en noticia de V.E. las circunstancias de estos revolucionarios que han llegado a tiempo en que encuentran verificados sus planes y es muy temible cooperen al fomento de la rebelión e igualmente el peligro que corre mi vida". (?) Es entonces cuando la pobre esposa del artista, María Gertrudis Acuña, le pone al virrey la carta anteriormente citada, tan conmovedora y sincera por la que obtuvo la libertad inmediata de su marido, a pesar del conde y su vida en peligro, el 27 de mayo. La carta terminaba diciendo: "... está arruinándose cada vez más y se encuentra con dependencias que satisfacer, inutilizado en practicar el primor de sus manos y de su industria para subvenir a sus urgencias, por lo convulso que está del lado derecho y aniquilado de su natural robustez".

Sin embargo, los temores de Peñasco se confirmaron, pues al poco tiempo de verse libre, en fecha que desgraciadamente no conocemos, andaba de insurgente en las huestes de Morelos, como soldado y director de obras de artillería, ya que no de troquelador de moneda como ha dicho algún escritor pues las monedas de esa época son muy feas y mal hechas. "El temblor del pulso —dice el licenciado Pérez Salazar— no le permitía desempeñar su oficio; las persecuciones de que había sido objeto le habían exasperado; el amor a su patria le impulsaba a acudir en defensa de su libertad; su propia prisión y su destierro le daban prestigio entre los insurgentes y todos estos motivos seguramente influyeron para que fuese al lado de Morelos a luchar por la independencia".

En Zacatlán fundió doce cañones, doscientos arcabuces y una culebrina que según dice Bustamante, "no se desperdiciaría en los parques de Europa". Allí fue cogido prisionero por don Luis del Águila el 25 de septiembre de 1814 y conducido a Apam por el coronel Jalón, fue fusilado el 1º de marzo de 1815, a los 54 años de edad, ya envejecido, enfermo y desilusionado.

En el libro de entierros de la parroquia de Apam se lee: "En primero de Marzo de 1815, se dio sepultura eclesiástica al cadáver de don Luis Alconedo quien dejó viuda a doña María Gertrudis Acuña, españoles, vecinos de México. Se le administraron los sacramentos de que fue capaz y no testó".

Cuando se recuerda que sin antecedentes pictóricos, en la pobreza y en el dolor, con el pulso tembloroso, con el que casi no podía ni escribir, hizo su prodigioso autorretrato y los otros pasteles, se antoja increíble y no puede uno menos que maravillarse ante la realidad como si fuese un milagro.

JOSÉ MARÍA LAFRAGUA 1813-1875

ENRIQUE M. DE LOS RÍOS

En el clausurado panteón de San Fernando de la capital de la República, y casi frente a las puertas de entrada, se encuentra un elegante y artístico monumento en mármol, hecho expresamente en Italia, y en el cual se lee esta conocida inscripción:

Llegaba ya al altar, feliz esposa:
Allí la hirió la muerte, aquí reposa.

Este dístico sintetiza una de las frases más interesantes del carácter de un buen liberal, José María Lafragua, cuyos apuntes biográficos damos en seguida.

Nació el notable estadista en la ciudad de Puebla el 2 de abril de 1813 y fueron sus padres don José M. Lafragua y doña Mariana Ibarra. Recién nacido apenas, perdió a su padre, un honrado español que había tenido buena posición y que se distinguió por sus sentimientos filantrópicos, y la viuda se vio a poco envuelta en la mayor miseria, debido a malos manejos de la persona encargada del cuidado y los bienes de la familia. Naturalmente los primeros años del niño José María fueron demasiado tristes, y las escaseces de la pobre viuda tales, que les faltaron muchas veces los alimentos.

La afición del desventurado huérfano se hizo superior a la miseria, y a pesar de ésta, consiguió al fin, después de concluida su instrucción primaria, entrar al Colegio Carolino de Puebla y obtener allí mismo en agosto del año 1825 una beca de honor.

Personas que lo conocieron y trataron con intimidad nos han asegurado que en ese colegio apartaba gran parte de su comida diaria, con el objeto de que se le entregara a su pobre madre, quien seguía sufriendo los horrores de una situación casi desesperada.

Seguramente que esta triste situación de sus primeros años formó en el niño José María su carácter en mucha parte, y acrecentó su amor hacia la autora de sus días hasta el grado de hacer de él un culto. Recordaba en efecto sus primeros años y las tristezas y melancolías de la pobre viuda, y las lágrimas asomaban a sus ojos cuando venían a su memoria los detalles de aquella penosísima época durante la cual sucumbió la señora Ibarra. Entre otros rasgos que revelan la intensidad de su cariño filial, y que se nos han referido garantizándonos su autenticidad, aparece el siguiente. Durante toda su vida hasta que bajó al sepulcro, jamás puso un peluquero su mano en la cabeza ni en la barba de Lafragua; él mismo se cortaba el pelo y se rasuraba, y la primera operación la siguió haciendo toda su vida en recuerdo de la madre amante, quien en las épocas de desgracia cortaba ella misma el pelo al pequeño José María. Compuso, y repetía asimismo, cada vez que hablaba sobre el cariño materno y las obligaciones de un buen hijo para la que le dio el ser, la siguiente quintilla que revela perfectamente cuál era su manera de pensar en este punto:

Bien puede un amigo leal
Suplir la falta de un padre;
Al cariño fraternal
Suple el lazo conyugal;
Mas nada suple a una madre.

La intensidad y la lealtad de sus afectos fue uno de los rasgos más pronunciados del carácter de Lafragua. Así como hizo un culto del cariño hacia la autora de sus días, hizo también un culto del amor que profesó hasta su muerte a la que debía haber sido su esposa. Próximo a unirse con Dolores Escalante, murió ésta del cólera, y por eso puso en el monumento que le dedicó, el dístico que hemos transcrito al principio de estos apuntes; desde que quedó viudo del corazón, no volvió ni a pensar en un nuevo matrimonio, durmió constantemente en la almohada en que apoyaba su cabeza la señorita Escalante al exhalar su último suspiro, nunca se acostó Lafragua antes de las doce de la noche, siempre en recuerdo de su prometida, y en la cabecera de su lecho el notable abogado tenía constantemente una copia del sarcófago, hecho en Europa, y toda ella del pelo de la que debió haber sido su esposa, cuadro que no se quitó de aquel lugar hasta que bajó al sepulcro; Lafragua, por último, al morir dejó encargados varios legados de quinientos pesos cada uno para todas las jóvenes que se llamaran Dolores, fueran pobres y huerfanas y tuvieran buena conducta. Esos legados según la última voluntad del ilustre difunto debían darse de preferencia y en dinero efectivo, como en efecto se verificó.

Ya hemos bosquejado al hombre privado, leal, caballeroso, inquebrantable en sus afectos y delicado hasta la exageración en ellos; veamos ahora al hombre público. Habiéndose dedicado a los estudios del foro después de una brillante carrera, recibió el título de abogado en 1835 y ya desde antes había sido nombrado catedrático de derecho civil y secretario de la Academia de derecho teórico-práctico de Puebla. Obtenido el título profesional se dedicó Lafragua con verdadero entusiasmo a la literatura y a la política, redactando desde entonces varios periódicos.

En 1831 vino a México y en 1842 fue nombrado diputado al Congreso Constituyente; desde esa época se afilió por convicción en el partido liberal moderado, y al año siguiente, 1843 fue reducido a prisión en compañía de varios hombres públicos distinguidos, como Otero y Mariano Riva Palacio, habiendo permanecido incomunicado durante cuarenta y tres días.

A la vez que Lafragua penetraba resueltamente en el campo de la política, tomó como dijimos un poco más arriba, un participio muy directo en el movimiento literario de México. Existía por entonces en la capital una asociación llamada El Ateneo, a la cual llevó Lafragua el contingente de sus luces y del empeño y asiduidad que siempre lo distinguieron, y ese Ateneo fue un foco de propaganda literaria, precisamente en los momentos de la evolución artística hacia el romanticismo, que se fue acentuando cada día más entre nuestros literatos.

No hacía muchos meses que José María había salido de su primera prisión, cuando a consecuencia de un discurso patriótico pronunciado el 27 de septiembre y que el gobierno estimó como sedicioso fue segunda vez arrestado y conducido a la Acordada. Esta segunda prisión duró poco, pues fue puesto en libertad al día siguiente, y Santa Anna, para satisfacerlo, le ofreció una embajada que el ilustre abogado rehusó con toda dignidad.

Era diputado al Congreso y secretario de la cámara cuando el general Paredes derribó al gobierno de Santa Anna en 1845; poco tiempo duró la administración nacida de esta asonada, habiendo caído en agosto del siguiente año, a consecuencia del movimiento de la Ciudadela, acaudillado por el general Salas, y en el cual movimiento tomó parte muy activa el señor Lafragua; naturalmente el triunfo de la revolución, fue éste hecho consejero, diputado y por fin ministro de relaciones.

En 1847 lo llamó Santa Anna al gabinete, pero Lafragua no quiso aceptar por ser el programa de esa administración contrario a sus ideas, y en general a las de todo el partido liberal. Cuando la tristemente memorable guerra con los Estados Unidos obligó al gobierno mexicano a trasladarse a Querétaro, José María, que había ingresado al Senado siguió a ese gobierno prestándole entonces importantes servicios y no regresó a la capital sino hasta que se firmó el tratado de Guadalupe; restablecida la paz, continuó de senador hasta 1853 en que Ceballos disolvió el Congreso preparando la dictadura de Santa Anna, y dos años antes en 1851 fue nombrado ministro de México en París y Roma, puesto que al fin no llegó a desempeñar.

Después de la revolución de Ayutla formó parte de la junta

reunida en Cuernavaca que nombró presidente al general Juan Álvarez; pero a poco, encontrándose en divergencia con sus compañeros, quiso separarse y entonces se le ofreció el gobierno de Puebla que no aceptó y la legación de España a fines de 1855. Tampoco llegó por entonces a separarse de México y cuando llegó el general Comonfort fue nombrado presidente sustituto, al formar su primer ministerio llamó a Lafragua a la Secretaría de Gobernación.

En esta agitadísima época en que se ventilaban con calor los negocios públicos en todas partes y en que el Congreso Constituyente elaboraba nuestra Carta Magna entre truenos y rayos, el gobierno de Comonfort contó con tres grandes oradores que en el seno del parlamento sostuvieron la política moderada del gobierno contra los terribles ataques del partido radical encabezado por Arriaga, Zarco, Ramírez y otros liberales prominentes; estos tres oradores fueron: Luis de la Rosa, ministro de relaciones; Ezequiel Montes, ministro de justicia, y José M. Lafragua.

Poco antes de que se promulgara la Constitución federal, salió éste para España encargado del dificilísimo puesto de ministro plenipotenciario cerca de aquella nación, y los servicios que entonces prestó a México son de los más importantes que en su larga carrera pública otorgara a su patria el hábil jurisconsulto.

En efecto, la misión encomendada a Lafragua era en extremo espinosa. Habíase extendido en España la creencia de que el gobierno liberal era enemigo sistemático de los españoles y se llegó hasta suponer que los famosos crímenes cometidos el año de 1856 en las haciendas de San Vicente y Chiconcuac del actual estado de Morelos, eran consecuencia de una vasta conspiración a cuya cabeza se encontraba el general Álvarez; así es que al pasar por La Habana y tener como tuvo el señor Lafragua, una entrevista con el capitán general Concha, éste dijo textualmente al ministro mexicano:

—Ustedes tienen dos padrastros: por el norte los Estados Unidos y por el sur, el general Álvarez.

Lafragua pudo comprender desde este momento los obstáculos con que más tarde había de luchar y por lo mismo una vez en París a donde fue directamente, trató de averiguar por conducto de José Hidalgo, secretario de la legación de México en Madrid y residente en esa capital, si el gobierno de la reina Isabel lo recibiría; la contestación fue que se le oiría como negociador siempre que se diesen satisfacciones amplísimas a los agravios inferidos a la antigua metrópoli. Lafragua entonces, después de consultar a varias personas distinguidas sobre si sería conveniente su presencia en Madrid, decidió al fin trasladarse a esa ciudad como en efecto lo hizo, llegando a la capital española, el 12 de mayo del referido año 1857.

Al día siguiente tuvo su primera conferencia con el marqués de Pidal, ministro del Estado, y después tuvieron lugar otras en los días 17 y 21 del propio mes, al fin de las cuales las conclusiones de Pidal fueron las siguientes: 1o. Castigo de los culpables. 2o. Indemnización no sólo por los excesos de San Vicente sino también por otras reclamaciones españolas, y 3o. Cumplimiento del tratado con España, de 1853. En tales conclusiones se admitía que los atentados contra los súbditos españoles en México no eran delitos del órden común sino solamente políticos, y como no era posible aceptar tal apreciación, Lafragua comprendió que era imposible todo avenimiento. A pesar de esto tuvieron los ministros mexicano y español varias otras conferencias; pero ni el segundo cejó en sus pretensiones ni el primero quiso admitirlas.

Cerrada así la puerta a todo arreglo no quedó a Lafragua otro camino que retirarse de Madrid como en efecto lo verificó el 1o. de agosto, presentando ante el gobierno español un extenso memorándum acompañado de importantes documentos, y obra en conjunto que honra el patriotismo y la corrección con que procedió el enviado de México.

Lafragua permaneció en París hasta el año de 1861 y llegó a México en noviembre de ese mismo año. Durante la intervención y el imperio, permaneció alejado de los negocios públicos rehusando varias veces los puestos que se le ofrecieron, y en junio de 1867, según dice uno de sus biógrafos fue comisionado por Márquez para tratar con el general Díaz sobre la entrega de la ciudad de México a este último, comisión que al fin no llegó a desempeñar.

Después del restablecimiento de la república, Lafragua fue nombrado magistrado interino de la Suprema Corte y miembro de la comisión para redactar el Código Civil; el año siguiente fue electo quinto magistrado propietario de la misma Suprema Corte de Justicia; casi a la vez director de la Biblioteca Nacional y por último, poco después miembro de la Comisión que debía formar el Código Penal. Este segundo cuerpo de leyes es, sin embargo, obra casi exclusiva del distinguido abogado Antonio Martínez de Castro; pero en la formación de Código Civil sí tomó participio.

Poco antes de morir el benemérito de América nombró a Lafragua ministro de relaciones, y al entrar al poder Sebastián Lerdo de Tejada por ministerio de la ley no aceptó la renuncia que naturalmente presentó nuestro biografiado, como miembro del anterior gabinete. Continuó el Ministerio de Relaciones, a pesar de haber vuelto a ser nombrado magistrado de la Suprema Corte de Justicia, con licencia de ésta, y en ese puesto le sorprendió la muerte el 15 de noviembre de 1875.

Lafragua perteneció a multitud de sociedades científicas, literarias, políticas y de beneficencia y poseía una de las bibliotecas particulares más ricas y escogidas que existían entonces en México; muchos de los libros de esa biblioteca y un legado además de veinte mil pesos sirvieron para formar la que existe en la capital de Puebla en la calle de San Roque y que se intitula Biblioteca Pública Lafragua.

La ciudad natal del distinguido abogado, para honrar la memoria de uno de sus más notables hijos, ha colocado por conducto de la corporación municipal, una lápida de mármol negro en la casa número 8 de la calle de Herreros hoy Lafragua, donde nació este buen liberal, en la cual lápida con letras de oro se lee lo siguiente: "En esta casa nació el 2 de abril de 1813 el hábil jurisconsulto, el insigne diplomático, el virtuoso ciudadano José Ma. Lafragua. —El ayuntamiento de 1878 dedica éste al ilustre hijo de Puebla."

Los funerales del antiguo alumno del Carolino fueron suntuosos, concurriendo a ellos todos los secretarios del Estado, el cuerpo diplomático y multitud de abogados, empleados, militares, etc. La oración fúnebre pronunciada en el Tepeyac, panteón donde reposa el cuerpo de Lafragua fue encomendada al conocido literato José M. Vigil, antiguo amigo del difunto, y de ella tomamos las siguientes e interesantes frases: "¿Cómo olvidar sus últimos trabajos en que con tanto tino y con tanta maestría defendiera los legítimos intereses de la república? ¿Cómo pasar en silencio la admirable nota en que contestara las injustas reclamaciones del gobierno inglés en la cuestión de Belice y que le mereciera los más entusiastas elogios de la prensa extranjera? ¿Cómo no mencionar la ciencia y el tacto exquisito con que defendió la dignidad del gobierno mexicano al tratarse de sus facultades para arrojar del territorio nacional al extranjero pernicioso aun cuando se encuentre investido con el carácter de jesuita? ¿Cómo no hacer recuerdo, en fin, de su última nota en la cuestión de límites en Guatemala, en que sin herir ninguna susceptibilidad, guardando a nuestros hermanos de la república vecina todas las consideraciones que justamente se merecen, pone sin embargo el derecho de México bajo una ley tan clara que no es posible resistir a la fuerza incontrastable de su dialéctica?"

Estas palabras del actual director de la Biblioteca Nacional apuntan cuando menos los últimos y patrióticos trabajos de gabinete que emprendiera Lafragua en beneficio de su patria.

Ignacio Comonfort

Guillermo Prieto

Comonfort refería las pobrezas de su primera edad, cuando le admitieron como *Berrendo* en colegio de Puebla. Llamábanse berrendos cierta especie de colegiales a quienes se daba educación gratuita en cambio de fungir como sirvientes distinguidos. El trato que sufrían aquellos infelices era inicuo: el hambre perpetua; un fideo perdido en un oceano de agua grasosa... costaba sudores; garbanzos de gutapercha, piltrafas anónimas, y a pesar de esto, Comonfort sufría impasible, auxiliaba a sus famélicos compañeros y los defendía de la crueldad de sus superiores; así es que se hizo amar y se distinguió en el colegio. Abandonó éste por sus circunstancias; permaneció en el campo y en otros destinos, y yo le conocí como prefecto de Tlalnepantla, empleo en que fue inteligente, próvido y benéfico.

En Tlalnepantla contrajo relación con el Sr. Gómez Pedraza, quien, conocedor de su mérito, le dispensó su amistad y favor. Después le nombró administrador de la aduana de Acapulco, puesto que desempeñó con honradez e inteligencia, estrechando sus relaciones con el gral. Álvarez, quien lo amaba como a su hijo.

Era Comonfort diestrísimo jinete y muy notable en el manejo de las armas.

Hombre naturalmente dulce, pacífico y de educación la más pulcra y delicada, parecía nacido para el cultivo de los inocentes goces domésticos.

La pasión profunda y la veneración por la señora a quien llamaba madre, hacían que le acompañase frecuentemente, creando en él el hábito de tratar con señoras ancianas, mimar y condescender con los niños y ser un tesoro para las intimidades de familia.

Ya arreglaba los tirantes de un papalote, ya competía en el trompo con otros chicuelos, ya se lucía en la polla o la tuta, hablaba con las pollas de bailes y de modas, daba su voto en confecciones de guiso y postres y oía los cuentos y los milagros, con atención sostenida.

Guillermo Prieto, *Memorias de mis tiempos*, México, Librería de la vda. de C. Bouret, Segundo tomo, 1906.

IGNACIO COMONFORT
MANUEL PAYNO

Hace como doce años que conocí a Comonfort, formando parte de la tertulia de moderados que se reunía en la casa del Lic. D. Mariano Otero. Poco sé de su biografía: pasaba entonces por liberal, por hombre de un carácter amable y servicial, que vivía principalmente de su trabajo del campo, y que había desempeñado puestos civiles de prefecto, de diputado y de senador. Cuando la campaña de los americanos, se dio a conocer por un rasgo de nobleza y de patriotismo: enemigo del general Santa Anna, o al menos de su política, todo lo olvidó y se puso a sus órdenes; y patriota desinteresado, todos le vieron en la campaña del valle de México, combatiendo contra los americanos, en unión del Sr. D. Antonio de Haro, con el valor que podría tener un viejo soldado.

La respetable e inteligente Junta de crédito público, que entonces manejaba las rentas marítimas, lo nombró administrador de la aduana de Acapulco: allí, viéndose injustamente removido por la administración del general Santa Anna, acusado de revolucionario, y privado de una parte de su fortuna que había adquirido, persiguiendo el contrabando y cumpliendo con su deber, no le quedó más arbitrio que reunirse con el Sr. Álvarez y volverse uno de los caudillos y sostenedores del plan de Ayutla, que él reformó en Acapulco.

Comonfort sacó la revolución del sur, donde hubiera permanecido estacionada años enteros, y la llevó triunfante y amenazadora por los estados de Jalisco y Michoacán; aunque a decir verdad, la revolución de Ayutla, de que tanto se queja y quejará el partido conservador, triunfó por sí sola, o mejor dicho, la hizo triunfar el mismo partido conservador. Adherido íntimamente a la suerte de una administración puramente militar, cuando faltó el caudillo, faltó todo, y más de cuarenta mil hombres de tropa de línea fueron sucesivamente entregando las armas, y desocupando las capitales, ante una reunión comparativamente corta, de gente sin disciplina, sin armas y sin caudillos de experiencia; y los hombres del partido conservador vieron impasibles, mejor dicho, atemorizados, derrocarse su poder, y volar todas sus esperanzas, que se llevaba por esos mares el jefe del Ejecutivo. Comonfort era entre los hombres de la revolución de Ayutla, el que había desplegado más valor, más constancia, más actividad y más energía, sin mancharse en las correrías con actos de vandalismo; era, pues, natural que este hombre, que debería considerar al ejército, pacificar la república removida de uno a otro extremo, y poner un mediano orden en un caos administrativo, que prometía no tener término, subiera, como subió, a la cumbre del poder: así es como Comonfort se elevó a la presidencia de la república. La mayoría de la nación, que lo deseaba era la paz, lo recibió bien, el partido liberal exaltado con recelos y desconfianza, y el clero, como a la mayor parte de los gobiernos, fríamente; mejor dicho, mal.

El excelente carácter privado del Sr. Comonfort sufrió muy ligeras modificaciones en la cumbre del poder: afable y atento con todo el mundo, prudente en sus deliberaciones, con un corazón inclinado a hacer el bien, y con un deseo que yo creía, y creo todavía, muy sincero y ardiente para consolidar la paz pública, es verdad que tuvo que aprehender, que desterrar, que hacer lo que hacen todos los gobiernos que se ven atacados por la revolución, desde el primer día que comienzan a ejercer el poder: pero tuvo el talento necesario para mantener, durante dos años, la administración; la bastante energía para arrostrar con todas las rebeliones a mano armada, y la suficiente cordura para no retirarse del poder con las manos manchadas en la sangre de tantas y tantas personas, como cayeron en su poder, y que pudo haber mandado al patíbulo, con el apoyo de esas bárbaras leyes llamadas de conspiradores que los gobiernos juzgan como su más sólido apoyo, y que, o no son ejecutadas, o se convierten después en contra de los mismos que las dictan o las sugirieron.

Comonfort, como si fuese una viva personificación del carácter mexicano, es incapaz de resistir a las súplicas y a las buenas palabras: su falta de energía para negar frente a frente lo que no puede conceder, lo ha hecho aparecer falso; pero en medio de todo, en su gobierno se manejó con una completa independencia, llevando adelante su sistema propio de ir introduciendo poco a poco las innovaciones; de tolerar ciertos abusos para evitar males mayores; de transigir en los negocios, cuando no era posible llevarlos adelante; de no excluir ni desairar enteramente a los del partido exaltado, dando tregua a sus exigencias; de no dar el dominio exclusivo al partido moderado; de olvidar las injurias y aun pagar a sus enemigos con favores los agravios, y de no perseguir, sin una necesidad absoluta, a los que Lafragua bautizó con el nombre de reaccionarios, y de sostener a veces contra viento y marea sus determinaciones, formándolas cuestiones de amor propio. Conjunto de debilidad y de energía, de docilidad y de capricho, de benevolencia y de rigor, en pocas ocasiones, ninguno de sus ministros puede decir con verdad, que lo dominó, ni ninguno de sus amigos que influyó en su carácter de una manera absoluta y decisiva. Estudiando un poco el carácter de Comonfort, se puede muy bien concebir que lo que se ha llamado golpe de Estado, era muy análogo a su modo de obrar, y que sus planes ulteriores eran no dar exclusivamente el triunfo a la reacción, ni tampoco seguir en esa carrera de reformas, que encontraban una viva y permanente oposición, no sólo en el jefe de la iglesia, sino también en la conciencia de una multitud de personas, a quienes era preciso considerar en sus creencias religiosas.

Estas observaciones que, repito, pueden no ser exactas, explican la consideración y respeto del Sr. Comonfort por el general Álvarez, el tratado con Vidaurri, la preponderancia de D. Juan José de la Garza en Tampico, la influencia de Doblado en el interior, la conservación de las armas en manos de los puros, la predilección por ciertas brigadas de línea, la subsistencia de los frailes, y la expedición de la ley de 25 de junio; la amistad íntima con los hombres del partido moderado, a quienes hacía gobernar con las ideas de la fracción exaltada; en una palabra, ese sistema de equilibrio, que podrá ser bueno o malo en política o en moral, pero que sea como fuere, lo mantuvo de una manera que puede llamarse extraordinaria en el poder, durante más de dos años, y que lo conservaría todavía, a no haber sido por los sucesos de diciembre.

Manuel Payno, *Memoria sobre la revolución de diciembre de 1857*, México, Imprenta de I. Cumplido, 1860.

MIGUEL CÁSTULO ALATRISTE

ÁNGEL W. CABRERA

La guerra de reforma, considerada como lucha de principios, de tal modo es grandiosa, que descuella sobre todas
las contiendas libradas en México por los dos partidos que vinieron batallando por adueñarse de la situación política del
país.

Porque entonces quedaron deslindados los campos en que
uno y otro adversarios se aprestaron al combate, presentándose
ambos con caracteres tan bien definidos y diametralmente
opuestos, como jamás, en esa épica lucha, para la que inscribió
el partido liberal con signos de fuego en sus pendones de guerra, la abolición de todos los privilegios, la desvinculación de la
propiedad amortizada, la libertad de conciencia y el franco reconocimiento de los derechos del hombre. Estos principios de
altísima trascendencia política y social, no pertenecen al dominio del vulgo de los combatientes. Por eso el soldado sin cultura
intelectual aunque avezado al combate, no fue en aquella contienda sino un autómata de la disciplina y de la táctica militares,
o tal vez sólo una máquina de guerra, mientras que el ser pensador, apóstol y soldado al mismo tiempo, fue el verdadero cam-
peón de la idea; el consciente propugnador de los principios
que se sustentaban con las armas en la mano. El general Miguel
Cástulo Alatriste perteneció a estos últimos: hombres de ciencia,
difundió la luz de su saber en la cátedra y desde las páginas del
libro, poniendo en práctica el medio más seguro de redimir al
pueblo; demócrata sincero, luchó en el foro, en la tribuna, en

los comicios, por los derechos de éste; y soldado, expuso la vida y al fin la sacrificó en aras de la independencia y la libertad.

Nacido en humilde, aunque no ínfima esfera, supo elevarse en la escala social merced a su claro talento y a su espíritu progresista. Más todo lo sacrificó: posición, bienestar y aun la vida, en defensa de la noble causa que abrazara. Merece, pues, un lugar en la galería de liberales ilustres cuya memoria consagran estas biografías, y a honra altísima tenemos el dedicarle la presente.

Nacido en la ciudad de Puebla, en marzo de 1820, alumbraron sus primeros pasos los albores de la independencia nacional, y sus prístinas ideas de niño pudieron confundirse con las de la patria y libertad.

Fueron sus padres D. Joaquín Alatriste y Da. Francisca Castro, naturales de aquella ciudad; honrados miembros de la clase media, que no carecían de ilustración y que fueron bastante despreocupados para desarrollar la inteligencia del pequeño Miguel con tacto exquisito y nutriendo su corazón con sanos principios de moral. Después de cursar la instrucción primaria, el niño fue dedicado por su padre al aprendizaje del propio oficio, que era el de sastre, con lo cual contrarió la irresistible inclinación de Miguel, que deseaba seguir una carrera literaria; sin embargo, se sometió a la autoridad paterna y en breve tiempo adelantó de tal modo en el oficio, que podía desempeñar a su padre cumplidamente en el taller, cuando apenas tocaba a la edad de doce años.

A propósito se refiere esta anécdota. Ausente una vez el señor D. Joaquín, presentóse en el taller un caballero de la buena sociedad de Puebla solicitando al maestro. El joven Alatriste manifestó hallarse al frente de la sastrería por ausencia de su padre, y preguntó al caballero ¿qué se le ofrecía? —Necesito una levita, respondió éste: —Será usted servido, le dijo el niño. Y se puso a tomarle medida, viéndose obligado a subir sobre un banco para alcanzar. El día prefijado por él entregó la pieza, con positiva admiración del dueño, quien elogió la formalidad del niño no menos que la irreprochable corrección de la obra.

Continuó Alatriste auxiliando a su padre en el trabajo del taller, hasta la edad de diecisiete años; mas no pudiendo vencer más su pasión por el estudio, ingresó al Colegio del Estado, denominado entonces *Carolino*, matriculándose en la cátedra de primer curso de latín el año 1837. Desde luego se distinguió por su aplicación y su clarísimo talento, y el siguiente año aventajó a sus compañeros en la cátedra de sintaxis, sin embargo de que se matriculó estando muy avanzado el curso, habiendo estudiado la prosodia solo y sin más auxilio que el de algunas consultas que le daba el maestro de sintaxis don José Anastasio Rego. Al sustentar examen sobresalió entre los más distinguidos de la cátedra; por lo que en premio, se le adjudicó una beca de gracia y de *honor*, según lo certificó el expresado catedrático. En los llamados cursos de *filosofía* obtuvo siempre el primer lugar *supra locum*. Hizo en tres años los estudios de jurisprudencia, siéndole otorgada la dispensa de dos de los cinco que formaban el tiempo legal, por hallarse más que apto para recibirse de abogado.

Una vez recibido, en 1843, obtuvo una cátedra de derecho en el colegio de San Juan de Letrán en México, sin que por esto dejara de cultivar otras ramas de la ciencia, como lo demuestra el haber escrito un tratadito de cronología "dedicado a la juventud de su cara patria", que fue impreso en 1844; y el haber regenteado por algún tiempo una cátedra de matemáticas, que a promoción suya se estableció en el Colegio del Estado de Puebla, poco después de aquella fecha.

Tampoco fueron extrañas para él las bellas letras. El año de 1846 fundó en México una Academia de Literatura, que se reunía en la casa del joven Ramón Sierra, discípulo suyo, y de la cual fueron socios, entre otros, D. Eligio Villamar y el después notable literato D. Francisco Granados Maldonado. En el seno de la Academia leyó Alatriste varias composiciones suyas, mereciendo unánimes aplausos, particularmente por un poema intitulado "Abel".

El mismo año de 1846, casó con doña Josefa Conrada Cuesta, ilustrada y fuerte matrona, que más tarde supo compartir con su esposo las penalidades del destierro y de la guerra. Numerosa familia hubieron de este matrimonio, siendo de notarse que por su genialidad, quiso Alatriste que sus hijos varones llevaran los nombres de los arcángeles, viendo completo el número de siete requerido al efecto.

En octubre del repetido año de 1846 fue nombrado capitán de la 5a. compañía del batallón de guardia nacional "Hidalgo", a cuya cabeza tomó parte en la defensa del valle de México, en contra del invasor norteamericano, hasta el último combate librado allí. El gobierno general le expidió un diploma honorífico por estas acciones en que se halló. Perdida la capital, se retiró a Puebla en 14 de octubre de 1848, se le nombró primer fiscal interino del Tribunal de Justicia del Estado; y desempeñó sucesivamente diversos cargos judiciales y del municipio, así como de la guardia nacional.

Dos veces fue desterrado de su ciudad natal, durante la última administración de Santa Anna. Hacia fines de 1853 la suspicacia del comandante general de Puebla, descubrió en él un terrible adversario de la tiranía militar reinante, y a pretexto de que conspiraba contra el orden, fue consignado a Córdoba, de donde regresó a poco tiempo por falta de constancias para probar el supuesto delito, pero después se le acusó de nuevo y fue enviado a Medellín del estado de Veracruz, en donde estuvo a punto de morir envenenado por un español a quien azuzaban los santanistas, declarados enemigos de Alatriste.

En los primeros meses del año 1857 fue electo popularmente gobernador de Puebla, permaneciendo en aquella ciudad hasta diciembre del mismo año, en que por la infidencia de Comonfort surgieron conspiraciones y graves trastornos en el estado, que lo obligaron a abandonar la capital, dirigiéndose a los pueblos de la sierra del norte, que, adictos en su mayoría a la causa de la libertad, permanecían fieles y dispuestos a la guerra. El general Miguel Negrete, con una sección de infantería y artillería lo perseguía my de cerca; más no se atrevió a pisar en terrenos de la sierra. Alatriste llegó á Zacatlán el 1o. de enero de 1858, hallando un batallón de guardia nacional que organizó debidamente, y el 6 del propio mes salió al encuentro de Negrete, con el expresado batallón y un piquete de la fuerza que sacó de Puebla al abandonar aquella capital, contando con que se le incorporaría una pequeña partida de voluntarios que traía del estado de Tlaxcala el Lic. Manuel Saldaña.

Negrete había concentrado su fuerza en Tlaxco, y al avistarse el jefe constitucionalista, *se contrapronunció*, incorporándose a éste, que no confiando en la buena fe del primero, pues comenzaba esa serie de veleidades que en aquella época le dieron triste celebridad, procuró separarse pronto de él, marchando al estado de Veracruz con su pequeña sección. A poco tiempo de haber llegado a Orizaba, se encontró sin recursos para sostener aquélla, porque intrigas que no es del caso referir, le privaron de auxilios pecuniarios de parte del gobierno general. Agotó los medios posibles de proporcionarse recursos, y cuando careció por completo de ellos para ministrar *haber* a sus soldados, él mismo se abstuvo de tomar alimento en la casa donde se alojaba su digna consorte, comiendo del miserable *rancho* que podía proporcionar a su tropa. Transcurridos algunos días de esa voluntaria abstinencia, redobló sus ruegos aquella sufrida matrona, que compartía con él las penalidades de la guerra en unión de sus tiernos hijos, a fin de que se alimentara, y entonces Alatriste la dijo llorando. —¿Cómo quieres que coma si mis soldados llevan tres días de no comer?

Aquella situación se hizo insostenible, y por fin, Alatriste regresó con parte de su fuerza al estado de Puebla, dejando el resto al servicio del de Veracruz. Se situó en Teziutlán, y comenzó a expedicionar, tomando la plaza de Tuxpan y derrotando una fuerza reaccionaria en el punto denominado Filipinas, en el estado de Veracruz. Volviendo al de Puebla, ocupó la plaza de Zacapoaxtla, tras rudísimos combates con los indios de aquel distrito, gente muy belicosa y aguerrida, que con un fanatismo exaltado hasta el delirio defendió desesperadamente sus inexpugnables posiciones.

Destruido este único foco de la reacción que existía en la Sierra de Puebla, volvió Alatriste a situarse en Teziutlán, con el objeto de organizar la administración pública en la parte del estado que lo reconocía, así como los elementos militares de la Sierra; pero se le esperaba una nueva decepción, pues algunos jefes influentes en ésta no se le mostraron diferentes, a causa de haber surgido la tendencia a procurar cierta autonomía a esta parte del estado.

Afortunadamente para Alatriste y la causa que sostenía, el cura de Iztacmaxtitlán, D. José Ma. Cabrera, antiguo y resuelto liberal, le ofreció un asilo y un centro de operaciones a la vez, en aquel pueblo situado en un punto estratégico y formidable, que jamás osaron pisar las fuerzas reaccionarias, y cuyas abruptas y gigantescas sierras avanzan hacia la Mesa Central. Desde ahí emprendió diversas expediciones, obteniendo la victoria en distintos combates, como en el asalto y toma de Huamantla y de otros puntos considerados inexpugnables baluartes de la reacción.

En sus momentos de descanso entregábase a departir con el expresado párroco, en conversaciones literarias llenas de *esprit*, o en científicas discusiones acerca de las matemáticas y de antigüedades mexicanas, en las que el presbítero Cabrera fue muy versado.

En 1860 se trasladó al estado de Tlaxcala, y cuando por disposición del gobierno constitucional se organizó el Ejército de Oriente, se incorporó a él con su brigada, tomando parte en sus operaciones hasta la ocupación de México en 1o. de enero de 1861.

En seguida se dirigió a Puebla, donde el jefe reaccionario Chacón, sin embargo de haberse sometido al gobierno triunfante, se opuso a la entrada de Alatriste, quien no tomó posesión de la capital de su estado, sino hasta que le apoyó una fuerte división del ejército vencedor, viéndose en ello una muestra de lo impecable que es el partido retrógrado con los hombres que, como Alatriste, lo combaten más con las armas de la razón que con las del guerrero, enseñando al pueblo sus derechos, y a pensar libre de preocupaciones y de trabas dogmáticas.

El 13 de febrero del año citado lo ascendió el gobierno de la federación a general graduado, y después le expidió el siguiente diploma: "El C. Benito Juárez, presidente interino constitucional de los Estados Unidos Mexicanos, de acuerdo con todo su gabinete, —En el nombre de la Nación Mexicana, y como una prueba eterna de reconocimiento al C. Miguel Cástulo de Alatriste, que en la clase de gobernador del estado de Puebla combatió los años de 58, 59 y 60 la facción que se apoderara de la capital de la república, ha dispuesto se le extienda este diploma que acreditará para siempre el acendrado patriotismo y abnegación del ciudadano que tuvo la gloria de salvar a su patria de la tutela en que por cuarenta años la tuvieron las clases que se han creído privilegiadas en la república. —La Secretaría del Ministerio de la Guerra tomará razón de este diploma, que además del mérito que acredite al que lo obtuviere, le servirá para que en cualquier caso sea atendido en lo que solicite con preferencia a los ciudadanos que no se hallen en las mismas circunstancias. — Dado en el Palacio Nacional de México, en el mes de marzo de 1861, primero de la reforma —*Benito Juárez-Jesús Ortega*".

Reunida la Legislatura del Estado marchó al principio en armonía con el Ejecutivo; mas a poco surgió en el seno de aquella asamblea una fracción oposicionista, cuyo núcleo eran los diputados de la sierra. En la sesión del 15 de abril del referido año de 1861, varios diputados formularon diversos cargos al gobernador, atacándole rudamente; él, demostrando suma prudencia, que se tradujo por debilidad, y un profundo respeto a la representación del estado, se sinceró de aquellos cargos, calmando así de pronto la oposición.

En agosto del propio año salió en unión de los generales Tapia y Carbajal a perseguir, rumbo a Chalchicomula, una fuerte partida de reaccionarios que había penetrado a territorio del estado, y la cual, eludiendo la persecución, por medio de un rápido giro, se dirigió a la capital atacando sin éxito la pequeña guarnición que la defendía: la fuerza perseguidora, viniendo sobre los pasos de los reaccionarios, les dio alcance en Texmelucan, derrotándola completamente y causándole bajas de importancia, entre ellas la del jefe español D. Juan Cobos. No obstante el completo fracaso de los reaccionarios, el gobernador fue acusado en la Legislatura de imprevisión al separarse de la capital, dejándola débilmente guarnecida. Alatriste, con una abnegación y un civismo de que se han dado tan raros ejemplos en el país, hizo renuncia de su alto puesto, sacrificando su personalidad en aras del respeto que tributaba al primer poder del estado y de la armonía entre éste y el Ejecutivo. Retirado a la vida privada, estableció de nuevo su bufete, en el que tan buen nombre le habían conquistado su talento y su probidad.

Poco tiempo estuvo alejado de la vida pública, pues en enero de 1862, al amagar la guerra de intervención, fue nombrado segundo del comandante militar de Puebla, general González Mendoza, a quien ayudó eficazmente en el gobierno y en la organización e instrucción militar de las fuerzas del Estado, dando muestras siempre de una inteligencia superior, así como la había dado de su modestia al aceptar un puesto secundario, después de haber ocupado el primero en el estado.

En marzo del propio año se le designó para mandar una pequeña sección de tropas, destinada a marchar a Izúcar de Matamoros, con el objeto de cerrar el paso a una fuerte partida de infidentes, encabezada por Márquez y otros jefes, que del rumbo de Cuernavaca avanzaba hacia el estado de Puebla, por Chiautla, y en cuya persecución venía Carbajal.

Alatriste recibió orden de avanzar hasta Chiautla, y se desprendió de Matamoros, dejando una corta guarnición; derrotó una partida que amagaba la plaza de Xonacate, y regresó violentamente a Matamoros, a donde se dirigía el grueso del enemigo, libre ya de la persecución de Carbajal, quien sin previo aviso de Alatriste había retrocedido.

Este al avistarse a Matamoros, halló al enemigo, fuerte de más de cuatro mil hombres, circunvalando la plaza, en las primeras horas del día 10 de abril; intentó forzar el sitio, mas estrellándose ante la fuerza del número inmensamente superior al de su pequeña columna, se posesionó de la eminencia del *Calvario*, siendo atacado en el acto por gruesos pelotones de caballería enemiga, que seguros del triunfo cargaron impetuosamente.

Rechazó una tras otra varias cargas cada vez más terribles, pues por momentos aumentaba el número de los asaltantes, que acudían de todos los puntos de la circunvalación y durante seis horas de incesante luchar, no cedió un palmo del terreno defendido.

Mas no podía prolongarse demasiado tiempo ese combate de ocho contra cien, sin embargo de que el enemigo comenzaba a cejar en sus cargas, dominado por el prestigio del heroísmo. Los fuegos disminuían sensiblemente en la línea de los liberales a quienes se agotaban las municiones. Lo notó el enemigo, cobrando alientos para intentar un supremo esfuerzo, y atacó la posición por todos sus flancos en el momento en que Alatriste, disparado el último cartucho por sus soldados, los reconcentraba para formar cuadro y resistir a la bayoneta. En este movimiento simultáneo de ambos combatientes, cortó el enemigo un pelotón de soldados del 1o. de Puebla, gente colecticia y sin principios que se pasó a las filas de aquél, dándole noticia de la falta de municiones a que hemos hecho referencia. En el momento fue envuelta, dispersada y, en suma, hecha trizas la pequeña fuerza de Alatriste; más éste no dejó de luchar, sino hasta que herido en el brazo izquierdo, fue derribado del caballo y hecho prisionero. Las últimas órdenes que dictó revelan el temple de su alma: —"Compañeros, dijo a los jefes de batallón, a formar cuadro; después de quemado el último cartucho, resistiremos a la bayoneta, y... nos sujetaremos a la muerte".

Conducido a Matamoros, pidió como único favor que se le permitiera redactar el parte oficial de su último combate, como lo hizo, recomendando el valor de sus soldados, que, en número de quinientos, lucharon contra cuatro mil; mas sin decir una palabra de su propio heroísmo.

En el curso de la noche se le oyó repetir las palabras de un filósofo latino: *Dulce pro patria mori.* Mientras cenaba, lo visitaron Liceaga, Benavides y otro jefe. Uno de ellos le interpeló. —¿Cómo ha venido usted a exponerse con tan poca fuerza, y cómo es que habiendo llegado cerca de Atlixco, regresó usted a Matamoros? —Porque mi deber lo exigía, contestó Alatriste. Y añadió sonriendo tristemente: —¿qué iba yo a hacer a Puebla con mis soldaditos, dejando abandonados a los que se defendían aquí? —No hay redentor que no sea crucificado, observó filosóficamente Benavides. —Es verdad, repuso Alatriste; Sócrates, Jesús y tantos otros.

Durante la noche se le propuso que se retractara públicamente de sus principios, para salvar su vida, o que la rescatara por una fuerte cantidad de dinero. Rechazó lo primero con indignación, y contestó a lo segundo que la suma propuesta era muy superior a su posibilidad. Al amanecer del día 11 de abril, aniversario, por rara coincidencia, de los asesinados de Tacubaya, fue conducido Alatriste al lugar del suplicio, próximo a una capilla abandonada. Marchó con paso natural y seguro, y cuando se le quiso vendar no lo permitió. Llegado el momento fatal exclamó con voz firme y sonora: *Muero pidiendo por el bien de mi patria y el de mi familia.* Y luego, dirigiéndose a los soldados que formaban el pelotón, les ordenó enérgicamente: —*¡Disparen con valor, que muero por mi patria!*

Su cuerpo quedó ahí abandonado, hasta que algunas personas humanitarias lo depositaron en una caja de madera corriente, inhumándolo en el interior de la capilla, donde permaneció hasta noviembre del expresado año de 1862, en que por gestiones del ya mencionado presbítero Cabrera, fue trasladado a Puebla, donde fueron tributados a aquellos venerables despojos los honores civiles y militares, debidos al que en vida prestó servicios tan eminentes a la patria y a la libertad.

Alatriste, fue educado en un medio favorable para el armónico desarrollo de sus facultades, fue un hombre física e intelectualmente vigoroso, moral y estéticamente predispuesto al bien y amante de lo bello en el arte y en la literatura. No tuvo, sin embargo, educación completa en lo relativo a la formación de su carácter. De inquebrantable energía siempre que se trató de principios políticos, fue débil con sus adversarios cuando creyó sacrificar su sola personalidad; pero ellos le castigaron cruelmente por esta deficiencia de su educación.

Mas en cambio supo sobreponerse a las preocupaciones de su época. Odió y combatió la tiranía bajo todas sus formas: la del sable, la del clero, y la más ominosa de todas, la del oscurantismo. Al sucumbir gloriosamente en la lucha, pudo repetir las propias palabras vertidas por él en un discurso patriótico: ¡*Ciudadanos, la muerte no es un mal si se muere con gloria; morir es un deber si se muere por la patria!*

Zacatlán, febrero de 1891.

BARREDA, EL MAESTRO

JAIME LABASTIDA

Gabino Barreda nació en Puebla en 1818 y murió en la ciudad de México en 1881. Después del triunfo de la república sobre las fuerzas invasoras francesas, pronunció un discurso memorable, en Guanajuato. El presidente Juárez le encomendó la fundación de la Escuela Nacional Preparatoria que inició sus labores el primer día de febrero de 1868.

Sin hipérbole y, al propio tiempo, sin temor a equívoco, puede afirmarse que la educación mexicana se divide en dos grandes etapas: antes y después de Barreda.

Antes de las reformas educativas implantadas por Barreda, nuestra educación se movía aún en los marcos estrechos de los colegios religiosos, la lógica no rebasaba los límites de la neoescolástica de Balmes y su escuela. Tan atrasada era la educación superior en nuestro país, que los más radicales de nuestros políticos, como Valentín Gómez Farías y José María Luis Mora, ante la imposibilidad de mejorar la Universidad, decidieron cerrarla.

Así, los liberales habían emprendido una labor de carácter destructivo: la Universidad (Real y Pontificia, al mismo tiempo) no estaba acorde con las exigencias de la época y, por el contrario, era uno de los reductos del pensamiento reaccionario. Para combatirla, se consideró necesario destruirla.

Barreda, en cambio, inaugura la etapa constructiva de nuestra educación. Y lo hace, además, con una serie de criterios generales que conservan, aún hoy, plenamente, su vigencia. Pues aun cuando sea verdad que el positivismo, que él trajo a nuestro país, era, en tanto que filosofía, una escuela caduca en Europa, en México representaba, por el contrario, un avance fundamental. Y no sólo eso. Barreda no fue un servil imitador de las enseñanzas de su maestro Augusto Comte, de quien tomó directamente un curso en París, sino un pedagogo que desarrolló y sistematizó todo un cuerpo de teoría educativa, con aplicación directa y práctica en la enseñanza de nuestro país.

Para Barreda, en primer término, la educación constituía un instrumento fundamental de cohesión social. Gracias a ella vislumbraba la posibilidad de construir una organización racional: la sociedad mexicana anularía sus contradicciones internas por este medio. Pero, en segundo término, Barreda era plenamente consciente de que la educación debería apoyarse en métodos antes que en contenidos y que, por ello, debería desarrollar en los educandos sus capacidades creadoras. No ponía el acento, por lo mismo, en una educación memorística, sino en los procesos lógicos o, mejor dicho, en los procesos que tendían a la construcción de las estructuras cognoscitivas fundamentales.

De esta manera, el plan formulado por Barreda ascendía de lo simple a lo complejo y de lo abstracto a lo concreto; cultivaba a la vez el entendimiento y los sentidos y, por sobre todo, echaba por tierra cualquier principio de autoridad. "Así, dice el ilustre educador, primero raciocinio puro, después observación como base del raciocinio, y luego, observación y experimentación reunidas, van formando la escala lógica por la que debe pasar nuestro espíritu al caminar desde las matemáticas hasta la física."

Las ciencias particulares encontraban, en el plan, un lugar sistemáticamente establecido, de conformidad con un criterio lógico (y, por supuesto, pedagógico): la zoología, por ejemplo, cumplía una función clave: enseñar un "artificio lógico", el arte de las clasificaciones, para de ahí aprender a fondo un aspecto del método general que condujera al educando al manejo de las analogías. Con otras palabras: a Barreda le importaba, antes que otra cosa, el desarrollo de un método científico. De esta suerte, pensaba que la enseñanza que se recibía en la Escuela

Nacional Preparatoria era un "curso práctico de lógica" que culminaba, por supuesto, en el curso abstracto de esta disciplina.

La carta que dirigió a Mariano Riva Palacio, gobernador del Estado de México, en la que le da razón de los propósitos que animan la Escuela Nacional Preparatoria, es un documento notable por su concisión y profundidad; para nuestro país, significó una revolución profunda en los métodos de enseñanza.

Barreda propuso y desarrolló un conjunto pedagógico coherente, en el que se buscaba conciliar la teoría y la práctica, lo abstracto y lo concreto.

En ese conjunto orgánico y coherente, sin embargo, pronto empezaron a introducirse grietas, mutilaciones y tergiversaciones. Algunos pedagogos advirtieron que era escaso el énfasis que se daba a otros aspectos importantes de la educación, como la literatura y el arte. Luego, se advirtió que si bien era cierto que la educación propugnada por Barreda era filosófica, se trataba de *una* filosofía, entre otras muchas y posibles. Así, poco a poco, el conjunto coherente y sistemático fue reformado hasta ser, hoy, irreconocible, si se le compara con el formulado por Barreda (Ya es una incongruencia el que se haya dividido la educación media en dos grandes segmentos: la "secundaria" y la "preparatoria", que para Barreda constituían una inseparable unidad).

La educación propugnada por Barreda era tan sólida porque, pese a todas sus posibles deficiencias, estaba apoyada en un cuerpo orgánico de ideas. Después de él vinieron enmiendas sobre enmiendas, remiendos sobre remiendos, parches sobre parches. Las generaciones egresadas de la Escuela Nacional Preparatoria concebida por Barreda poseyeron, por ello mismo, una formación que está muy por encima de las que han recibido las generaciones posteriores, antes y después de la revolución. Pues la educación ha de ser obra de filósofos, y ha sido ésa una de las pocas ocasiones, si no, acaso, la única, en que un filósofo tuvo en sus manos la posibilidad de moldear, al través de la educación, el espíritu de un pueblo.

Y sus altos resultados no desmerecieron de sus propósitos.

La trayectoria de un
revolucionario

Gilberto Bosques

Mi nombre completo es Gilberto Bosques Saldívar. Soy de Chiautla, en el estado de Puebla. Además de ser poblano por mi formación primaria y profesional, lo soy por las actividades políticas que tuve en el curso de la revolución, en sus primeros días, hasta la víspera de mi ingreso al Servicio Exterior Mexicano.

Mi padre se llamaba Cornelio Bosques Pardo, nativo de la villa de Huamuxtitlán en el estado de Guerrero, y mi madre María de la Paz Saldívar, originaria de la villa de Chiautla de Tapia, Puebla. Él era hijo del comandante Antonio Bosques, que peleó en la guerra de tres años, contra la intervención francesa y el imperio de Maximiliano. Mi madre pertenecía a una familia asentada en Chiautla desde hacía muchos años, que por generaciones ocupó una posición de cierto desahogo económico. Los dos se conocieron jóvenes y establecieron un hogar bastante risueño, muy armonioso e integrado.

Estudié la primaria en casa. Me la enseñó mi madre, porque no había maestro normalista en mi villa natal. La escuela estaba un poco a la ventura de lo espontáneo. Entonces mi madre tomó la tarea de enseñarme, conforme al programa oficial. Así estudié los seis años de la escuela primaria, con un espíritu un tanto abierto porque esa enseñanza se hacía en plena naturaleza tropical, con todos los recursos vivos. El propósito era que en Puebla se me revalidaran esos estudios mediante un examen a título de suficiencia y pudiera seguir una carrera profesional.

Sufrí ese examen y se constató que tenía los conocimientos suficientes. Fui admitido para lo que se llamaba el curso superior,
que era el final de la primaria. Sustenté más tarde el examen
para obtener el certificado. Aprobé con el premio de educación
intelectual, que era entonces el de mayor jerarquía.

Esto lo digo en honor de la labor educativa de mi madre, que
me preparó para eso. Tuve algunas dificultades, pues como estaba en posesión de todos los conocimientos, e incluso amplia-
dos, no me dediqué precisamente al estudio. No fui un alumno
dedicado. Los trabajos manuales los mandaba hacer, los pagaba
para tener tiempo libre y dedicarme a la natación y enseñar a
mis compañeros a montar a caballo.

Mi inscripción a la escuela profesional se logró mediante un
riguroso examen de admisión en el Instituto Normalista de
Puebla. En 1909 me fui a la revolución, interrumpiendo mis estudios. Los reanudé después para recibirme como maestro de
educación primaria.

Tuve tres hermanas, todas mayores que yo. Una contrajo matrimonio con un comerciante de aquella región, otra se casó con
un contador y escultor oaxaqueño y la otra permaneció soltera.

FORMACIÓN REVOLUCIONARIA

Tenía 17 años cuando ingresé a la revolución, en el año de
1909. Tengo de la Secretaría de la Defensa Nacional una patente y un certificado en el que se me reconocen servicios presta-
dos a la revolución a partir de ese año. Mi participación comenzó con los actos de conspiración de Aquiles Serdán y con la
gente que tomó parte activa en el movimiento antirreeleccionis-
ta que encabezó Francisco I. Madero. Serví en los periodos de
1910 y 1913.

Estuve en el ejército constitucionalista. Seguí a Venustiano
Carranza hasta el término de la victoria y más tarde fui diputado constituyente en mi estado. En 1916 la Convención Revolu-

cionaria de Puebla me designó como candidato a diputado para el Congreso Constituyente de Querétaro; pero me faltaban algunos meses para cumplir la edad y tuve que renunciar. En cambio, para la Constitución de mi estado, postulado por los trabajadores, por los obreros, ya pude asistir pues acababa de cumplir los 25 años. Así participé en el Congreso Constituyente de Puebla de 1917.

En mis años de formación revolucionaria estuve cerca de Venustiano Carranza. Estaba yo en Veracruz, en un poblado cercano a Córdoba, Amatlán de los Pinos. La Convención de Aguascalientes pidió la renuncia a don Venustiano en la ciudad de Córdoba, en el hotel Ceballos. Presencié los discursos de Obregón antes de la reunión con el señor Carranza. Después seguí a don Venustiano a Veracruz. Estuve en algunos hechos de armas en Campeche. También participé como maestro en la misión político pedagógica propagando los ideales de la revolución. Fue cuando se me comisionó para el sureste. En Tabasco, dentro de esa labor, me tocó un cuartelazo contra las autoridades constitucionalistas. Tuve cierta participación en el campo militar para defender una de las plazas de Tabasco, Huimanguillo, que era la villa natal del general Pedro Colorado, asesinado en ese cuartelazo. Ahí nos hicimos fuertes. Resistimos hasta que se recobró el estado por parte de las fuerzas constitucionalistas. Contraje el paludismo en Tabasco. Fui llamado por la primera jefatura de Veracruz, pero me quedé con permiso en Puerto México para curarme. Estuve de visita en el estado de Chiapas y establecí algunos contactos con autoridades militares. Regresé a Puebla, donde radicaba mi familia. Después fui comisionado al estado de Tlaxcala con el coronel Porfirio Castillo, que era el gobernador del estado. Allá se realizó el primer Congreso Pedagógico Nacional para una reforma educativa en marzo de 1916, en la población de Santa Ana Chiautempan, con el concurso de maestros de los estados próximos. Tuvo un carácter nacional y representó la primera tentativa de reforma educativa. Yo presidí el Congreso, ya que desde mi estancia en Tabasco planteamos la necesidad de transformar la escuela, pasando de una escuela de régimen dictatorial a una escuela más abierta, más verdadera, más acorde con nuestra realidad social. Habíamos llegado a San Juan Bautista, hoy Villahermosa, donde se dieron conferencias orientadoras y tomé la misión de ir a transformar en la casa que había sido el hogar paterno del general Pedro Colorado.

EL SERVICIO EXTERIOR

Al concluir el periodo armado de la revolución ingresé a la política y vine a la Cámara de Diputados. Después trabajé como editorialista y fui director del periódico *El Nacional*. Estuve allí como editorialista por siete y ocho años. Tenía tres ramas asignadas por la dirección: educación, finanzas y relaciones internacionales. Para escribir sobre temas internacionales estuve en relación constante con el Comité Mexicano para el Estudio Científico de Relaciones Internacionales, que dirigía el licenciado Luis Sánchez Pontón, compañero mío de las lides de 1910. Examinamos muchas cosas juntos, tratando yo de obtener los mayores conocimientos en la materia. Además, cuando fui cónsul general en París, el Comité me nombró su delegado ante el Comité Ejecutivo Permanente del Instituto de Altos Estudios Internacionales con sede en esa ciudad. Digo esto porque mi ingreso al Servicio Exterior no fue un destierro político ni un caso de improvisación.

Estuve también como editorialista de la Secretaría de Industria y Comercio. Hacía un editorial diario sobre asuntos económicos para la estación de radio de la Secretaría. Me pasaban copia de los informes que los cónsules mandaban regularmente a la Secretaría de Relaciones. Así conocí los informes de los cónsules sobre el movimiento económico de todo el mundo, los que me sirvieron mucho, incluso para mis editoriales. Entonces considero que mi ingreso al Servicio Exterior no fue una improvisación, porque yo estaba informado de tratados, derecho internacional público y privado y derecho diplomático. En *El Nacional* escribí artículos de economía nacional e internacional. Presenté un estudio sobre una solución económica al conflicto del Chaco, aquella guerra entre Bolivia y Paraguay. El planteo que hice interesó a la Unión Panamericana, que era entonces lo que es ahora la OEA. Estaba como vicepresidente el doctor Pedro de Alba, gran amigo mío, compañero de luchas también; me envió una carta pidiéndome que hiciera un estudio más amplio sobre el tema para la Unión Panamericana; pero como no me hablaba de honorarios y yo tenía todo el tiempo ocupado para cubrir mi presupuesto familiar, se quedó pendiente algo que para mí era una distinción muy especial. Dejé aquello en el aire.

Tenía una amistad muy estrecha, una relación de familia con el doctor Leonides Andrew Almazán, que había sido gobernador de Puebla y ministro en Alemania, y con Luis Enrique Erro, con el que había trabajado. A ellos se les ocurrió que entrara al Servicio Exterior. El doctor Andrew Almazán le dijo al general Cárdenas que ellos creían que yo podía prestar mis servicios en el campo de las relaciones internacionales, cosa que por lo pronto rechazó Cárdenas. Al general Cárdenas lo conocí cuando, por corto tiempo, fue jefe de las operaciones militares en el estado de Puebla. Más tarde, cuando surgió la corriente política para proclamar su candidatura a la presidencia de la república, llevando como contrincante en los primeros días al general Manuel Pérez Treviño, participé en el movimiento inicial de su candidatura.

Cuando hablé con Cárdenas sobre mi ingreso al Servicio, nos hallábamos en Los Pinos, donde me había citado para conversar, antes de su informe del 38. Me preguntó: "¿Qué hay de eso, por qué?" —Le dije—: "Lo interesante para un hombre como yo, que ha sido político, es estudiar la preguerra, nada más". Ya se perfilaba la guerra de una manera bastante clara y yo había leído unos ocho o diez libros sobre economía de guerra y todas las disposiciones en materia económica, de organización social, régimen de trabajo en tiempos de guerra, tanto en los países totalitarios como en los países democráticos. De modo que para mí resultaba atrayente el estudio de la preguerra en Europa en el Servicio Exterior. Me dijo Cárdenas: "Bueno ¿y en materia educativa?" "En materia educativa —le respondí—, sería interesante conocer la forma de aculturación utilizada por Francia en los pueblos colonizados". Francia tenía entonces maestros preparados para esas colonias, en tarea civilizadora. Los procedimientos podían ser interesantes, aunque no los fines de dominio empleados.

Tratamos ampliamente el tema internacional, porque aquella mañana en que me citó en Los Pinos ya había terminado la revisión de las últimas páginas de su informe anual y pudimos hablar largo, como amigos que éramos.

Estuvimos examinando todas esas cosas y al final me dijo: "Bueno, te irías a Francia, pero en calidad de qué". "Como cónsul general", le respondí, porque supuse que ese puesto me daría margen para la clase de estudios que deseaba. Entonces me preguntó: "¿Por qué no como ministro" "No —contesté—, como ministro se tienen muchas obligaciones sociales. No tendría tiempo para observaciones y estudios. No quiero un rango en el Servicio Exterior, sino una oportunidad para mis propósitos sin desatender los servicios oficiales del cargo. He estado estudiando la preguerra. He recabado algunos informes sobre la educación y la organización de la juventud". Contaba entonces con un equipo de información como punto de partida, que me serviría indudablemente para desempeñar ese trabajo. El conflicto se desencadenó después y las circunstancias tomaron giro de emergencia para la actuación diplomática.

AYUDA INTERNACIONAL

A mi salida de México, estuve con el general Cárdenas a fin de recibir de él las últimas instrucciones, para que me planteara algunas cosas que él había traído a cuento, como la adopción de ciertas medidas de protección a los israelitas y contemplar la posibilidad de traer un número importante de ellos a México. Sobre este asunto tuvimos tiempo de cambiar impresiones y yo hablé de la conveniencia inmediata de escoger técnicos alemanes refugiados en Francia, así como polacos e italianos y traerlos a México. Le sugerí al general Cárdenas que se hiciera un mapa industrial, como el que ya habíamos empezado a hacer en la Dirección de Geografía Económica de la Secretaría de Industria y Comercio. Un mapa sobre los recursos naturales para contemplar la instalación de industrias, estratégicamente situadas y aprovechar a los grandes técnicos, de primer orden, refugiados en Francia. El presidente Cárdenas me dijo: "Ve todo eso, a reserva de que se den los acuerdos necesarios sobre el asunto, a fin de documentarlos. Por otra parte, la situación de los refugiados españoles ya es muy delicada. Necesitas cierta amplitud de acción. Tendrás todo el apoyo de la presidencia".

No hubo necesidad de emplear esas facultades por lo pronto, pero más tarde, cuando llegó aquel volumen de 600 mil españoles a refugiarse en Francia, se tuvo que ver cómo aplicarlas. Se acentuó el refugio en suelo francés de polacos desplazados de su país, de belgas, de alemanes, de italianos, de yugoslavos, etcétera. Entonces sí fue necesario disponer de esas facultades, de esa amplitud de autorización para actuar de acuerdo con las circunstancias. Hubo necesidad de documentar libremente, de entablar relaciones, como las que yo tuve con la Oficina Internacional para Refugiados que operaba en Berna, con la Oficina Internacional de Artistas y Escritores que funcionaba en Londres y con la organización para refugiados de guerra que había en Nueva York, a cargo del doctor Barsky, y concertar la acción con todos los comités destinados al auxilio de refugiados políticos.

Todas estas organizaciones tuvieron relación directa conmigo y aportaron a su vez los recursos para salvar y proteger a esa gente. De Suiza, del Comité Internacional para Refugiados, recibí también fondos para documentar a cierto número de personas que estaban fuera de las listas de admisión. La protección que ofrecíamos nosotros consistía inclusive en sacar de los campos a los recluidos en ellos, documentarlos. Algunos fueron rescatados, como ocurrió con Max Aub. Lo saqué del campo de Vernet. Más tarde lo volví a sacar de otro campo, al norte de África, donde estuvo confinado.

Para todo eso se requirió, como decía, libertad de acción, una amplitud para actuar sin estar consultando autorizaciones que casi siempre llegaban tarde o no llegaba. Al final de aquella misión, después de mi regreso al país, hice una relación de aquellos casos en que había tenido que recurrir a facultades discrecionales, que me habían sido expresamente dadas en lo general para que se me fincaran responsabilidades. Tanto el presidente Ávila Camacho como la Secretaría de Relaciones aprobaron todo por los resultados que se tuvieron. En algunos casos hubo que aplicar medidas severas, como el cese de un cónsul honorario que estaba haciendo negocios ilícitos, cese dado sin autorización de la Secretaría y otras cosas así. También fueron especiales las facultades que tuve que atribuirme en casos de excepción, como la relación directa con organismos internacionales interesados en ayudar a la emigración de los republicanos españoles, sin que el trámite se hiciera oficial. Esos organismos me enviaban recursos con carácter personal, a mi nombre, por los que les entregué cuentas de todo el empleo de fondos. Se llevó una cuenta muy rigurosa.

Se hizo una relación inclusive de las estampillas o timbres postales, lista que se sellaba en la oficina postal, de modo que no hubo un solo centavo sin justificación. En México no hubo ninguna queja de mal uso o abusos en ese campo y en ningún otro, naturalmente.

EN EL CONSULADO PARISIENSE

Cuando ingresé al Servicio Exterior Mexicano era secretario de relaciones el general Eduardo Hay, amigo mío de los años de la revolución. Fue de los primeros revolucionarios. Participó en la batalla de Casas Grandes, antes de la toma de Ciudad Juárez, y luego estuvo siempre en una línea de lucha y acción. Nos conocíamos y éramos amigos, de modo que él recibió con simpatía muy personal mi nombramiento y así me lo manifestó. Por parte de los funcionarios sí hubo alguna resistencia, que se superó después. No querían despachar mi nombramiento, alegando que estaba en París un cónsul en servicio que tenía derecho a vacaciones. Entonces se dieron órdenes de parte del presidente y de Eduardo Hay, con quien sostuve siempre una correspondencia personal muy amistosa.

En París me di cuenta que el mecanismo de despacho de la Secretaría era estorboso y que los empleados oponían cierta resistencia. Tardaban en realizar acuerdos y disposiciones y despachos. Le escribí una carta a Ramón Beteta, amigo mío también, que era el subsecretario haciéndole ver que me encontraba con funcionamientos y mecanismos de relación con la Secretaría bastante difíciles. Me contestó que eso era difícil de remediar porque era cosa establecida, sólida, de natural resistencia hacia algunas personas, sobre todo a aquellos que fuimos considerados como "no de carrera". Esa máquina pesada de la Secretaría se manifestaba especialmente en el despacho de cosas tan importantes como las funciones que estaba abordando el consulado general en París, que tenía una jurisdicción muy amplia: Líbano, todo el norte de África y Suiza y después los asuntos relacionados con la derrota de la república española y la evacuación de nuestros consulados. Más tarde hubo una concentración de funcionarios de la rama consular de Noruega y Bélgica, que se sumaron al personal del consulado de México en París.

Esa amplitud de jurisdicción del consulado requería un despacho rápido. Al principio la comunicación era directa con la Secretaría pero había esa máquina un tanto pesada. Todo se superó porque las circunstancias cambiaron con la situación en Francia, y hubo que desarrollar una acción muy amplia, muy dinámica. Tuvimos que adoptar soluciones que no podían estar sometidas a la aprobación previa de la Secretaría porque los hechos se presentaban súbitamente y eran de tal magnitud y alcance que fue necesario afrontarlos y resolverlos al instante. Todo eso, por ejemplo, el trabajo de auxilio a los refugiados españoles, se condujo de acuerdo con la posición del gobierno y los principios generales de nuestra diplomacia. En ese campo, como ya dije, había cierta amplitud de facultades. Todos los funcionarios que tuvieron que actuar en esas circunstancias, que tuvieron que representar a nuestro país en el campo diplomático durante la guerra, se condujeron en esa forma: nada que contrariara la posición del gobierno, de la cancillería, nada que fuera en contra de los grandes principios de la doctrina fundamental de nuestra diplomacia.

Gilberto Bosques, *Historia oral de la diplomacia mexicana,* Núm. 2 México, Archivo Histórico Diplomático Mexicano, Coordinadora, Graciela de Garay, 1988.

ANTONIO VANEGAS ARROYO

JOSÉ CLEMENTE OROZCO

Nací el 23 de noviembre de 1883 en Ciudad Guzmán, conocido también por Zapotlán el Grande, en el estado de Jalisco.

Mi familia salió de Ciudad Guzmán cuando tenía yo dos años de edad, estableciéndose por algún tiempo en Guadalajara y más tarde en la ciudad de México, por el año de 1980. En ese mismo año ingresé como alumno en la Escuela Primaria Anexa a la Normal de Maestros que en esa época ocupaba el edificio que ha sido sucesivamente Escuela de Altos Estudios, Departamento Editorial de la Secretaría de Educación Pública y Facultad de Filosofía y Letras, en la calle de Licenciado Verdad.

En la misma calle y a pocos pasos de la escuela, tenía Vanegas Arroyo su imprenta en donde José Guadalupe Posada trabajaba en sus famosos grabados.

Bien sabido es que Vanegas Arroyo fue el editor de extraordinarias publicaciones populares, desde cuentos para niños hasta los corridos, que eran algo así como los extras periodísticos de entonces, y el maestro Posada ilustraba todas esas publicaciones con grabados que jamás han sido superados, si bien muy imitados hasta la fecha.

Los papelerillos se encargaban de vocear escandalosamente por calles y plazas las noticias sensacionales que salían de las prensas de Vanegas Arroyo: "El Fusilamiento del Capitán Cota" o "El Horrorosísimo Crimen del Horrorosísimo Hijo que mató a su Horrorosísima Madre".

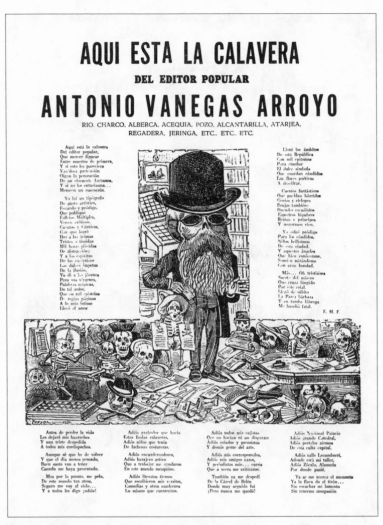

José Guadalupe Posada, La calavera del editor popular Antonio Vanegas Arroyo

Posada trabajaba a la vista del público, detrás de la vidriera que daba a la calle, y yo me detenía encantado por algunos minutos, camino de la escuela, a contemplar al grabador, cuatro veces al día, a la entrada y salida de las clases, y algunas veces me atrevía a entrar al taller a hurtar un poco de las virutas de metal que resultaban al correr el buril del maestro sobre la plancha de metal de imprenta pintada con azarcón.

Este fue el primer estímulo que despertó mi imaginación y me impulsó a emborronar papel con los primeros muñecos, la primera revelación de la existencia del arte de la pintura. Fui desde entonces uno de los mejores clientes de las ediciones de Vanegas Arroyo, cuyo expendio estuvo situado en una casa ya desaparecida por haber sido derribada al encontrar las ruinas arqueológicas de la esquina de las calles de Guatemala y de República de Argentina.

En el mismo expendio eran iluminados a mano, con estarcidor, los grabados de Posada y al observar tal operación recibí las primeras lecciones de colorido...

Autobiografía de José Clemente Orozco. México, Ediciones Occidente, México, 1945.

HISTORIADORES

LA CONVERSIÓN CRISTIANA DEL INDIO

CONSTANTINO REYES-VALERIO

Tres años después de la caída de la ciudad de México Tenochtitlan en 1521 y por gestiones del conquistador Hernán Cortés, llegaron a la Nueva España los primeros doce franciscanos a las órdenes de fray Martín de Valencia, en 1524. Aunque les habían precedido fray Juan de Tecto, fray Juan de Ayora y fray Pedro de Gante y dos más cuyos nombres se desconocen, y que habían iniciado sus primeros trabajos en la ciudad de Tezcoco. Lo que se puede considerar ya como la evangelización organizada, solamente dio comienzo cuando todos juntos, después de intercambiar opiniones acerca de la experiencia conseguida por los cinco en aquella ciudad, se repartieron en México, así como en Tlaxcala, Huejotzingo y Tezcoco, las tres "provincias" más importantes por el desarrollo religioso, económico, social y político alcanzado por sus moradores.

Como el tema ha sido analizado ya por varios autores en forma diversa y casi completa, solamente puntualizaremos algunos aspectos que tienen interés especial para los lineamientos que nos hemos impuesto en esta investigación y señalaremos algunos otros que han merecido poca atención, dados los propósitos perseguidos por cada autor.

Es obvio decir que el propósito primordial de los frailes franciscanos y más tarde de los dominicos y agustinos, fue la extirpación de la idolatría y la implantación de la religión cristiana. A esto se le ha llamado evangelización, conversión o "conquista espiritual"; significa, además, educación. Educación no sólo del indio, sino también del fraile; implica asimismo el conocimiento de diversos problemas y la búsqueda de soluciones parcial o integralmente conseguidas. Abarca igualmente acciones y reacciones complejas cuyo conocimiento es imprescindible si se desea comprender la lucha entablada entre frailes e indios y los frutos que surgieron de ella.

Para poder educar, el misionero tuvo que educarse a sí mismo; para conocer al indígena tenía que comunicarse con él, y de aquí surgió el primer problema mayor. "La lengua, según dijo Motolinía, es menester para hablar, predicar, conversar, enseñar y administrar todos los sacramentos; *y no menos el conocimiento de la gente*". Hemos subrayado unas palabras porque en ellas podría hallarse implícito uno de los puntos más importantes de las labores de los misioneros. El autor comparó también la lengua indígena más difundida "... la de los nahuales o de náhuatl [porque] es como latín para entender las otras". Sus opiniones son interesantes porque reflejan la necesidad de conocer las profundidades del alma indígena, en lo espiritual y en lo intelectual.

Tan importante fue este aprendizaje que alguno de los primeros doce misioneros, preguntó a fray Juan de Tecto

... qué era lo que hacían y en qué entendían. A lo cual el fray Juan de Tecto respondió: aprendemos la teología que de todo punto ignoró S. Agustín, llamando teología a la lengua de los indios y dándoles a entender el provecho grande que de saber la lengua de los naturales se había de sacar...

Se nos ocurre preguntar si con estas palabras señaladas por fray Jerónimo de Mendieta, Tecto, quien antes había sido profesor de teología en la Universidad de París durante catorce años, se refirió simplemente a la pura lengua, a todo lo que podría haber tras ella, como lo vimos en Motolinía, es decir, el conocimiento de la psicología del indio, y más todavía, con la "teología" prehispánica, representada ya no por la lengua sino por las normas de las creencias indígenas, sin cuyo conocimiento el trabajo de los frailes hubiera sido infructuoso o más tardado.

Como no hay forma de comprobarlo dejaremos el asunto, para comentar otras palabras de Mendieta quien asienta que "A cabo de medio año que estos apostólicos varones habían llegado, fue servido el Señor de darles lengua para poder hablar y entenderse razonablemente con los indios. Los primeros que salieron con ella fueron Fr. Luis de Fuensalida y Fr. Francisco Jiménez".

Es posible que así haya ocurrido, pero medio año es un tiempo increíblemente corto, y en contra de esta afirmación están otras palabras de Motolinía más acordes con la realidad, y de mayor crédito, pues fray Jerónimo llegó en el año de 1554 a la Nueva España. Dice fray Toribio "Los dos primeros años, poco salían los frailes del pueblo adonde residían así por saber poco de la lengua, como por tener bien en qué entender adonde residían".

Estos dos primeros años corresponderían a 1524-1525 o 1525-1526 según como haya contado el tiempo el autor, y marcarían un periodo durante el cual habían aprendido lo suficiente para comunicarse con los pobladores, pues el mismo historiador asienta que la casa de Cuernavaca que fue la quinta, se tomó "el segundo año de su venida" o sea, en 1526, y en el lugar bautizaron ya a muchos niños de la zona.

Resulta extraño que Motolinía no mencione en momento alguno la ayuda que recibieron del niño Alonso de Molina, quien por haber llegado muy pequeño aprendió pronto el náhuatl y fue el primer maestro de la lengua para los frailes. En cambio, Mendieta y Torquemada lo encomian bastante, aunque ninguno cite la fecha en que esto ocurrió. De cualquier modo que haya sido, el hecho importante es que se puede tomar el año de 1526 para situar una de las fechas claves para el inicio organizado y consistente de la evangelización, pues hay otros datos que lo confirman.

Así, por ejemplo, el primer matrimonio formal celebrado

ocurrió en Tezcoco el 14 de octubre de 1526, en la persona de "don Hernando [de Pimentel], hermano del señor" de dicha población, junto con otros siete jóvenes que se habían educado en el convento de Tezcoco.

Como el matrimonio y el bautismo de adultos o de jóvenes mayores de edad no se celebraba si no sabían los fundamentos doctrinales, lo anterior indica que para casar a esos jóvenes, los franciscanos ya hablaban el náhuatl. El autor lo confirma nuevamente dos párrafos adelante al asentar que "pasaron tres o cuatro años en que casi no se velaban, sino los que se criaban en la casa de Dios, ni señores ni principales, ni macehuales". Esto se debía a varias razones, pero la más importante era la poligamia practicada por los miembros de los estratos superiores de la sociedad. El asunto debió preocupar bastante a los frailes ya que no podrían permanecer con los brazos cruzados.

Por este motivo, Motolinía se dedicó a estudiarlo y en su obra le dedica cinco largos capítulos en los que va desmenuzando paso a paso todo cuanto al matrimonio indígena se refiere, indagando en diversas regiones. Está claro que esto sólo pudo hacerlo mediante el conocimiento y el dominio de la lengua náhuatl. Desgraciadamente no podemos detenernos en este tema, por salirse de los propósitos de nuestro trabajo, pero sí nos importa destacar que estas investigaciones lo llevaron a percatarse de la importancia que tenía la religión en la vida y costumbres de los indígenas y el papel preponderante desempeñado por los sacerdotes del panteón prehispánico.

En los primeros meses, creyeron que con destruir los edificios de las deidades y hacer pedazos las figuras de los ídolos "era todo hecho". Mas descubrieron que ese aparente fervor de los indígenas no pasaba de la apariencia, pues era mayor el número de los que "de noche se ayuntaban y llamaban y hacían fiestas al demonio con muchos y diversos ritos que tenían antiguos". Tampoco servían los castigos aplicados a los infractores, pues en aquel tiempo ignoraban que los sacrificios ancestrales eran mucho más duros que los que los frailes aplicaban. Cientos, miles de años de veneración a los dioses, y una educación profunda de los dirigentes espirituales y de los gobernantes, no podían olvidarse fácilmente.

Con toda razón afirmó Motolinía que "no bastaban [poder y] saber humano para los destruir y destirpar, por los cuales era muy duro dejar lo de tanto tiempo acostumbrado y en lo que se había envejecido". ¿Cómo podían entonces "destirpar" esas creencias si no podían argumentar en contra de ellas; si carecían del medio para comunicarse con sus tercos feligreses? ¿Cómo podía esperar el misionero informe alguno de esos sabios sacerdotes? Esos demonios, alfaquíes, sátrapas, papas y varios nombres más que les aplicaron los evangelizadores, no era gente común a la que podía convencérsele con facilidad; fueron, por el contrario, individuos bien educados tras largos años de estudio y sus creencias necesariamente habían arraigado profundamente. A su cargo había estado la educación de niños y jóvenes (conforme habremos de estudiarlo adelante). Esos sacerdotes fueron también los maestros y consejeros de los que dirigían el destino de los pueblos, alfaquíes ellos mismos antes de subir a los estrados del gobierno.

Pero todo esto no podían saberlo los frailes sin investigarlo, sin saber antes la lengua o "teología" necesaria para poder entender la otra teología aprendida y practicada cotidianamente. ¿Cómo convencerlos para que abandonaran esa idolatría sangrienta que tanto les perturbaba? Si los indígenas se mostraron firmes en sus intenciones, no menor fue la tenacidad de los misioneros.

Lejos de darse por vencidos, intensificaron sus esfuerzos y aplicaron aquí lo que ya se había hecho en la España judía y musulmana: recogieron a los niños hijos de principales, nobles y gobernantes pero sin abandonar a los hijos de la "gente común", y mucho menos a los sabios indígenas, porque su influjo sobre la población era marcado, quienes, además, trataron de contrarrestar las prédicas de los cristianos intrusos. Mas si en la península conocían a fondo las religiones hebrea y musulmana, en cambio la indígena les era desconocida; tenían, por tanto que vencer y convencer en alguna forma a los pobladores y lo más pronto que fuera posible, mediante el conocimiento de la religión ancestral.

Importancia de los niños. Su conversión y la ayuda que proporcionaron a los frailes

Uno de los aciertos mayores de los franciscanos, adoptado más tarde por los dominicos y agustinos, fue la educación de niños y jóvenes. Así lo dan a entender los historiadores de aquella época, Mendieta escribió lo siguiente "De cómo esta conversión de los indios fue obrada por medio de niños, conforme al talento que Dios les comunicó", ya que gracias al menor arraigo de la religión prehispánica en ellos, fueron convencidos con cierta facilidad. Por esta razón establecieron, incluso antes de que estuviera terminado el convento, las escuelas monásticas para educar a los niños.

Antes de proseguir, considero interesante citar unas palabras del doctor Antonio Garrido Aranda publicadas recientemente. Haciéndose eco de una hipótesis de Robert Ricard, asienta con toda razón, que los misioneros aplicaron un sistema que ya se había puesto en práctica en el proceso de cristianización de los moriscos de Granada, sólo que "los estudios en esta línea no han sido abundantes, dándose siempre por sentado que el procedimiento y metodología de los misioneros en Nueva España, ante lo novedoso de la experiencia, era el ideal apostólico, en el contexto de la iglesia primitiva". Paso a paso señala las semejanzas que hubo entre los métodos granadinos y novohispanos. Menciona igualmente algunas diferencias y señala la importancia que tuvo el "Primer Concilio" mexicano de 1555, el cual, según su opinión tuvo como antecedente inmediato el celebrado en Guadix el año anterior, y escribe lo siguiente "los concilios y sínodos indianos fueron la columna vertebral de la organización eclesiástica secular, y *de donde emanaron los movimientos hacia una sistemática evangelización del indígena*".

Coincido con varias de sus opiniones, pero la aserción que he subrayado, me parece discutible, pues los misioneros mendicantes, especialmente los franciscanos, se habían adelantado en unos veinte años por lo menos a las disposiciones conciliares de 1555. Puede aceptarse que influyeron mucho en la actividad de los sacerdotes seculares, tan protegidos por el segundo arzobispo de México, fray Alonso de Montúfar, pero no en lo que se refiere a los frailes. Más aún, podría decirse que aquellas disposiciones y la presencia de los sacerdotes seculares vinieron a contrarrestar la actividad misional y a oponerse a muchas de las costumbres y normas establecidas por los misioneros, que estaban basadas en el profundo conocimiento que para estas fechas tenían ya del mundo indígena. Además de esto, las acusaciones en contra de los frailes se sucedieron una y otra vez a lo largo de los años en que Montúfar fungió como arzobispo; y se agravaron con la llegada del visitador de Felipe II, el licenciado Jerónimo de Valderrama (1563-1565), quien se encargó de aumentar la tributación a los indígenas, además de echar por tierra varias disposiciones de los religiosos.

El trabajo del doctor Garrido es importante por las nuevas luces que aporta el conocimiento de algunos aspectos de la evangelización novohispana, como una continuación de las experiencias conseguidas en la conversión de los moriscos, con las variantes naturales que surgieron aquí, al enfrentarse dos civilizaciones tan dispares. Si efectivamente hubo poca novedad en los procedimientos tradicionales puestos en práctica al principio, incluso en la necesidad de aprender las lenguas —como allá el hebreo o el árabe—, aquí surgieron otros obstáculos de naturaleza distinta, y el principal fue la religión indígena, de la cual no sabían absolutamente nada, así como la excelente educación de los indios. De allí que la destrucción de los ídolos y de los templos sería insuficiente, mientras no se destruyera el fundamento religioso que sustentaba las costumbres y el pensamiento de los naturales de la Nueva España.

Por tanto, fue necesario ir al fondo de los hechos y esto es precisamente lo que hicieron los franciscanos, al conceder una importancia extraordinaria a la educación de la juventud. Tampoco en este aspecto hubo novedad con respecto a lo realizado con los moriscos, puesto que también allá se separó a los hijos de los padres, aquí el desarrollo fue distinto por ese desconocimiento de las creencias de los nativos. En este sentido, fue donde más influyeron los niños y jóvenes indígenas, porque habrá que preguntarse cómo fue posible que los frailes pudieran conocer la religión prehispánica, si los adultos y los viejos maestros y sacerdotes se mostraban tan renuentes a dar cualquier informe que redundaría en perjuicio de sus convicciones.

Por esta razón me parece lógico asentar que los primeros conocimientos empezaron a provenir de los jóvenes educados en las escuelas conventuales, acerca de lo cual hay datos importantes en las historias escritas por lo religiosos que se ocuparon de estos asuntos, por lo que no hay razón para dudar de su veracidad. Mas lo que sí debe valorarse es la calidad de los informes que pudieron proporcionarles los niños.

Deben analizarse igualmente otras aserciones poco evaluadas en torno al mismo problema y que están en las obras de Motolinía, Sahagún, Durán, Mendieta, Torquemada y otros, porque provinieron de alumnos ya no tan niños, y, por ello, fueron de capital importancia para la vida de frailes e indios. Pienso también que estas investigaciones acerca de lo prehispánico se realizaron por necesidad, muy a los principios, obligados por las circunstancias bajo las cuales desarrollaban su trabajo los evangelizadores.

La persistencia de la idolatría perturbó bastante a los religiosos, pero fue un incentivo para luchar en contra de ella. No podían conformarse con saber de las celebraciones al amparo de la noche o de la distancia, acerca de las cuales les informaban los niños. Sahagún relata en pocas palabras parte de lo ocurrido:

> Necesario fue destruir todas las cosas idolátricas, y todos los edificios idolátricos, y aún las costumbres de la república que estaban mezcladas con ritos de idolatría y acompañadas con ceremonias idolátricas, lo cual había en casi todas las costumbres que tenía la república con que se regía, y por esta causa fue necesario desbaratarlo todo y ponerles en otra manera de policía, que no tuviese ningún resabio de cosas de idolatría...[*]

Llama la atención la insistencia con que el benemérito franciscano repite la palabra 'idolatría', recalcando así la importancia que tuvo el aspecto religioso en casi todos los actos del hombre prehispánico. Había pues que destruir las bases, pero no podían hacerlo mientras no las conocieran; pero que tampoco se las dirían los sacerdotes indígenas, como lo indican ciertas palabras de Motolinía acerca de este enorme problema. Al estudiar las "edades del mundo, según los sabios desta tierra de Anáhuac" cuando llega al "quinto sol y edad", es un asunto que considera bastante complicado "[por] que aún para sacar a la luz lo que ha sucedido en esta última edad, ha habido mucha dificultad y trabajo para sacar las flores entre las muchas espinas de fábulas y ficciones y diabólicas cerimonias y abusiones y hechicerías" y en seguida intercala un comentario que confirma lo dicho acerca de que los primeros informes sólidos provinieron de algunos jóvenes, y no de los niños y mucho menos de los sacerdotes, conforme podrá deducirse de las palabras que subrayamos:

---

[*] Sahagún, *Historia*, Lib. IX, "Relación del autor". Hemos utilizado la edición *Sepan Cuantos*; en todos los casos, el número de página se referirá a esta obra, pero daremos el libro y el capítulo.

Tomando al propósito de la cuenta de los años y tiempos de esta quinta edad, adviértase a ella, y tenga memoria, pues con trabajo y dificultad se ha sacado, *si agora esta inquisición no se hubiera hecho cuasi luego a los principios que entramos en la tierra se investigó*, entonces los naturales *no lo osaban decir ni bien declarar*, y esto era con intento de [que] sabidos los ritos y cerimonias consultados [se había de] predicar contra ellos [por los frailes], e agora ya se va todo olvidando, que apenas hay quien sepa declarallo sino a pedazos y otros de oídas, que con oir a unos y a otros se ha alcanzado a saber y concordar muchas cosas que parecían contradecirse y variar...

Motolinía indica cómo esas investigaciones sobre lo prehispánico se hicieron "cuasi luego a los principios" de haber llegado, y como los "naturales" no querían decirles algo por las consecuencias que en su contra se revertían; conjeturamos que debieron esperar esos dos o tres años, que podrían situarse entre 1525 a 1527, ya indicados anteriormente, como los necesarios para aprender la lengua náhuatl, pues de otra manera no podían interrogar a los naturales para saber cuánto les hacía falta para trabajar con éxito en tan ardua tarea. Por esta razón les costó tanto trabajo ir sacando "las flores de entre las muchas espinas" como tan bellamente lo ha dicho Motolinía, para calificar los informes obtenidos.

Porque los niños muy pequeños apenas si conocían unas y otras de manera muy superficial, pues en el momento de ocurrir la caída de Tenochtitlan acababan de nacer; otros, más grandecillos, habían asistido escasamente un año o dos a la escuela pero tomaban parte en los ritos ceremoniales, como lo dice el mismo autor al escribir lo siguiente "anda[ba]n bailando algunos muchachos y niños, hijos de principales, de siete y ocho años, que canta[ba]n y baila[ba]n con los padres". (Ver figura)

Otras palabras de fray Toribio inducen a pensar que los conocimientos de lo prehispánico provinieron de jóvenes y no de

Aspecto de un baile ceremonial en el que participaban niños y jóvenes junto con sus padres. *Códice Florentino.* Lib. IX, cap. VIII, fol. 30v.

niños, conforme aparece en el relato de lo ocurrido en Tlaxcala hacia 1524 o 1525, que "fue el primer año que los frailes menores poblaron en la ciudad de Tlaxcala" y donde los niños que se educaban en el monasterio mataron a un indio porque iba vestido con las insignias del dios *Ometochtli*, pero como no supieron identificarlo, tuvieron que preguntar a los que seguían a aquel sacerdote, respondiéndoles que era el "dios Umotohtli". Los pequeñuelos arguyeron que no "era dios sino diablo, que os miente y engaña". Aunque no indica ahora las edades, es obvio que aún no habían estudiado en el *calmécac* lo suficiente, para saber de quien se trataba, por tanto, debieron ser de muy corta edad, digamos entre los seis y los siete años, nacidos entre 1518-1519.

Pero no es Motolinía el único que trata el tema de las edades y del conocimiento rudimentario de la lengua, pues Sahagún lo señala igualmente en la siguiente forma "En este tiempo, como aún los religiosos no sabían la lengua de estos naturales, como mejor podían instruían a los indios hábiles y recogidos, para que ellos predicasen delante de los religiosos, al pueblo".** Un poco más adelante indica cuan importante fueron los conocimientos que empezaron a adquirir de ellos, aunque lo escribe en forma velada. Primeramente dice "A los principios ayudáronnos grandemente los muchachos, así los que críabamos en las escuelas, como los que se enseñaban en el patio", y en el siguiente párrafo están estas palabras "estos muchachos sirvieron mucho en este oficio [destrucción de los ídolos], [mas] los de dentro de casa ayudaron mucho más, para destripar [sic] los ritos idolátricos que de noche se hacían" y continúa su relato con palabras todavía más enjundiosas al decir. "Hemos recibido, y aún recibimos en la plantación de la Fe en estas partes, grande ayuda y mucha lumbre de aquellos a quienes hemos enseñado la lengua latina".

** Sahagún, *op. cit.*, Lib. X, [cap. XV], Relación, 581.

Nótese que en los tres casos, el historiador habla de muchachos y no de niños, por lo cual se podría conjeturar que esa mucha lumbre que recibieron equivaldría a informes más sólidos en torno a la esencia religiosa prehispánica; ya no era el simple aviso del rito idolátrico practicado por las noches, que podría ser visto incluso por los niños pero sin que éstos supieran todavía los fundamentos "teológicos" que se impartían en los *calmécac,* por haber nacido dos o tres años antes de la conquista. Habremos de examinar este asunto de la edad en el capítulo siguiente, dedicado a la educación indígena antes de la llegada de los soldados españoles, por considerarlo de bastante importancia y en el cual se aportarán algunas de las razones para examinar cómo influyeron en los frailes y en el curso de la evangelización novohispana, algunos de los métodos de la educación ancestral, así como otros varios aspectos de su civilización.

Obtener la conversión de los sabios indígenas debió ser una de las metas principales deseadas por los primeros misioneros y por los que les siguieron. Pero en este largo camino que habrían de recorrer Motolinía, Sahagún, Olmos, Durán, Mendieta, de la Veracruz, y tantos otros que se preocuparon por rescatar al indio de la idolatría, se enfrentarían a muchos obstáculos con "espinas" antes de poder recoger las "flores". Los frutos de este lento aprendizaje de los evangelizadores, influirían asimismo en su conducta y aflorarían en varias fases de la vida de frailes e indios conforme habremos de mencionarlo a lo largo de este trabajo.

El pintor de conventos. Los murales del siglo XVI en la Nueva España, México, Instituto Nacional de Antropología e Historia. Serie Historia, México, 1989.

GUERRA CIVIL Y EPIDEMIAS
JOSÉ JOAQUÍN IZQUIERDO

En Puebla, como en la capital del virreinato, la inquietud general había venido en constante aumento, a medida que habían empezado a llegar nuevas de España, tan sorprendentes, como las de que Carlos IV y María Luisa, presionados por los amotinados de Aranjuez, habían abdicado en favor de su hijo Fernando, y de que luego los tres habían renunciado en Bayona a la corona, para que Napoleón la posara en las sienes de su hermano José. Con anterioridad, Bonaparte había hecho que un francés que había estado residiendo en España, confeccionara una *Constitución* que esperaba confiriera a su hermano la facultad de reinar, pero los patriotas peninsulares, lejos de reconocer al intruso, le daban el mote de *Pepe Botellas*, y habían puesto sus esperanzas en la *Junta Central* que después de los levantamientos de las provincias se había constituido en Aranjuez, como depositaria del poder real. Sin embargo, la confianza empezó a flaquear en la Nueva España, tan pronto como se supo que la Junta andaba peregrinando penosamente al ser invadida Andalucía, desde donde había llegado una proclama, al punto reimpresa en Puebla, en la cual, Pedro del Rivero excitaba a los andaluces a que acudieran "a salvar otra vez Andalucía y también a España".

Mucho interés causó en Puebla la noticia de la instalación, en diciembre de 1810, de las cortes españolas, a las cuales había sido enviado como diputado por Puebla, don Francisco Pablo Vázquez, debido a que al convocarlas se había declarado que en su formación tendrían igualdad absoluta, tanto los españoles peninsulares y sus descendientes americanos, como los indios, mestizos y mulatos. Quiénes habían estado más ilusionados, habían sido los que habían podido enterarse de parrafadas como aquellas en que don Francisco José Quintana había dicho:

> Desde estos momentos, españoles, americanos, os veis elevados a la dignidad de hombres libres. No sois ya los mismos que antes, encorvados bajo un yugo mucho más duro mientras más distantes estabais del centro del poder, mirados por la indiferencia, vejados por la codicia, y destruidos por la ignorancia.

Lo malo fue que tan pronto como empezó a saberse que lo prometido no era cumplido y que la representación de América había sido grandemente mermada, las palabras tomadas en un principio como promesas, empezaron a sonar a burla y fueron tomadas como fingidos engaños, tan sólo encaminados a mejor lograr de los americanos, que entregasen en calidad de donativos o de subsidios para hacer la guerra a los franceses, los pesos y los cuartos cuyas listas llenaban hojas y más hojas de la *Gaceta del Gobierno*.

Por todas las Américas resonaba ya con fuerza cada vez mayor, el siguiente argumento: "o somos españoles o no lo somos; si lo primero, trátesenos como a los de la península; si lo segundo, formemos estados independientes." En la capital de la Nueva España, cuando los que opinaban porque se actuara en este último sentido, se enteraron del ejemplo dado por las cortes españolas, al asumir la soberanía nacional en nombre del pueblo, y declarar que la conservarían mientras el rey siguiese ausente, y su trono ocupado por el monarca intruso, ya habían hecho que el ayuntamiento nombrara una junta para que gobernara durante la ausencia del soberano y convocara a una asamblea nacional. En la provincia de Puebla, los indios empezaban a negarse a pagar tributo, alegando que ya no tenían rey. La fe y el respeto por la real persona, disminuían visiblemente, así como la admiración por el antiguo poderío y esplendor de la metrópoli, que decaída y postrada, parecía haberse convertido en una provincia francesa, incapaz de seguir rigiendo a sus colonias. Ideas e impresos avanzados, procedentes de Francia, se infiltraban cada vez más en la Nueva España, particularmente en Puebla, y contribuían poderosamente a avivar los proyectos de emancipación.

En la *Gaceta del Gobierno* del 28 de septiembre de 1810, el gobernador de la mitra de Valladolid, don Manuel Abad y Queipo, ya dio cuenta de que en la noche del día 15 anterior, un grupo encabezado por el cura de Dolores habían lanzado el grito de emancipación, por lo cual él ya los había excomulgado. El día primero de octubre, llegaron a Puebla ejemplares de un bando, en el cual el virrey ofrecía recompensas a quien entregara, vivos o muertos, al cura don Miguel Hidalgo y a sus capitanes. El 4 de octubre siguiente, cuando el barrio de San Francisco se aprestaba a celebrar su tradicional romería, sus calles amanecieron tapizadas de cedulitas impresas que abiertamente incitaban a la rebelión.

Sin embargo, hasta fines del año, y principios del siguiente, la intendencia de Puebla se mantuvo relativamente tranquila. A intervalos, la *Gaceta* estuvo dando cuenta de que las tropas del virrey habían "contenido con incomparable valor y denuedo la bandada de insurrectos que se dirigía sobre la capital"; de una "gloriosa acción de las tropas al mando del brigadier Calleja, en la reconquista de Guanaxuato"; y de que en el puente de Calderón, a 12 leguas de Guadalajara, había tenido lugar una acción de armas, en vista de cuyos resultados debía darse por terminada la revolución, pero en la cual había sido muerto el antiguo intendente, gobernador de Puebla durante veinticinco años, don Manuel Flon. En la semana santa de 1811, llegó la noticia de que el 21 de marzo, los principales jefes insurgentes habían sido hechos prisioneros en Acatita de Baján, y con ella la declaración oficial de que el fin de la revolución ya no podía ser puesto en duda.

Sin embargo, para fines del año, la perturbación revolucionaria ya era muy apreciable en la provincia de Puebla. El cura don José María Morelos, quien desde octubre de 1810 ya andaba operando por el sur, de acuerdo con instrucciones recibidas del propio don Miguel Hidalgo, para diciembre de 1811 ya contaba con fuerzas de importancia y había alcanzado gran prestigio, como resultado de varios triunfos logrados, entre ellos, el de haber hecho prisionero y fusilado en Chautla de la Sal, al hacendado Musitu, y el de haberse apoderado de Izúcar, en donde se le había reunido el cura don Mariano Matamoros. Tanto llegó a temerse entonces que Puebla pudiera ser amagada por los insurgentes, que desde diciembre de 1811 ya se habían hecho cavar en derredor de la ciudad numerosas zanjas, y se habían clausurado algunas de sus entradas.

Enviado el brigadier Calleja a perseguir a Morelos, éste lo esperó fortificado en Cuautla, en cuya plaza, a partir del 19 de febrero de 1812, estuvo resistiendo sus asaltos, que al resultar fallidos, dieron lugar a que su enemigo le pusiera un sitio que se prolongó por espacio de 73 días, hasta que en la memorable noche del 2 de mayo, logró escurrirse por entre las líneas del sitiador, para ir a establecer su cuartel general a Chautla, en donde derrotó a Paris; recuperar Chilapa, y mandar auxilios a Huajuapam. Los llanos de Apam estaban entre tanto dominados por los insurgentes Serrano, Guarneros, Cañas, Olvera, Anaya, Osorno, Andrade y otros.

En las ciudades, la inquietud de los espíritus era fomentada por noticias como la de que el 19 de marzo de 1812, aniversario del motín de Aranjuez, las cortes habían promulgado una *Constitución*, cuyo título primero definía a la nación española como "la reunión de todos los españoles de ambos hemisferios"; la declaraba "no ser, ni poder ser, patrimonio de ninguna familia, ni persona", por contener en sí misma la soberanía y el derecho de establecer sus leyes fundamentales, y en cuanto al rey no le reconocía más función, que la de "sancionar las leyes y promulgarlas", siempre con la advertencia de haber sido las cortes quienes las habían decretado.

En agosto, Morelos se apoderó de Tehuacán, e hizo que don Nicolás Bravo desbaratara en El Palmar al núcleo de tropas de Labaqui, quien murió en la acción. En octubre capturó Orizaba, y tal fue el pánico que la noticia produjo en Puebla, que las autoridades exigieron dinero al obispo, e hicieron que se organizara y saliera con un tanto de desorden, la división de don Luis Águila. Morelos se replegó hasta Aculcingo, y tras de fingidos amagos a Puebla, fue a apoderarse por segunda vez, de Oaxaca, que luego dejó el 13 de febrero de 1813, para ir a activar la toma de Acapulco.

Entró por entonces a desempeñar el cargo de gobernador militar y político de Puebla, el conde de Castro Terreño, quien andaba muy disgustado por las ventajas que tenían alcanzadas los insurgentes en su intendencia; por el cúmulo de soldados heridos que recibía; por ver que los habitantes criollos, aunque aparentemente estaban por el rey, solapadamente aplaudían, trataban y aun favorecían a los insurgentes, finalmente, porque el mejor hospital de Puebla estuviese gobernado por canónigos, sin que los gobernadores tuviesen autoridad en él.

Decidió pues, crear un hospital militar que estuviera bajo sus inmediatas órdenes, y para organizarlo, solicitó la ayuda del prior del de San Juan de Dios, quien no estuvo de acuerdo con el proyecto, porque consideró que con el hospital de San Pedro, se tenía lo suficiente. Además, la idea le pareció irrealizable, porque desde que el movimiento insurgente en la intendencia de Puebla había progresado, "aún los ricos hombres de hoy no pueden expender las limosnas como lo hacían", y como hasta las rentas de las casas del hospital de San Pedro habían disminuido, en tanto que sus enfermos habían aumentado, este hospital venía pasando "por una época dolorosa y pobre, que ya había obligado a que sus médicos se reunieran, formularan y aprobaran el 12 de junio, un plan de economías fundadas en simplificaciones en las recetas y en las dietas de los asilados".

Inspirado y azuzado por un cirujano de apellido Rodríguez "que buscaba el manejo de rentas y la autoridad que tanto ha deseado", decidió el conde realizar su propósito, aún a costa, si no de la ruina, al menos del descrédito del hospital de San Pedro. El 12 de septiembre, después de mandar que se retiraran el rector, el practicante mayor y los dependientes, se presentó, seguido de todos los jefes y oficiales de su plana mayor, para recoger las quejas que los enfermos deberían darle del "despiadado trato que se les daba". Oyó tan sólo, que "agradecían lo bien que se les trataba", pero eso no obstante, se quejó primero al obispo y luego con el virrey, de los defectos gravísimos que señalaba su cirujano Rodríguez: "mala asistencia de los profesores y tardas y réprobas curaciones hechas por practicantes empíricos".

Eran entonces comisarios del hospital, los canónigos don Manuel Couto, don Pedro Piñeyro y Osorio, y desde el año anterior, don Mariano José Cabofranco (?-1832), quien llegado a Puebla en 1807 para ocupar una de las tres medias raciones vacantes que entonces había en la iglesia de Puebla, luego veremos que se distinguió grandemente por la diligencia y generosidad que durante más de veinte años estuvo prodigando en beneficio del hospital.

Los comisarios se defendieron, declarando que algunos de los hechos invocados, habían sido desfigurados y otros eran inexactos, porque no se había buscado el bien de los enfermos, sino tan sólo "de incomodar y desairar al cabildo". Aseguraron de los profesores, "que eran todos aprobados por el protomedicato, y que hacían sus visitas respectivas a diario, desde las 6 a las 8 y media de la mañana, y los de turno, por la tarde; que las curaciones se hacían desde las cinco de la mañana, y regularmente a las diez se han acabado, y las de la tarde, desde las cuatro, con toda prolijidad, no sólo por el practicante mayor, sino por el cirujano". Que el hospital estuviera colocado en el centro de la ciudad, reconocieron que era ciertamente un defecto, "pero no culpa de los enfermos", y en cuanto al cargo de la menos ventilación de las enfermerías, lo rechazaron como "falso, pues las más tienen mucha ventilación y sólo tres tienen la necesaria". Como según otra de las quejas, el hospital guardaba cadáveres sin enterrar, hasta por más de treinta horas, aclararon que lo que en realidad sucedía era que el carretón que los llevaba al camposanto, no podía salir como antes, a las 4 de la mañana, debido a los parapetos con que había sido rodeada la ciudad, que sólo eran franqueados a las seis horas, en vista de lo cual, era a la oración de la tarde cuando se hacía el transporte de los fallecidos en el curso de la noche del día anterior, y hasta las 11 horas del mismo día.

A su vez, los comisarios se quejaron de que no fuesen reprimidos los abusos de los soldados que ingresaban al hospital, quienes "se creían facultados de cometer los mayores atentados, maltratando a los enfermos y practicantes, no sólo de palabra sino hasta poner las manos en ellos y herirlos; hacer pedazos los trastos del servicio, hacerse chaquetas y camisas de las sábanas, llevarse la lana de los colchones, alterar el orden con juegos de naipes, de noche, y otras muchas cosas que la decencia y honestidad no permiten decir".

De la región suriana, llegaban incesantemente, no sólo numerosos heridos, sino también no pocos atacados del mortífero tabardillo, que había hecho su aparición entre los patriotas hacinados por semanas en Cuautla, sin agua ni víveres, y de ellos había pasado a sus perseguidores. En septiembre de 1812, ya se temía que el tifo se hubiese hecho epidémico en la ciudad de Puebla; en octubre ya era indudable que se extendía con gran rapidez, y en noviembre tal era su apogeo, que para fines del mes, ya había causado una mortalidad espantosa en el barrio de Analco; diezmado el de San Agustín; llenado todas las casas de muertos y desolación, y dado lugar a que por las calles no cesaran de pasar incontables cortejos fúnebres.

También había llegado hasta la capital, en la cual el gobierno y el ayuntamiento, en vano esperaron que lo detuviera en sus progresos nuestro poblano doctor don Luis Montaña, quien dividió a la ciudad en 32 cuarteles y escribió un cuaderno para recomendar qué auxilios debían darse a los apestados, que más tarde amplió en otro folleto sobre la *calentura epidémica manchada*, para la cual volvió a usar la misma designación indígena, *Matlazahuatl*, que había recibido desde los años de la conquista, cuando había empezado a causar grandes mortandades. Para el tratamiento, recomendó la *espinosilla* (*Hoitzia coccinea*, cav), planta abundante en los contornos de Puebla, de la cual, la comisión de la Academia Médico Quirúrgica de Puebla, diría años más tarde, que era "poderoso sudorífico, y cuando no mueve el sudor, obra como un buen diurético". Estando todavía de moda las ideas de Brown, que consideraban a la enfermedad como adinámica, o causada por debilidad, el resto del tratamiento consistía, naturalmente, en el empleo de los medios que se consideraban como estimulantes. En consecuencia, Montaña prohibía las sangrías, purgaba con exceso, y recomendaba la quina y el tlacopatli para sostener las fuerzas de los enfermos.

Hasta el 16 de enero de 1813, y en vista de la gravedad creciente de la peste, fue cuando el ayuntamiento de Puebla creó una Junta de Sanidad, para que procurara mitigar los estragos de la desoladora "epidemia, con que Dios Nuestro Señor se ha dignado visitarnos". En su reunión del 21 de febrero, dicha junta pidió al intendente, "que destinara a los presos de la cárcel y cuarteles a la limpia de las cortaduras de los parapetos, que por su gran sociedad, están manteniendo seguramente la peste", e hizo saber al administrador de correos, que aunque el baño de vinagre ordenado por el virrey, era lo más seguro para precaver del contagio por medio de la correspondencia, no se le podía usar porque confundía o borraba lo escrito, y en vista de ello debería preferirse la fumigación con ácido muriático oxigenado.

La ciudad quedó dividida en 16 cuarteles, cuyos enfermos quedaron encomendados a la atención de otros tantos profesores de medicina y cirugía, poniéndose el mayor celo en "excluir de estas atenciones a los curanderos, que sin verdadero título ni conocimientos querían ejercer estas facultades". Esto dio lugar a que los síndicos procuradores revisaran veinticuatro títulos de médicos, cirujanos y farmacéuticos, y se encontraran con que once, entre ellos Raudón, no habían cumplido con la disposición de tenerlos registrados en el ayuntamiento.

Cada cuartel comprendía 9 manzanas, y estuvo a cargo de una "Junta Subalterna", compuesta de un alcalde, un eclesiástico, un facultativo, dos barberos y dos seculares, aleccionados en lo recomendado por una cartilla. Se seleccionaron "siete boticas en los lugares más proporcionados", que despacharon gratuitamente las medicinas para los pobres epidemiados, cuyo costo fue pagado de los fondos colectados.

En San Francisco Xavier quedó establecido un hospital provisional, que por desgracia sólo tuvo cupo para 500 o 600 enfermos, el cual fue sostenido por el cabildo eclesiástico, "con sus asignaciones, y varias limosnas, que la caridad de los fieles estuvo proporcionando durante ocho meses". Los petates usados para acostar a los enfermos de este lazareto eran arrojados a los campos vecinos, en donde las vacas que allí pacían, se los comían, mas como no faltó quien denunciara el hecho, se ordenó que fueran quemados. Para dar sepultura a los cadáveres, a cada cuartel le fue señalado un cementerio especial, pero como los existentes no bastaran, fue preciso improvisar otros "cuatro cementerios, con zanjas de cuatro varas de profundidad". Al que fue abierto en el atrio de la iglesia de San Juan del Río, los cuerpos eran arrojados y dejados al descubierto por espacio de dos o tres días, "siendo pasto de los perros y de las aves, manteniendo una constante putrefacción". Los infelices vecinos pedían "que ya no se arrojaran más cuerpos de apestados en aquella zanja, y que se designara para ello otro lugar más en despoblado". Tanto las juntas subalternas, como los profesores de medicina, cirugía y farmacia, desempeñaron "con vigilancia y caridad, los piadosos oficios que se les encomendaron".

Raudón tuvo a su cargo el cuartel número 8, formado por siete manzanas que quedaban comprendidas entre San Roque y las calles de Carros y de Gavito, que tenía como cementerio, el de Xanenetla.

Hasta que pareció que la epidemia ya decrecía visiblemente, en julio, fue cuando se ordenó que se empezaran a fumigar las habitaciones en que había habido apestados. El 9 de agosto, se tomó el acuerdo de clausurar el hospital provisional y de que los pocos presos enfermos que en él quedaban, fuesen trasladados al de San Juan de Dios, mismo al que deberían ser llevados los nuevos casos que llegaran a presentarse, como en efecto sucedió, porque la peste no desapareció del todo, y un año más tarde, el barrio de Analco seguía siendo un verdadero foco endémico de tifo, con diez o doce defunciones por mes.

Cuando se hizo el balance de la epidemia, resultó que el total de los que habían sido atacados llegaba a 48 726, y el de los muertos a 7 125, por lo cual, la mortalidad general había sido de 14.6 por ciento. La junta había recibido del ayuntamiento y por diversos donativos, 44 227 pesos, 6 reales y 6 granos, mismos que había gastado en la atención de los apestados.

Los facultativos pudieron al fin descansar de las abrumadoras tareas a que habían debido atender sin descanso y sin retribución, por espacio de meses. Raudón aprovechó la calma para cumplir la palabra de matrimonio que tenía empeñada, y el 28 de septiembre, a los veinticinco años de edad, celebró sus bodas en el Sagrario de la catedral, con doña María Francisca Cuéllar, doncella española de veintiún años de edad, hija de don José Ignacio Cuéllar y de doña Josefa Pontón.

Entretanto, quedaba establecido en Chilpancingo el primer congreso nacional, que el 6 de noviembre siguiente levantó la primera Acta de independencia, y Morelos amagaba Valladolid.

Acababa de renovarse, en enero de 1814, la Junta de Sanidad, y frescas estaban las experiencias de la terrible epidemia, cuando se recibieron informes de que en puntos inmediatos a Veracruz, Córdoba y Jalapa, ya había aparecido la viruela. La junta organizó desde luego un vasto programa de defensa. Cuanto viajero llegaba de Veracruz y de Jalapa, era detenido y observado antes de entrar a la ciudad. Los servicios de vacunación fueron reforzados, y extendidos a las cabeceras de partido y a los pueblos, de los cuales se procuró que fuesen enviados niños que recibiesen el fluido vacuno, y a su regreso sirviesen para propagarlo, de brazo a brazo. Raudón tomó parte en esta cruzada, y a partir del 4 de febrero, estuvo vacunando diariamente, a las cuatro de la tarde, en el curato del Santo Ángel. El número de niños que lograba reunir, con la ayuda eficaz del párroco, era variable: 58 y 91, los días 16 y 28 de febrero; 83 el primero de marzo.

Para que el pueblo cumpliera con lo dispuesto, fue preciso advertir por medio de un bando, que los niños que por indolencia de sus padres llegasen a sufrir el contagio, serían irremisiblemente conducidos al lazareto establecido en la casa contigua al santuario de Loreto, y sus padres castigados, y así fue como pudo lograrse que para el 10 de marzo, ya se tuviesen 6 731 vacunados. Ese mismo día se hizo la reapertura del hospital de San Xavier, y la labor de vacunación fue intensificada de tal suerte, que en los ocho días siguientes se logró vacunar, con ayuda de la policía, a 1 405 niños más. Para fines de marzo, el total de vacunados llegaba a 8 825.

Un mes más tarde ya no era de dudarse que la epidemia por fin había llegado, pero esto no obstante, para el primero de junio, el lazareto de San Xavier sólo había recibido 81 virulentos, y tenido cinco defunciones.

El balance final de esta epidemia de viruela, contrastó enormemente con los de las anteriores, de 1779 y de 1797, y el doctor don Mariano Anzures y Ceballos, a fin de dar con ello una prueba evidente de los beneficios de la vacuna, formó el cuadro que aquí aparece con el número nueve, cuyas cifras de 1 797, ya dijimos antes que fueron exageradas, puesto que sólo hubo entonces 24 629 enfermos, y 3 099 defunciones, a lo que corresponde una mortalidad de 12.5 por ciento.

CUADRO NÚMERO 9

Balance comparativo de tres epidemias de viruela en la ciudad de Puebla

Años	Enfermaron	Murieron	Mortalidad por ciento	Métodos de inmunización
1779	50 000	18 000	36	Ninguno
1797	50 000	10 000	20	Inoculación de viruelas benignas
1814	193	15	7.8	Vacunación

Además de este temprano triunfo de profilaxis antivariolosa, la ciudad de Puebla siempre ha recordado con satisfacción, que supo conservar el fluido vacuno "siempre fresco", en tanto que "se había perdido en todas las provincias y aun en la misma capital de México", y que debido a ello, pudo remitirlo a los diversos lugares donde se había agotado, inclusive la capital. Esto último tuvo lugar en abril de 1815, a petición del virrey, "en tres vidrios" que se remitieron con la mayor brevedad posible, "por el camino que llevaba el correo, que no es de ruedas, y no por el camino ordinario, lleno de las dificultades y peligros que en la actualidad existen por las gavillas de enemigos que le ocupan", por el cual hubiera tardado seis días, y "a su llegada la vacuna estaría seca o alterada". El virrey acusó recibo del pus vacuno y de su feliz efecto.

Las condiciones del hospital de San Pedro eran por entonces

precarias, y debido a las guerras en Europa, faltaban en él las medicinas. Se tuvo sin embargo, la fortuna de poder comprarlas, gracias a una generosa donación de 4 000 pesos, hecha por el comisario Cabofranco, quien en 1817 volvió a donar otros 18 000 pesos y logró que otras personas dieran 7 000 pesos más.

También en ese año, el 10 de octubre, se ganó el hospital de San Pedro, el timbre de honor, de haber establecido una cátedra del Arte de Partear, con anticipación de veinte años a la primera cátedra de obstetricia del Establecimiento de Ciencias Médicas, inaugurada el 5 de diciembre de 1833, por su primer profesor don Pedro del Villar.

En el sur, después de perder a su gran "brazo derecho", el cura don Mariano Matamoros, al fin Morelos había sido derrotado por Llano e Iturbide, y desde entonces se habían seguido, en serie, desastres y reveses para las armas insurgentes. En Puebla, la mañana del 15 de abril de 1814, fue fusilado cerca de San Javier, don Miguel Bravo; cerca de Coyuca, sucumbió don Hermenegildo Galeana, el 27 de junio. El Congreso insurgente vivía en zozobra continua, emigrando de un lugar a otro, y después de promulgar una constitución, en octubre, resolvió trasladarse a Tehuacán, protegido por Morelos, quien en su empeño por lograrlo, fue derrotado y capturado en Tesmalaca, el 3 de noviembre, trasladado a México, degradado, condenado a muerte y fusilado en San Cristóbal Ecatepec, el 22 de diciembre de 1815. Con todos estos golpes, tan rudos, la causa insurgente entró en decidida decadencia.

Sin embargo, todavía la noche del 8 de marzo de 1816, los habitantes de Puebla escucharon inesperado movimiento de tropas, que acudían a cubrir las entradas de la plaza principal, y a ocupar varias alturas y conventos, y al día siguiente se enteraron de que la alarma había sido provocada por una partida de guerrilleros, que al ser tenazmente perseguidos desde los llanos de Apam, había penetrado hasta la garita de Tlaxcala. El 16 de julio fue día de luto para la ciudad, por el fusilamiento de don

Manuel Veytia, hermano del historiador, don Mariano, quien a resultas de una denuncia, había sido sorprendido conduciendo armas y municiones a los insurgentes de Tecamachalco.

A principios de 1817, el insurgente Calzada fue fusilado en San Andrés Chalchicomula, capitularon sucesivamente sus compañeros Osorno, Vázquez, Aldama, Manilla, Franco y otros; y el doctor don Manuel Herrera fue indultado, y volvió a su cátedra de teología en el Colegio Carolino.

La intendencia había vuelto a la calma, y no llegaron a interrumpirla las campañas que Mina agitó en lejanas comarcas, desde su desembarco, el 15 de abril, hasta que fue fusilado el 11 de diciembre de 1817. En defensa de la causa de la emancipación, sólo quedaban unos cuantos jefes, de los cuales, los más notables eran don Vicente Guerrero, y Ascensio, en el sur.

Raudón, cirujano poblano de 1810. Aspecto de la cirugía mexicana de principios del siglo XIX en torno de una vida. Ediciones Ciencia, 1949.

LA CONJURA VALLISOLETANA

ERNESTO DE LA TORRE VILLAR

En Valladolid, una de las provincias más prósperas e ilustradas de la Nueva España, descúbrese el año siguiente, en 1809, el primer complot, en el que estaban conjurados militares, funcionarios y eclesiásticos. Sus autores, José Mariano Nicolás Michelena, Manuel García Obeso, Manuel Muñiz, el cura Manuel Ruiz de Chávez, el licenciado Soto Saldaña y otros más, fueron mejor tratados que los de la capital, Verdad, Talamantes, Cristo, Azcárate, de los cuales los dos primeros murieron en circunstancias trágicas. Aquéllos fueron amonestados con severidad, detenidos en sus casas o cambiados de sitios como ocurrió con fray Vicente de Santa María y Michelena.

En esta conspiración importa la presencia de militares y funcionarios influidos por los grupos masónicos, así como de eclesiásticos como el cura de Huango, Michoacán, Ruiz de Chávez, quien representa un espíritu rebelde e independiente como muchos otros que de ese obispado salieron a sumarse posteriormente a la causa insurgente. Promotor intelectual de este movimiento fue el religioso fray Vicente de Santa María, de notable preparación y quien después de ese fracaso no abandona sus ideas sino que las difunde con más vehemencia, alineándose decididamente en las filas de patriotas en las que descuella por su elevado pensamiento y sus adelantadas ideas políticas.

Si en el movimiento igualmente fallido de 1808 en la capital mexicana, otro religioso, fray Melchor de Talamantes, ocupó el primer plano por su extraordinaria concepción de las soluciones políticas a dar al país, en la de 1809 en Valladolid, es Santa María quien va a la cabeza. Ignóranse los planes precisos de este grupo que no obraba aisladamente, pero cabe inferir que tendría un proyecto de organización del país, que debe haber sido conocido, mas celosamente callado por varios de los conjurados. Es muy posible que la idea de celebrar un congreso que organizara al país, y un núcleo de gobierno, a semejanza de un poder ejecutivo, haya estado viva entre sus móviles.

La rebelión de Dolores

Al fallar este complot, la actividad conspirativa no se detiene; en otras ciudades, Guanajuato, Querétaro, Dolores Hidalgo, México, se continuaron las conjuraciones para liberarse de sus "tiránicos y oprobiosos dominadores".

La conciencia política de los mexicanos se amplió a partir de 1808. Su anhelo de libertad tradujo ya dos finalidades: una emanciparse políticamente y otra, liberarse de las trabas sociales que agobiaban al pueblo. Los promotores de la emancipación deseaban un mejoramiento social y económico que afianzara el progreso material bajo un régimen político que lo hiciera posible, régimen que ellos mismos se darían. Emancipación política y emancipación social fueron los móviles de la lucha por la independencia que tendrían que sostener los novohispanos.

Esa doble finalidad puesta en juego a través de un llamado al pueblo originario aquel que no quiso nombrar el oidor Aguirre en las juntas de 1808, y el cual comprendió que era ésa su oportunidad de salir de su penosa situación, y las consecuencias que acarreó, provocaron, por una parte, el alejamiento de muchos criollos pertenecientes a las clases urbanas acomodadas, de varios miembros de la nobleza mexicana que deseaban un cambio meramente político que les permitiera a ellos ocupar los sitios preferentes de los peninsulares, y, por la otra, la participación de las clases desvalidas, de los grandes núcleos de población, de los pequeños propietarios rurales, en la lucha. Algunos nobles continuaron prohijando la causa liberadora cubierta o francamente, y algunos grupos de desheredados fueron indiferentes a ese movimiento, o aun lo combatieron como ocurrió en Venezuela.

La conspiración que so pretexto de reuniones literarias se tramaba en Querétaro, tolerada por el corregidor Miguel Domínguez y su esposa Josefa Ortiz, y en la que participaron el cura de Dolores, Miguel Hidalgo, y los capitanes Ignacio Allende y Juan Aldama, al ser descubierta, provocó el chispazo que encendió la guerra insurgente. El 15 de septiembre de 1810 inicióse en México una larga lucha que tuvo como finalidad, hacer valederos los *derechos del hombre* y crear una auténtica nación.

En este movimiento como en los posteriores que llevan las ideas de independencia a hacerse realidad, conviene destacar las figuras de la clase letrada hispanoamericana. Tanto aquí, como en Quito, Caracas, Santa Fe, Buenos Aires, Santiago, Guatemala, etcétera, aparece un buen número de intelectuales, abogados y eclesiásticos, surgidos de los claustros universitarios, en los cuales, pese a la resistencia de poderosos grupos retardatarios, las ideas ilustradas penetraron e influyeron vigorosamente en las jóvenes generaciones. Las universidades y colegios de Chuquisaca, Lima, Santiago, Santa Fe, Guatemala, México, Quito, fueron semilleros de renovación y de sus aulas renovadas por un puñado de hombres progresistas y cultos surgieron buen número de próceres. Los colegios de San Carlos y San Marcos en Lima, San Bernardo en Cuzco, el Seminario de Arequipa, el de San Carlos de Guatemala, el de Trujillo, el de Nuestra Señora del Rosario y el de San Bartolomé en Santa Fe, los de Córdova, Argentina, orientados por José Baquijano y Carrillo, Toribio Rodríguez de Mendoza, Ignacio de Castro, Pedro José Chávez de la Rosa, Baltasar J. Martínez de Compañón, Pérez Calama, Caycedo y Flores y Juan Baltasar Maziel, fueron los centros formativos de la clase media letrada hispanoamericana, que en ellos pudo contrastar la dura realidad económica, social y política de sus países con las nuevas doctrinas ilustradas, que si bien traslucían para muchos sólo cambios políticos, para otros significaron la base de una transformación más honda. Las ideas, por más exóticas que se hayan podido considerar, operaron puestas en contacto con la realidad, un cambio fundamental. Su acción fue efectiva en la medida que satisfacían una necesidad, hondamente sentida. Sólo cuando se dan circunstancias favorables, las ideas obran con efectividad sin poder tomar en cuenta si son o no propias, pues ellas se producen y al esparcirse se convierten en patrimonio común. Hispanoamérica a finales del siglo XVIII y principios del XIX, ofrecía circunstancias propicias para la recepción de las nuevas ideas que tendían sin proponérselo sus autores a la transformación del Estado, de la sociedad y de la cultura. No es posible afirmar que siempre haya habido un designio consciente de un cambio total, ni menos que sus consecuencias hayan sido del todo previstas, pero de toda suerte, de esos esfuerzos e ideas surgieron involuntariamente importantes consecuencias. Los hispanoamericanos las recibieron, las hicieron suyas con extraordinario optimismo, lucharon porque cristalizaran y al ponerlas en marcha, la realidad política y social existente no siempre actuó como ellos deseaban.

En Nueva España destacan entre los eclesiásticos, fray Melchor de Talamantes, formado en los medios cultos del Perú, fray Vicente de Santa María, de notable preparación, Miguel Hidalgo y Costilla, renovador intelectual a la par que caudillo, José María Cos, José Sixto Verduzco, José Manuel Herrera, fray Servando Teresa de Mier, y entre los abogados, Juan Francisco Azcárate, Francisco Primo de Verdad y Ramos, José Antonio Cristo, Andrés Quintana Roo, Carlos María de Bustamante, etcétera. Cabe recordar que Bustamante litigaba con Azcárate y Verdad en 1808 y que bastante bien informado estuvo de los sucesos de la época.

El pequeño grupo que apoyado en el pueblo promovió la transformación de lo que era tan sólo un sentimiento, la nación, a una realidad por la que se luchó a partir de septiembre de 1810, supo muy bien interpretar el sentido del desarrollo histórico y la índole de las fuerzas que en él se agitan. No se lanzó ese puñado de hombres a una empresa de la que no supiera qué era lo que iba a obtener. Bien precisos estaban en la mente de los próceres los ideales por que luchaban y no puede aceptarse en forma alguna que el padre Hidalgo y sus colegas no tuvieran plan alguno para el futuro. El propio párroco el 21 de septiembre de 1810 escribía a su amigo el intendente Riaño, lo siguiente: "Yo a la cabeza, de más de cuatro mil hombres, y siguiendo su voluntad deseamos ser independientes de España y gobernarnos por nosotros mismos. La dependencia de la península por 300 años ha sido la situación más humillante y vergonzosa en que hemos vivido y la forma en que los peninsulares han abusado del caudal de los mexicanos con la mayor injusticia, y tal circunstancia los disculpará más adelante —y en seguida aclaraba— precipitado ha sido su principio, pero no pudo ser de otra manera... verdad es que ha sido antes del tiempo prefijado, pero esto no quita que mucha parte de la nación no abrigue los mismos sentimientos. Pronto, muy pronto oirá vuestra señoría la voz de muchos pueblos, que responden ansiosamente a la indicación de libertad... y lucha —agrega— nada menos que por derechos sacrosantos e imprescriptibles de que se ha despojado a la nación mexicana, quien los reclama y los cuales defenderá resuelta".

Tanto Hidalgo como sus compañeros al lanzarse a la lucha lo hicieron, como ellos afirmaron, "nombrados por la nación mexicana para defender sus derechos", "para ser independientes de España y gobernarnos por nosotros mismos". Bajo esos principios, el padre Hidalgo, en los momentos que el fragor de la lucha se lo permitía y aprovechando anteriores y maduras reflexiones, esbozó un programa de gobierno basado en el ejercicio de la soberanía, ejercida por medio de representantes que el propio pueblo, mediante un limpio ejercicio democrático, eligiera. Estos representantes reunidos en un congreso o asamblea de provincias, debería organizar al país, debería, según sus propias palabras, "echar los fundamentos de nuestra libertad e independencia"; "de un congreso que se componga de representantes de todas las ciudades, villas y lugares de este reino, que teniendo por objeto principal mantener nuestra santa religión, dicte leyes suaves, benéficas y acomodadas a las circunstancias de cada pueblo".

Los esfuerzos de Hidalgo estuvieron encaminados a limitar los poderes públicos, y al disfrute de las garantías individuales consignadas en un código fundamental, en una constitución que no podía violar el Estado, pues los preceptos en ella contenidos son de origen divino y natural, anteriores a los preceptos humanos.

Los documentos de alta trascendencia político-social emitidos en Valladolid y en Guadalajara por Hidalgo, y el nombramiento de tres secretarios de Estado así como las posteriores declaraciones de Morelos y Rayón respecto a la convocatoria de un congreso y emisión de una constitución, son reveladores de que no se actuó al azar, sino mediante una serie de principios que si bien no hubo posibilidad de formular en los primeros momentos de la lucha que requería todos sus esfuerzos, sí se tenían en mente.

La Suprema Junta Nacional Americana

Al delegar Hidalgo en el norte del país en Rayón, en el licenciado Arrieta y en Liceaga, el mando del movimiento libertario, ellos no sólo continuaron la lucha, sino que procedieron a organizar al país bajo bases comunes no sólo entre los próceres mexicanos, sino también entre los dirigentes de los movimientos insurgentes de otros países. Así el licenciado Ignacio López Rayón, al volver al centro del país y después de la heroica resistencia de Zitácuaro, realizó el primer ensayo de gobierno nacional independiente. El 19 de agosto de 1811 hizo levantar en la mencionada villa, un acta de instalación de la Suprema Junta Nacional de América, compuesta, como en el breve gobierno de Hidalgo, de tres miembros que en esta vez fueron el propio Rayón, don José Ma. Liceaga y el doctor José Sixto Verduzco. El título de la junta, el número de sus componentes y sus funciones emparientan a este organismo con el constituido en 1809 en Quito bajo el nombre de Suprema Junta Gubernativa del Reino de Quito integrada por tres ministros secretarios de Estado, uno para negocios extranjeros y guerra, otro para gracia y justicia y el tercero para hacienda. Resulta también coincidente la ulterior división del gobierno en los tres poderes preconizados por Montesquieu. Igualmente presenta semejanzas con la Junta Suprema de Caracas. Es indudable que su título deriva del de las juntas españolas, lo cual revela el sabio aprovechamiento de ciertas definiciones que encerraban principios comunes entre los liberales peninsulares y los de América, pero en el caso americano se trata de algo más, de una aspiración común, de una influencia recíproca aún no estudiada del todo y de la cristalización simultánea de una conciencia surgida de elementos y condiciones semejantes.

Conviene aclarar que hacia este momento, los criollos americanos tenían conocimiento de cuanto ocurría en cada una de las provincias españolas. Los sucesos de Quito conociéronse en la Nueva España el propio año de 1809 y fueron comentados por los vecinos de varias localidades entre otras Turicato en Michoacán, y posteriormente se divulgaron en México las noticias de la rebelión de Caracas, Santa Fe y Buenos Aires y en aquellos otros países las de éste.

En Guayaquil a su vez comentábanse acaloradamente los sucesos de Caracas y México y por entusiasmarse demasiado con las lecturas de las proclamas de la revolución de Quito, el discurso de M. de Pradt sobre la independencia de América y varias proclamas de Buenos Aires, pero principalmente por estar ligado a los acontecimientos de México, se siguió proceso a don Vicente Ramón Roca cuyo juicio duró cerca de dos años.

El padre Mier fue lector asiduo de las obras de Mariano Moreno. Entre los libros que se le recogieron en 1818 se contaba la *Vida y memorias del doctor Mariano Moreno*, escritas por su hermano don Manuel, impresas en Londres en 1812 y el prócer rioplatense por su parte estaba bien enterado de los acontecimientos de Nueva España, de cuyos habitantes afirmaba: habían corrido a las armas para remediar su opresión. "Los naturales tanto tiempo oprimidos bajo el pesado yugo de sus constantes tiranos, atacaban el sistema en la substancia misma, y la idea de libertad se extendía hasta destruir de raíz la dominación española." Y en otro lugar afirmaba comprendiendo en sus expresiones a todo el continente: "Acaso tendrá la América Española que luchar contra las intrigas, la ignorancia y la indiferencia otro tanto que contra sus antiguos tiranos. En este caso la obra de su libertad será sólo el fruto de la constancia de sus hijos, con ésta sólo serán vencidos unos obstáculos formidables en su apariencia".

En todos los espíritus americanos despiertos existían ligas no sólo espirituales, sino también materiales, reales. Nueva España estaba por entonces bien comunicada con los virreinatos del Perú y Nueva Granada. Las relaciones con aquellas regiones se hacían de preferencia a través de Acapulco, que era también el puerto por el que entraban a México muchos sudamericanos, de Lima o Guayaquil que pasaban a España y que venían a México a embarcarse. Este hecho explica que haya sido la costa del Pacífico, una magnífica vía de relaciones, de ingreso de noticias que interesaban a los criollos.

Morelos, durante sus estancias en Acapulco trató de establecer vínculos con notables personajes del Perú. Muy posible es que algunas relaciones haya logrado, no sólo con peruanos, sino también con guayaquileños. Fray Pedro Ramírez, un asustadizo fraile peruano —no todos tenían el temple de Talamantes— que estuvo con Morelos en Acapulco confesó, que éste le pidió se embarcara rumbo a Gayaquil llevando cartas para don Martín Icaza y otras para Lima, y que el canónigo Velasco le sugirió se pusiera en comunicación con el señor Baquijano y otros caballeros, pues allí estaban lo mismo o peor que en este reino, y que cuando se le mete a una nación el ser independiente, no se sosegaba.

Las noticias del descontento americano, por otra parte, no sólo se remitían por los insurgentes, sino que también las autoridades cooperaban a dar a conocer la situación existente en cada uno de sus países. Así, a escasos dos meses del grito de Dolores, el virrey de Nueva España escribía el 9 de noviembre de 1810 al de Lima, notificándole la rebelión de Hidalgo, y los encuentros militares de Las Cruces y Aculco, con el fin de que desmintiera las noticias que los rebeldes circulaban en aquel reino. Aún en el Brasil la información acerca del proceso emancipador era abundante y desde ahí, tratando de aprovechar la situación reinante en su favor, la infanta Carlota Joaquina realizaba su propaganda por toda América para lograr el trono español.

La *Gaceta de Buenos Aires*, así como la *Gaceta de Caracas* circularon en nuestro territorio y el *Despertador Americano* de Severo Maldonado llegó hasta Colombia y Chile y aún se atribuyó a Juan Martín de Rozas. El *Catecismo Político Cristiano* del ilustre americano-boliviano Jaime Zudáñez quien continuó en él la obra inquisitorial del régimen español que iniciara Espejo en *Las primicias de la cultura en Quito*, influyó en varios países y fue un vehículo extraordinario de difusión de las ideas autonomistas. Un examen minucioso de éstas y otras publicaciones nos permitiría conocer hasta que punto todos estos movimientos aprovechaban una experiencia común y cómo las ideas centrales de todos ellos estaban sincronizadas por la misma realidad político-filosófica.

Las realizaciones de la junta establecida en Zitácuaro fueron significativas, pese a las diferencias naturales surgidas entre sus miembros al calor de la cruel y devastadora guerra que se hacía en esos años, la cual imposibilitó en buena parte su acción. Las bases de la organización nacional fueron sentadas firmemente y, a través de ella se hizo posible la constitución de una nación. Ignacio López Rayón con su tenacidad y disciplina jurídica, Liceaga y Verduzco con sus conocimientos de canones y teología y su alzado carácter, fueron los forjadores de la patria nueva que ansiaba, como todo país que ha llegado a obtener su madurez, estructurarse bajo formas modernas. Morelos, cuarto miembro de la Junta fue el modelador, el equilibrio que contuvo sus abruptos, producidos más por el recio carácter de sus componentes que por diferencias ideológicas, más por el estado de sobresalto continuo en que se vivía, que por ambiciones personales.

La bondad de la junta y su utilidad se confirma cuando vemos que, a su vera y la de Morelos, se van uniendo poco a poco hombres como el doctor don José María Cos, fray Vicente de Santa María, Carlos María de Bustamante, Andrés Quintana Roo y su intrépida esposa, doña Leona Vicario, y que de ella surgen documentos de tanta importancia como el *Plan de Paz y Guerra* del doctor Cos, henchido de un espíritu humanitario y de acertadas concepciones políticas y varios manifiestos reveladores del clima patriótico, de la madurez política, del desinterés y de la plena conciencia nacional que los integrantes de la junta habían alcanzado.

Un espíritu partidista, iconoclasta, ha tratado de amenguar aquí como en los demás países americanos, el valor de los miembros de sus juntas, desestimar su acción y disminuir los resultados que ellas obtuvieron. ¡Fácil resulta encontrar errores en los seres humanos, mas cuán difícil es poder emular a los próceres en su conducta! Cierto es que hubo equívocos en ciertos actos de Liceaga y Verduzco, fallas de conducta en Cos, exabruptos recelos y exceso en el porfiar de Bustamante y sensible desfallecimiento de Quintana Roo, mas ello es una muestra de su alta calidad humana. Todos tuvieron condiciones superiores de carácter y dejaron un saldo positivo con su acción. La historia mexicana no está hecha de santones inmaculados, sino de hombres reales, vitalmente poderosos y sus defectos y virtudes deben ser considerados no separadamente, sino dentro del balance total de su conducta. Sólo un espíritu mojigato y estrecho puede concebir que los grandes creadores y guías de pueblos pueden ser hombres sin potencia, inválidos, desprovistos de esa vitalidad que actúa no sólo sobre el organismo, sino sobre las ideas y los hombres que manejan.

El Congreso de Chilpancingo

La Suprema Junta Gubernativa del Reino desembocó, gracias principalmente al esfuerzo de Morelos, en el Congreso de Chilpancingo. No vamos a ocuparnos, pues no es ese el propósito de este trabajo, ni de su integración, su proceso, ni de sus resultados totales, sino tan sólo quiero señalar que su creación fue también una aspiración del mismo espíritu americanista que llevó a otros países a propiciar reuniones semejantes, con los mismos ideales libertarios y principios doctrinales comunes.

Nadie entre los prohombres de la insurgencia supo expresar mejor y más nítidamente que Morelos, el sentimiento americanista, herencia común de nuestros pueblos, la cual sólo hombres de su misma calidad, como Bolívar, pudieron definir y, ninguna reunión constitutiva después de la de Chilpancingo se ha hecho eco de ese noble ideal ecuménico.

En las declaraciones emanadas de los constituyentes late ese limpio ideal de unidad, que no destruyó la guerra total y crudelísima de un Calleja ni de un Monteverde o un Morillo, sino la concupiscencia, los intereses mezquinos, la envidia y la ambición de los que no comprendieron la alteza de miras de esos varones ilustres que con sus manos preñadas de chispazos creativos, como las manos del Creador que se irgue en lo alto de la capilla Sixtina, infundían vida a una nación y a un continente.

El Congreso de Chilpancingo a través de sus declaraciones, de sus debates y de su postrer resultado, el Acta Constitutiva signada en Apatzingán, representa en la vida política de México la culminación de todo un proceso gestado en tres pausada centurias y es equiparable en sus resultados, con los de la Junta Quiteña de 1809 a través de su *Acta del pueblo* del 10 de agosto y la *Constitución* emanada de la segunda junta en 1812, así como también con los esfuerzos y resultados del Congreso de 1811 reunido en Caracas e impulsado por Miranda y Bolívar.

En su obra se hacen patentes, si bien en forma desigual, las protestas y aspiraciones de un pueblo mal hallado con el despotismo español y aquellos principios de filosofía política que los criollos instruidos habían adquirido y que les parecían teóricamente perfectos. Las constituciones de estos países en aquel momento resultan así obra de un grupo de hombres superiores que concentraron en ellas principios altruistas y generosos que aspiraban a mantener un respeto sacro a las garantías individuales y populares y a salvaguardarlas del despotismo, inspirados en los principios del derecho natural y canónico, en la legislación norteamericana, en el derecho constitucional francés, en la Constitución de Bayona y principalmente y esto sólo es válido para los posteriores a 1812, en la promulgada en Cádiz.

Si en cuanto a principios de filosofía jurídica y política, nuestros primeros códigos fundamentales fueron avanzados, no se puede decir que hayan sido eficaces en su aplicación, pues resultaron inadecuados para la época de lucha que iba a acrecentarse, la cual requería poderes concentrados y discrecionales. A ellas puede aplicarse lo que el gran historiador Baralt dice de la de 1811: "Jamás nación alguna adoptó una ley constitucional menos apropiada a sus circunstancias, más en contradicción con sus intereses, menos revolucionaria en fin." Esto en parte resulta verdad, mas cuando se analiza el proceso emancipador de América en general y el de México en particular, caemos en la cuenta que todos sus anhelos y actos van dirigidos siempre contra el despotismo, contra el abuso del poder, contra su concentración en unas solas manos. Nuestra tradición política ha sido la de luchar contra la tiranía, la violación del derecho, la conculcación de la justicia, la infamia, la desigualdad. Las máximas rotundas e inconmovibles del derecho romano, los principios de fraternidad universal del cristianismo, las declaraciones universales de derechos humanos, han guiado siempre a nuestros legisladores y a ello se debe el generoso aliento de las Leyes de Indias y de nuestras primeras constituciones. Las Casas, Victoria, Morelos, Bolívar no ciñen su acción ante el temor de que una realidad negativa contraríe sus altos principios y los esterilice, sino que tratan de modificar esa realidad, de transformarla, de hacer que los principios universales cubran y protejan a todos los hombres de todas las épocas y lugares y no limitan su acción y beneficios a unos solos y a un corto tiempo, impresionados por las dificultades que ante sus ojos se presentan.

De ahí, de esos principios, deriva el alto valor del Congreso Constituyente reunido en Chilpancingo hace ciento cincuenta años. Los hombres que entonces asistieron, dieron a la patria labrada por varias generaciones e iluminada con la aurora de un 16 de septiembre, su primera formulación jurídica, su ropaje, el más nuevo y rico, para que pudiera ingresar en la comunidad de naciones libres. Todos los asistentes, a quienes poco se conoce desgraciadamente por nuestro propio descuido, volcaron en este sitio lo mejor que tenían: canonistas, licenciados, militares, auténticos diputados de la nación por representar mejor que nadie sus ideales, sus aspiraciones colectivas, su infinito deseo de libertad y de justicia, iniciaron aquí una magna labor la de dar a México su primera declaración de independencia y su primera Constitución.

Si ella no era adecuada para la época de guerra, poco importaba a los próceres que no quisieron limitar sus alcances sino darla lo más amplia que se pudo. Que ello implicó un peligro, de él estuvieron conscientes entre ellos mejor que ninguno, el hombre que por la libertad americana y por este Congreso ofrendó su vida, don José María Morelos.

Alta, generosa, leal y heroica fue la conducta del patricio ante el Congreso. La obra que él con tanto amor y esfuerzo había logrado crear, recibió de Morelos la protección de un verdadero padre. Él lo engendró, lo vio crecer y sufrió por él. El Congreso debió a Morelos la vida y éste debe al Congreso su muerte. Morelos al crearlo, lo hizo porque sintió que su misión de libertador tenía dos fases esenciales: liberación de colonias y creación de naciones. A él en este aspecto pueden aplicarse aquellas expresiones que señalan la acción de otro libertador, de Bolívar y decir: Su pensamiento creador, "no podía limitarse al logro inmediato de victorias militares. Éstas rompen cadenas y dispersan las fuerzas contrarias, pero nada construyen. Por falta de la labor civil que debe hacerse después de la victoria, cuántas victorias inútiles no ha visto y no está viendo el mundo. Después de las victorias sobre las fuerzas opresoras, empeñadas en apagar el ímpetu de América hacia la emancipación, era precisa la labor cívica, tenaz y perseverante, para construir las nuevas nacionalidades sobre las ruinas del régimen colonial. Y esta labor debía estar inspirada en el mismo ímpetu vital que había promovido los heroísmos de los campos de batalla, y debía también ajustarse a las normas que rigen el desenvolvimiento normal de los pueblos".

Ésa es la gloria y el valor de Morelos. Una vez que resignó el mando en el Congreso, él, que tenía aptitudes superiores y mejores méritos que ninguno, se retira con la dignidad majestuosa, "que sólo los cónsules romanos han sabido ostentar en las derrotas", pero no se aleja, toma a su cuidado a su criatura y tratando de salvarla perece. Su desaparición fue también la del Congreso. A su caída, el movimiento insurgente decae y el panorama de la libertad sólo vuelve a iluminarse rápidamente, como lo hace un trueno que rasga la noche, con la llegada de Francisco Javier Mina en 1817.

La Constitución de Apatzingán y los creadores del Estado Mexicano, UNAM, Instituto de Investigaciones Históricas, 1964.

LA ABEJA POBLANA

ENRIQUE CORDERO Y TORRES

Como resultado de la promulgación de la Constitución española por las cortes de Cádiz el 23 de enero de 1812, jurada y publicada solemnemente hasta los días 18 y 19 de marzo del mismo año, en la que estaba incluida la libertad de imprenta, en esta "muy noble y leal ciudad de Puebla de los Ángeles" (cuya población constaba de más de sesenta y dos mil almas, según datos que obtuve en diversos documentos consultados en los archivos del ayuntamiento poblano) se empezaron a reimprimir determinados periódicos que llegaban de la madre patria, en dos o tres imprentas que ya existían, habiendo sido la primera la que instalaron los religiosos del convento La Concordia, al cuidado del prepósito don Joaquín Furlong, según inscripción de la placa que está enclavada a un lado del zaguán de dicho edificio en la calle 3 Sur número 904, destinado hoy a la escuela oficial "Gabino Barreda".

Consecuencia también fue el despertar cívico del pueblo mexicano que alarmó sobremanera al virrey, el cual, no obstante la reciente Constitución en ejercicio, el 25 de junio del citado año de 1812 lanzó una proclama por la que ordenaba "fueran consignados a la autoridad los autores de gacetas y publicaciones incendiarias", actitud que el 4 de mayo de 1814 se vio completamente apoyada por el mismo, tristemente célebre monarca, Fernando VII, al haber derogado la libertad de imprenta.

No obstante, en ese lapso, en el territorio de Nueva España se habían lanzado multitud de folletos con tendencias a la liberación de la autoridad española y circulaban en la ciudad de México los periódicos *El Pensador Mexicano* y *El Juguetillo;* el primero fundado por el autodidacto don José Fernández Lizardi, al que, según cuenta don Carlos González Peña, "su enardecida fiebre de publicidad y las censuras al virrey lo llevaron a la cárcel" a tiempo que a la ley de imprenta se le mataba; y el segundo, fundado por don Carlos María Bustamante, que a causa de su labor tuvo que huir de México uniéndose al generalísimo don José María Morelos y Pavón, que acababa de tomar la ciudad de Oaxaca, y a cuya protección debió el editar, más tarde, con el cura del pueblo de Huamuxtitlán, Oax., señor don José Manuel de Herrera, la publicación *El Correo del Sur,* con la que trató de justificar y dignificar, a toda costa, la causa insurgente.

Contados ejemplares de los periódicos citados y de *El Diario de Méjico, El Aristarco* y *El Amigo de la Patria,* editados antes de 1810, y después de 1812 *Alacenas de Frivolidades* y *El Conductor Eléctrico,* llegaron con grandes dificultades a personas de esta ciudad, las que, por lo delicado de la situación y por los artículos de ellos, ya de marcado sentimiento nacionalista, tuvieron buen cuidado de no difundirlos, más cuando se dieron cuenta de que la famosa y decantada libertad de imprenta no fue más que una celada en la que cayeron los primeros periodistas, como ya lo asenté anteriormente, el autor de *La Quijotita,* don José Joaquín Fernández Lizardi y don José María Bustamante, hermano de don Anastasio Bustamante, quien fuera uno de los primeros presidentes de la república.

En este estado de cosas, el día 9 de noviembre de 1820, el padre don Juan Nepomuceno Troncoso lanzó, ante la admiración de los poblanos y la expectación de la autoridad civil, encomendada al gobernador don Ciriaco del Llano, el número prospecto de *La Abeja Poblana.* Constaba de cuatro paginitas, del tamaño de 1/16 del hoy conocido por "cuádruplo", hechas en la imprenta Liberal, ubicada en el lugar que ya señalé como la primera en el estado, la que, para ese entonces, había pasado a otras manos con la anotación de "Troncoso Hermanos", o sea de la propiedad de don Juan Nepomuceno, a quien le corresponde legítimamente el título de fundador del periodismo en Puebla.

En el número prospecto, después del título, hay la siguiente anotación: "Primer periódico que se publica en esta ciudad de Puebla de los Ángeles, en uso de los derechos que ha declarado la constitución política de nuestra monarquía española jurada en 3 de junio de 1820". Más adelante: "Un periódico es una centinela, que sin cesar vela sobre los intereses del pueblo." Firmado por "El Doctor Jelb".

Después del artículo preinserto se prometía, para los números siguientes, dar noticias extranjeras y del país y, con diferentes títulos, notas sobre economía, poesía, ciencias, artes y hasta una sección "Miscelánea", cumpliéndose el propósito al consignar noticias de otras naciones, sobresaliendo las provenientes de España; las nacionales eran consignadas prudentemente, más las relativas al movimiento de independencia, ya que Puebla estaba gobernada por los realistas; la sección lírica aprovechóse para insertar poemas didascálicos; en contados números se trataron, con brevedad, asuntos sobre economía, ciencias y artes, y la sección "Miscelánea", desde entonces fue la más gustada por el público y la que en el mayor número de publicaciones, de todos los tiempos, se ha incluido.

Al final de las cuatro paginitas se insertó lo que hoy llamamos "pie de imprenta", que decía "Imprenta Liberal de Troncoso Hnos." y la fecha en que se ponía en circulación cada número, como también indicaba que era semanario, aunque, por las circunstancias muy especiales de esos belicosos días, en algunos jueves, día señalado para ver la luz pública, no se publicó.

Advierto que, como aconteció en todas las publicaciones que se hicieron en el siglo XIX, en lugar alguno del número prospecto, ni en los siguientes, figuraba el nombre de su editor y director.

El número 1 está fechado el día 30 del propio mes de marzo,

marcado como precio del ejemplar "un real", equivalente a doce centavos.

El año de 1821 fue de trascendencia en nuestra historia: consigna en sus páginas que el día 2 de marzo, en Iguala. Don Agustín de Iturbide y don Vicente Guerrero pusieron fin a la larga revolución de independencia proclamando el plan que lleva el nombre de aquel pueblo del hoy estado de Guerrero, el que se reducía a sacudir nuestro territorio de la potestad del reino hispano; a establecer un gobierno monárquico constitucional; a proteger la religión católica, apostólica, romana, profesada por la inmensa mayoría de mexicanos; y, por último, a ofrecer el trono a Fernando VII, cuyos fueros pisoteaba el Gran Corso, o a dar la corona del imperio mexicano a un príncipe de la familia reinante en España.

El mencionado plan fue impreso en la imprenta del P. Troncoso, infatigable y entusiasta luchador de la independencia, y publicado en su periódico, en el número correspondiente al primero de marzo, además de que lo mandó fijar en las esquinas de la ciudad, provocando, al amanecer, mayúsculo escándalo entre el vecindario y la ira del gobernador, que ordenó una rápida y minuciosa investigación que terminó con la detención del P. Troncoso, a quien se le exigió denunciara a las personas que le habían mandado y entregado el original, mas no consiguiendo esto ni encontrando a alguna otra persona responsable se le puso prisionero en el convento de los dominicos e incautándole la pequeña imprenta, dándose a los pocos días por cárcel su domicilio y más tarde mandándole el gobernador, por orden expresa del virrey don Juan Ruiz de Apodaca, al pueblo de Molcajac, Pue., a encargarse del curato; pero esto fue el pretexto, porque estuvo constantemente vigilado. El ardid no frenó su entusiasmo, porque desde ahí enviaba a Puebla los originales a su hermano don José María, siguiéndose la publicación del primer periódico poblano.

No logrando acallar la oposición de este periódico ni someter a su tenaz y valiente autor, de nueva cuenta mandó aprehender-le, sin lograr su fin debido al oportuno aviso de unos amigos y a la ayuda decidida de sus feligreses, que le facilitaron la huida a la ciudad de México. Esto fue la causa de la clausura definitiva de *La Abeja Poblana,* aunque su fundador, a fines de abril de 1821, desde su refugió lanzó a la luz pública una hoja que con-tenía un candente artículo intitulado "Pascuas a un Militar", im-preso que le originó un expediente en su contra por denuncia del propio gobernador de Puebla, don Ciriaco del Llano, firma-do también por la oficialidad del regimiento de Extremadura.

El número 18 de *La Abeja Poblana* corresponde ya al Tomo II, cambiando el grabado que en la parte alta adornó los anterio-res por el título con sencillas letras, siguiéndole, espacio abajo, la cuarteta:

La libertad de imprenta es un escudo
Contra la prepotencia y fanatismo,
Es la única que se enfrenta al despotismo;
Es torrente de luz del pueblo rudo.

Su sostenimiento, cuyo tiraje (según suposiciones solamente que he recogido) era de doscientos ejemplares, se debió exclu-sivamente a su fundador, pero la parte comercial, "mater" en todos los periódicos, apareció en el citado número 18, Tomo II, del 29 de abril, con el primer anuncio que decía:

"Se traspasa la tienda mestiza con sólo su armazón, situada en la esquina de la plaza de esta ciudad que coge a la calle de Mer-caderes y de la Compañía; conocida con el nombre de Ricardo; quien la quisiera ocurra a D. Juan de Urrutia, que vive en la mis-ma casa y es su legítimo dueño."

Imposible ha sido averiguar cuánto produciría al P. Troncoso la inserción de éste, su primer anuncio, pero ya me supongo que no sería mayor al importe de un ejemplar, o sea un famoso real.

Colecciones incompletas de este periódico, joya histórica del periodismo local, existen en las bibliotecas: Palafoxiana situada en la parte alta del palacio de gobierno, en la Av. 5 Oriente Número 5, y en la José María Lafragua, anexo actual de la Universidad de Puebla, y algunos más en manos de particulares.

Historia del periodismo en Puebla, 1820-1946. Puebla, Editorial La Bohemia, 1947.

ESTEBAN DE ANTUÑANO

JOSÉ MIGUEL QUINTANA

Esteban de Antuñano nació en Veracruz el día 26 de diciembre de 1792. Permaneció en ese puerto hasta la edad de diez años y salió para España con objeto de educarse al lado de su tío Miguel de Antuñano, pasando después a Inglaterra a terminar su educación. A la edad de veinte años regresó a Veracruz, en donde se dedicó al comercio, en sociedad con don Andrés Vallarino, y en el año de 1816 se estableció en la ciudad de Puebla, haciéndose cargo de los negocios de don Antonio Pasalagua, su primo, y de don Lorenzo Carrera. Contrajo matrimonio en Xalapa con la señora doña Bárbara Ávalos y Varela, nieta de acaudalado hacendado, de apellido Varela, que poseía una gran cantidad de haciendas en el valle de Atlixco del estado de Puebla.

Hijo de español rico, era, como ya se dijo antes, un criollo que recibió especial cultura, pues no era común en aquellos tiempos el que los jóvenes se educasen en Inglaterra, ya que el gobierno colonial veía con recelo toda clase de relaciones que no fuesen con la madre patria. Murió a la edad de 55 años, el 7 de marzo de 1847, y fue enterrado en la capilla del Rosario de la iglesia del Carmen de la ciudad de Puebla de los Ángeles. Vivió varios años en la casa No. 1 de la primera calle de Mercaderes de la misma ciudad, casa histórica por sus muñecos de azulejos, que el constructor colocó en la fachada para burlarse del ayuntamiento que no permitía la erección de una casa de tres pisos, y a quien le ganó un pleito que estableció con ese motivo. Antuñano poseía una casa de campo en la parte alta del

Paseo de San Francisco, que aún es propiedad de la familia, en la plazuela que lleva su nombre.

Antuñano formó en el año de 1829 el Batallón del Comercio de Puebla, del que fue coronel honorario; y a él se refiere un artículo publicado en *La Ilustración Ibérica* —periódico madrileño— a propósito de haberle puesto el nombre de *Esteban de Antuñano* a un vapor de la Compañía Mexicana de Navegación. Es original el artículo por sus conceptos sobre la conquista, ya que está redactado por un español y vale la pena de agregarlo, en parte, a esta biografía. Dice así:

"...La lóbrega noche de la fratricida pelea, parecía no tener crepúsculo matutino, pero el valiente coronel efectivo mejicano forjaba ya en su mente las ideas plausibles que debían oscurecer, como si pudiesen ser oscurecidos, después de haber brillado tan alto y con soberana fijeza, los varios hechos que realizó en el campo del honor. No fue el último en la guerra, ni quiso serlo tampoco en la paz. Anticipóse con exceso a los planos industriales de sus conciudadanos. Todo corazón y entusiasmo, quiso que México pudiese recoger el fruto de la semilla por él sembrada. No se equivocó por cierto el magnánimo y caritativo coronel Antuñano. Hoy, un número de fábricas pregonan con patriótico orgullo la obra capital del que fundó la que se llamó "La Constancia Mejicana", y millares de obreros, antes de rendirse bajo el peso de las fatigas del día, no olvidan elevar una plegaria para el reposo eterno de aquella alma que goza inefables dichas en las etéreas regiones.

La Compañía Mejicana de Navegación, cumple como buena dando su nombre a un esbelto paquebote, modelo de arquitectura, acabadas líneas, esbelto plantar y elegante aparejo, como lo fue en todo lo que se roza con el pundonoroso militar y el industrial inteligente, perseverante y jamás rendido a los golpes de la adversidad, el que a la par que modelo de mejicanos fue amante de nuestra patria, en la cual recibió su educación, que le inspiró, sin suda, el amor a lo bello, a lo grande, a lo sublime.

Para extinguirse en México el nombre del coronel Antuñano, debería disiparse de una manera eterna la última espiral de humo que arrojaran las elevadas chimeneas, que cual centinela avanzado marcan el campo de la lucha industrial; y esto no podrá suceder nunca, porque México, dueño ya, con toda evidencia de una causa y no menos profundo conocimiento de verídica eficacia, de sus verdaderos destinos, avanza gigantescamente en la senda del adelanto, del progreso indefinido, de la absoluta prosperidad. Y todo ese conjunto armonioso, todo ese caudal de bienes inapreciables, toda esa suma de indiscutibles ventajas, supo atesorarlos aquella nación ejemplar, por haber pensado en época propicia que quedaba ya borrado el periodo de prueba, de desolación y lucha, para no fijarse más que en lo que convenía a la paz profunda y al desenvolvimiento de los veneros innumerables de riqueza que encierra aquel suelo sin rival y que por algo quiso el hado favorable que lo conociera Hernán Cortés, pues únicamente podía realizar cuanto nos admira un país que obligó a sus conquistadores a ultimar con verdadera pesadumbre, bajo el árbol de la Noche Triste, los extremos a que no tuvieron que acudir, ni por asomo siquiera, los demás capitanes que dirigieron su ruta al Nuevo Mundo. Digámoslo de una vez, por más que brote de labios españoles; México, sólo México podía ser elegido en los inescrutables designios del Eterno, para obligar al célebre Hernán Cortés a tener que sentir con melancolía profundísima que no en balde se atenta por ningún conquistador a la independencia de una raza ilustre, continuadora de la larga serie de las que se le adelantaron en mostrar al mundo todo que no es civilización lo que pretenden y quieren que sean numerosas legiones de hombres empedernidos que a duras penas pueden concebir remotamente la idea de patriótico orgullo que pueda germinar en el cerebro de jefe de nación, por más que se les considere salvajes y sean también los medios que pongan en práctica para reducirles a una obediencia que nos había de llevar con el tiempo a un perpetuo reconocimiento de respeto y admiración, como en la actualidad nos sucede, y dicho sea esto sin menosprecio de nuestro orgullo nacional."

No tenemos a la mano mayores datos sobre la vida social de Antuñano, ni hace falta hacerlos constar en esta biografía, pues la historia de su vida es la de su actuación en la industria y la gran influencia que tuvo sobre la orientación económica de México. Veremos por su dinámica actuación, que fue un hombre que verdaderamente se adelantó a la época en que vivió; que fue liberal y hasta precursor de los revolucionarios de la Reforma en todas sus ideas económicas y sociales, aunque políticamente no lo era, y que se distinguió como economista, disciplina poco conocida en México en aquellos tiempos. Su educación en Inglaterra, en momentos que en ese país se desenvolvía la gran industria, le hizo amar a ésta, y toda su vida la dedicó a establecerla en su patria, porque juzgaba que únicamente así podría engrandecerla para que se supiese a la altura de las naciones europeas más adelantadas. Economistas modernos han criticado la acción enérgica de Antuñano para dotar a México con la industria de hilados y tejidos de algodón, encareciéndole al pueblo la vida, puesto que las telas importadas resultaban más baratas que las nacionales que tenían una alta protección en las fronteras; pero en la actualidad las ideas de libre cambio, aunque son muy sugestivas, no pueden ponerse en práctica, y todas las naciones piensan, como pensaba Antuñano hace cien años, que conviene dotar a la patria con industrias que le proporcionen la mayor cantidad de los bienes más esenciales para la vida. Este fue el ideal por el cual Antuñano luchó durante toda su existencia, no sólo estableciendo sus fábricas, sino haciendo una intensa propaganda de sus ideas por medio de una multitud de folletos y de artículos periodísticos que escribió sobre asuntos económicos. En el curso de esta biografía veremos que hace cien años, cuando se comenzaba a organizar la economía de la flamante República Mexicana, una vez destruido el sistema colonial que sujetaba con mil trabas la explotación de los recursos naturales y la extensión de la industria y el comercio, se presentaron los mismos problemas de crédito, de proteccionismo y de libre cambio que hoy se estudian en todo el mundo, y que nosotros tenemos al frente para darles la mejor solución.

Antuñano, tipo representativo de los criollos mexicanos hijos de español, seguramente que no tenía ni las ideas políticas ni las económicas de éstos. En alguno de sus escritos se habla del reparto de la tierra y de asuntos agrarios a los cuales sólo da importancia en las tierras tropicales, seguramente porque de ellas esperaba el abastecimiento de algodón para sus fábricas. No abundaba probablemente en las ideas de los caudillos representantes de los mestizos y de los indios: Morelos, Guerrero, Álvarez; pero era un verdadero revolucionario exponiendo ideas que en aquellas épocas se estimaban como muy atrevidas y proporcionaban grandes enemistades con el poderoso clero, con el gobierno y con la misma sociedad elevada a que él pertenecía. Para dar una idea de lo que pensaba sobre reformas sociales, que Lerdo y Juárez hicieron posibles diez años después, basta conocer uno de sus folletos que contiene una carta abierta a los editores del *Monitor Republicano* y que titula: *Economía política en México advertencia insurrección industrial*.

Antuñano se ponía, con este plan, al nivel de los reformadores que legislaron diez años después, e indicaba reformas que se han podido hacer hasta el año de 1910. Pero decía en sus conclusiones que no sería factible el plan si antes no se creaba en México la riqueza por medio de la explotación de la industria, la agricultura tropical y el comercio, porque la disminución de los estudiantes de teología, de los conventos y del clero, daría por resultado que una gran cantidad de gente no tuviese una ocupación a qué dedicarse, y esto ocasionaría gran descontento.

Es seguro que la educación que Antuñano recibió en Inglaterra, le hizo ver los grandes defectos de una sociedad en la cual muy pocas gentes eran las que producían y muchos los que vivían pesando sobre este pequeño grupo. Vio claramente que la situación política quedaba perfectamente definida con el régimen republicano federal que podría sostenerse sin necesidad de ejércitos en el interior, pues bastaría, como debe bastar en una sociedad de alta cultura, con el servicio de policía, dejando al ejército en las fronteras, en donde él veía el único peligro. Pero advertía que, para conseguir esto, se necesitaba crear la riqueza que daría el bienestar a todo el pueblo, creyendo, aunque no lo explicara claramente, que no puede haber paz dentro de un país, ni entre naciones, si no existe la tranquilidad económica, cosa que se ha comprobado plenamente entre nosotros, pues las revoluciones no han sido más que un deseo de mejor acomodamiento de las clases oprimidas, primero por los conquistadores y después por el grupo escogido de extranjeros y de criollos de todas las nacionalidades que tuvieron la posesión de la tierra, y dominaron todas las actividades. Antuñano deseaba la inmigración de gente de trabajo, para evitar, decía, que nos subyuguen en todo; pero no deseaba, como veremos después, que se establecieran capitalistas que absorbieran las actividades del país. En esta lucha se dio a conocer como un verdadero patriota altamente nacionalista, contrariamente a muchos mexicanos que se ponen de parte del dominador extranjero tan sólo porque fueron educados en otro país.

Debemos fijar la atención en que, tratándose del problema agrario, fue de las mismas ideas de Bulnes, quien daba poca importancia al cultivo de los cereales y abogaba por la agricultura tropical, quizá con el objeto de que gran parte del pueblo pobre de los valles áridos de la Mesa Central se estableciese en terrenos en donde encontraría mayores facilidades para vivir mejor y capitalizar.

Finalmente, acometía el problema del proletariado profesional, atacando la tendencia heredada de los españoles de dedicar a los hijos a la carrera de abogado o a la de sacerdote en vez de dedicarlos a la producción, cuyos trabajos se veían despectivamente. Hasta después de 1910 hemos logrado que nuestra juventud comience a tomar en cuenta las carreras técnicas y comprenda que es necesario que los mexicanos entren al manejo de la producción, que ha estado en manos de técnicos extranjeros. Por esto pedía que se suspendiese la antigua educación por veinte años, tiempo necesario para que una nueva generación pensara en forma distinta y abandonase las tradiciones. Cien años después hemos estado pensando en el mismo problema.

Antuñano era todo un carácter al que no le arredraban los obstáculos, por grandes que éstos fuesen. Para proveerse de maquinaria de hilados y tejidos se tropezaba con grandes dificultades en aquella época, a causa de que las fábricas no se daban abasto, pues los Estados Unidos estaban en un periodo febril de establecimiento de la industria algodonera. Palpando estas dificultades y convencido Antuñano de que la prosperidad de Inglaterra se debía a la explotación de sus minas de hierro, que le permitían fabricar toda clase de maquinaria, luchó para conseguir capitales que se destinaran a esta industria, estableciendo fundiciones y talleres que se pondrían bajo la dirección de maestros ingleses que él traería al país. Antuñano creía que México podría ponerse a la altura de Inglaterra, pues aseguraba en sus muchos escritos sobre el particular, que México estaba en mucho mejores condiciones en cuanto a jornales y que únicamente le faltaba la dirección técnica y la experiencia que tenían otras naciones industriales. Su amor por la industrialización de México en la que fundaba todo el progreso y porvenir de su patria, le hizo concebir demasiadas ilusiones y sufrir grandes desengaños, pero de todas maneras realizó una gran obra.

En los momentos en que los gobiernos se sucedían rápidamente unos a los otros, sin que fuese posible establecer plan alguno que llevase a la República hacia un fin político y económico determinado, Antuñano, que tenía seguramente la visión del futuro que distingue al político y al economista, pensaba en planes de gobierno que era preciso seguir para lograr una acción de conjunto en la administración, tal como se piensa establecerlo ahora en México y como lo ha hecho Rusia en momentos en que se vio obligada a cambiar totalmente sus antiguos regímenes políticos y económicos en busca de un mejoramiento social básico.

Su interesante plan es el siguiente:

"1o. La creación de las juntas directivas de la industria, porque ellas han de dirigir las operaciones de la industria agrícola y fabril, cosa indispensable en nuestros atrasos económicos.

2o. La colonización de las costas; para aumentar los consumos y la agricultura tropical, y sacar las ventajas con que la naturaleza y la localidad brindan.

3o. El aprecio y remuneración a los que con acierto y constancia se dediquen o aventajen en descubrimientos y fomento de la industria, para despertar por el más poderoso estímulo, que es el interés, el fecundo ingenio mexicano en favor de objetos productivos y nobles.

4o. la propagación de las plantas y animales exóticos, y de los no cultivados y procreados últimamente hasta aquí, para que crezcan los ramos del campo, y proporcionar baratas las primeras materias a la industria fabril.

5o. Los caminos y canales, porque sin ellos es imposible tener una económica y provechosa comunicación, y se harían inútiles los esfuerzos de las artes y de la agricultura y del comercio.

6o. La formación de una estadística de población, productos y consumos con un mapa geográfico, para conocer el origen de nuestras necesidades y recursos y aplicar remedios oportunos.

7o. La relajación absoluta de las leyes sobre el mutuo usurario; para poner en circulación productiva los grandes capitales depositados en monedas y alhajas, que hoy nada fructifican ni a sus dueños ni a la riqueza pública; y cortar con sus propios filos ese tráfico usurario, que ejercen unos pocos capitalistas, tan destructor del erario público y de todo individuo laborioso, cuando se halla obligado a ocurrir a préstamos y enajenaciones de créditos contra la hacienda pública.

8o. La clausura de algunos puertos, cruceros marítimos y leyes muy severas, para aminorar el contrabando, que representa a la insondable fosa donde se sumergen los esfuerzos de nuestros artistas principiantes, y el tesoro y crédito nacional.

9o. La reducción de los días festivos, para no perder tiempo en los asuntos de la industria honesta y productiva; aumentar los recursos de subsistencia, abaratar las manufacturas y mejorar las costumbres religiosas, civiles e industriales, precaviendo los vicios de nuestros trabajadores.

10o. Conservar la moneda de cobre en la circulación con el tipo de que hoy goza, para que nuestra industria mecánica, contando con mayor cantidad de moneda sobre que cambiarse, con menos demérito que la industria extranjera, pueda alternar con ésta mientras aquélla sea incipiente e imperfecta y no económica; y bajo esta salvaguardia vaya progresando en términos de ir excluyendo aquélla de nuestros mercados en muchos renglones.

11o. El dividir el cobro de los derechos marítimos para dificultar el contrabando, para beneficio directo del erario nacional, e indirecto de la industria.

12o. Formar tratos de comercio en la España, para poder importar en la isla de Cuba y demás antillas españolas los artículos de industria rural (principalmente las harinas) bajo derechos cortos. Tal vez convendría hacer los mismos tratados con las repúblicas independientes, situadas en el terreno que fue conocido por Costa Firme. Por estos medios nuestra agricultura cereal gozaría de un mercado más amplio para expender lo mucho que le sobra de sus productos.

13o. El estancamiento del aguardiente u otra medida para disminuir el uso de este veneno paulatino pero efectivo, de que provienen las mayores desgracias a la gente artesana con grandísimo detrimento de toda la industria, no menos que de la moral religiosa, de la salud particular y de la paz y bienestar de las familias.

14o. El establecimiento de fábricas de construcción de instrumentos modernos y la explotación del fierro, porque esto debe considerarse el preliminar, la introducción, la base material de toda la industria. Hablaré con extensión sobre este párrafo en la segunda parte.

15o. El que las fábricas de hilados y tejidos no puedan fijarse sino a 25 leguas de la costa para quitar la ocasión de contrabandear los hilos o telas extraños, amparados por las fábricas cercanas a los mares, y de lo que se seguirá gran detrimento a las demás fábricas nacionales y al erario público.

16o. La persecución a la ociosidad en medida indispensable en un pueblo, que ubicado en un suelo por extremo fértil y que careciendo de ideas y de estímulos para usar en su beneficio la munificencia divina, acaba de salir de la tutela capciosa de una metrópoli, que consignaba la seguridad de su dominio sobre la holgazanería, que siempre produce la ignorancia, la pobreza y la degradación.

17o. La prohibición absoluta de todas las manufacturas extrañas, que probadamente nosotros podemos construir de un modo fácil y barato, es la base de toda la reforma económica de México. La prohibición de dichos, es propiamente el arreglo del comercio extranjero; ella es el más eficaz estímulo, la única garantía que se puede presentar a los mexicanos para adelantar en las artes mecánicas, moviéndolos a empresas tan costosas como arriesgadas y desconocidas, siendo asimismo la mejor precaución que se puede oponer el escandaloso y muy ruinoso contrabando, que se hace por toda nuestra larga línea circunvalar, y del cual ha venido secundariamente el aniquilamiento de nuestra tierra y torpe industria, y el estado angustioso y bochornoso en que está el erario nacional y de todo junto, la revolución, la ignorancia y la pobreza que nos ha asistido y nos acompañará, en tanto que el pueblo no halle abundante ocupación útil y honesta, y que el gobierno sólo cuente para hacerse respetar, con los auxilios precarios que le ministran las mercancías forasteras, constantemente cercenadas por los contrabandos y por las repetidas negociaciones agióticas. La prohibición por último, es la base moral de la industria."

En ese plan se abarcan todos los problemas. Desde luego se indica la necesidad de que exista un centro director para la orientación de las industrias, medida netamente socialista; se habla de la necesidad de favorecer la agricultura tropical y de poblar las costas, gran descuido de la época colonial y de los gobiernos independientes que siguieron; se pide la construcción de caminos y canales para la circulación de los productos; la estadística y la planificación del país para conocer las necesidades y recursos: la organización del crédito que estaba en manos de los usureros que explotaban al gobierno y a los particulares; la persecución del contrabando, que hoy se efectúa en otras formas; la conservación de la moneda de cobre, depreciada grandemente, como medio de protección a la producción; los tratados de comercio, la fabricación de máquinas y la protección a las industrias en forma de prohibición, única forma que evitaría el contrabando.

Los diecisiete puntos aparecieron en un extenso folleto impreso en Puebla el año de 1837 en la imprenta del Hospital de San Pedro, y su título era *Pensamientos para la Regeneración Industrial de México*. Antuñano gustaba de estos títulos sugestivos, semejantes a los que usaba Saint-Simon, a quien debió haber leído, pues abundaba en muchas de sus ideas.

Los primeros 25 años de la Historia Económica de México. Esteban de Antuñano, fundador de la industria textil en Puebla, 2 volúmenes, México, D. F., Publicaciones de la Secretaría de Hacienda y Crédito Público, 1957.

LOS HOMBRES DE LA REVOLUCIÓN

CARLOS M. IBARRA

Carranza tuvo que enfrentarse, ya como primer jefe del Ejército Constitucionalista, ya como presidente, a todas las responsabilidades de una revolución triunfante que tan hondamente conmoviera al país.

Las relaciones diplomáticas se habían dividido, pues hubo países que reconocieron a Huerta, otros a la revolución que él encabezara, —el mismo Villa tuvo no sólo sus coqueteos diplomáticos con Washington sino también contó con un observador norteamericano a su lado—. Y las intenciones de algunos jefes revolucionarios para derrocarlo, también tuvieron su aspecto de apoyo exterior.

Además, en plena guerra europea, Alemania, más por provocar dificultades con los Estados Unidos, que por obtener algún objetivo militar preciso, hizo insinuaciones y hasta promesas a Carranza si rompía con el poderoso vecino, que Carranza desoyó, logrando mantenernos alejados de la contienda a base de una rigurosa neutralidad. Ya comenzaba la política internacional de no ceder ante Washington, procurando conservar hasta lo último la dignidad nacional; lo mismo en este espinoso asunto de la primera guerra europea que en las controversias derivadas del petróleo y los repartos agrarios que afectaban a ciudadanos norteamericanos.

El problema hacendario y crediticio era grave. Hubo que acabar con las variedades kaleidoscópicas de los innumerables billetes emitidos por las diversas facciones revolucionarias, por algunos generales y hasta por tal cual gobierno "independiente", —Oaxaca "recuperó" su soberanía de la Unión Federal en los momentos de mayor incertidumbre— y hasta con los rezagos de ciertos papeles emitidos por el gobierno de Huerta. Estos billetes no tenían más respaldo que "el triunfo de la causa". Se decretó la moratoria, se hizo una revaluación de los documentos en circulación, se lesionaron muchos intereses particulares y muchos más de los oportunistas que esperaban obtener grandes ganancias con el agio y la situación caótica y, finalmente, después de haberse emitido una nueva serie de billetes, los "infalsificables", que se aceptaron de mala gana y muy despreciados, se llegó a la solución de suprimirlos por completo, circulando solamente monedas de oro y plata. Esto, cuando las consecuencias de la guerra europea hundían hasta el desplome total a países como Alemania. México fue así en plena crisis monetaria mundial, de los poquísimos estados que se permitía el lujo de circular solamente metales preciosos. A la larga, no pudiendo absorber su propia moneda, se exportó muchísimo, hasta que se reprimió drásticamente este comercio monetario ilegal.

Poner en orden a civiles que antes de llegar al poder eran infelices desprovistos de todos los goces de la influencia oficial y que se entregaron a los abusos de quien de pronto llega a tenerlo todo: especulaciones, contrabandos; poner en orden y paz a un ejército nuevo, de extracción revolucionaria, cuyo origen era precisamente la sublevación contra el gobierno, eran problemas muy graves. La escuela del nuevo ejército, sin duda esencialmente popular, pintorescamente popular, había sido la resistencia a la autoridad. Las aficiones de los soldados eran, pues, no hacia el apoyo a un gobierno legítimo, sino a considerar todo poder público como ilegítimo. Como alguno de sus más típicos representativos dijera: "... La revolución degeneró en gobierno", frase que por resumir tanto, no necesita mayor comentario.

Reducir a la obediencia y a la civilización a generales que, seis años antes eran unos desconocidos analfabetos sin más porvenir que el surco o el comercio ambulante, era una tarea de años y de extrema delicadeza que debería llevarse las energías de Carranza, —muchos desmayos también— e impedirle realizar obras verdaderamente revolucionarias, que aunque consignadas en la Constitución, ofrecían grandes dificultades en su ejecución.

Cuando después de una obra moderada y complaciente en algunos aspectos, se enfrentó al problema electoral, era indudable que los militares con méritos bastantes hacían mayoría a los civiles. Carranza se inclinó al civilismo y fomentó la candidatura de Bonillas, embajador en Washington, alejado de tiempo atrás de las más vivas realidades y casi desconocido.

No fue esto, sino el inevitable hervor de los generales con aspiraciones políticas y la mecánica social del necesario reacomodo de las tendencias variadas de todo movimiento revolucionario que tanto cambiara la estructura de México, lo que dio origen a la nueva rebelión que le restó popularidad de manera fulminante, pasándosela a Obregón, el general sublevado, que le costó la vida al mismo Carranza y puso en el poder al triunvirato de sonorenses, De la Huerta, —el único civil—, Álvaro Obregón y Plutarco Elías Calles.

Después del gris interinato de De la Huerta, subió al poder Obregón.

Fue una presidencia pintoresca de soldados en triunfo. El hombre, hábil y afortunado militar, de tan claro talento natural y memoria prodigiosa, autodidacta, sanguíneo, dicharachero y alegre, tenía las cualidades necesarias para caudillo. Sin duda que fueron estas cualidades y circunstancias las que le llevaron al poder en contra del austero, sagaz y avariento Carranza. En Obregón se concentraban por entonces los anhelos populares de que un hijo del pueblo, hechura de la revolución, llegase al más alto puesto.

No fue mal político, pero le arrastró su sentimentalismo, su exuberante y agresiva salud, su sentido criollo de la vida. Intuitivo, pero poco afortunado en las ejecuciones prácticas. Proyectista, pero sin solucionar satisfactoriamente lo planeado, bien intencionado. Gobierno de amigotes, desorden hacendario atenuado por las entradas del auge petrolero que llegó a alcanzar casi la mitad de los ingresos nacionales; algunas buenas medidas revolucionarias. El reparto agrario se hizo con profusión y sin misericordia para los hacendados: se llegó a entregar armas a los campesinos para que defendiesen sus recientes adquisiciones. Se vivía en plena violencia vengativa de viejos agravios.

En educación, el ministro Vasconcelos contó con el mayor presupuesto que tuviera hasta entonces esta actividad en toda la historia nacional. Se entregó a una labor que ya es definición del México moderno y que ha traspasado las fronteras para convertirse en programa mundial de educación. Los muros de los grandes edificios públicos comenzaron a llenarse de frescos con escenas sociales y revolucionarias, de donde saldría la fama de nuestros pintores: Orozco, Rivera, Siqueiros y otros más. Se crearon las escuelas rurales, para que hasta a los ranchos más alejados llegasen el alfabeto y la aritmética. Se editaron por cientos de miles y se entregaron gratuitamente, las obras de los grandes clásicos. En las fiestas del recién construido Estadio Nacional, docenas de millares de niños cantaron y bailaron las danzas nacionales, ataviados con los trajes regionales cuya belleza, ritmo y plasticidad, superaron a cuanto se había visto o imitado. Fue una renovación del nacionalismo, tan desdeñado por el sistema porfiriano.

Obregón, profundo conocedor del alma humana, logró domeñar a los inquietos militares. Frase suya fue la de que no había general que resistiese un cañonazo de cincuenta mil pesos, cantidad que entonces representaba una pequeña fortuna y que el manco y hábil artillero supo disparar atinadamente. No volvió a triunfar desde él ninguna revolución ni ningún cuartelazo, es cierto, pero inició la época de los generales millonarios.

Cuando a su vez tuvo que combatir la inevitable rebelión precursora del cambio de presidente, que supo prever y calcular con gran astucia, aunque combatía contra la mayor parte del ejército que se le sublevó, la victoria gobiernista de Ocotlán, en Jalisco, demostró que los métodos revolucionarios de apenas ocho años antes, a base de valor personal y golpes de audacia, estaban por completo liquidados. La formación de la nueva oficialidad y la modernización del ejército, —obra suya— eran ya un hecho.

Calles sucedió a Obregón por vía electoral. Sin duda que mucho hizo Obregón para ayudarle a llegar. El contraste entre ambos no podía ser más marcado. El pálido y cargado de hombros nuevo presidente, austero y seco hasta la aspereza, hacía un gobierno interesante y original. Modesto maestro de pueblo en su juventud, burócrata de tercera fila en las aldeas sonorenses, compartiendo a veces las labores del campo con residencias en los estados norteamericanos de Arizona y California; tarado por una herencia alcohólica que reprimió con tal severidad, que no bebía sino agua mineral y le impulsó a fusilar a alguno de sus soldados, que encontrara en estado de ebriedad; general ordenancista, pero sin brillo, de frío valor; irreligioso, llevó sus características a su obra administrativa.

El ejército sintió lo que era una dura disciplina de cuartel y privada. Se acabaron los sombreros texanos, la variedad de pistolas, los cinturones de gruesos bordados de plata, los uniformes entre civiles y militares, herencia de la revolución y de Carranza y que Obregón no llegó a extinguir del todo. Los arranques líricos y sentimentales de Vasconcelos se templaron por una mejor organización de las escuelas rurales que se multiplicaron bajo su ordenado gobierno, cuyas finanzas vigiló y encauzó de tal manera que creó el Banco de México, mandato constitucional que Obregón, con su criollismo a base de improvisaciones desconcertantes, geniales e inesperadas, ignorante de las monotonías del *debe* y el *haber,* no pudo realizar. Creó, además, el Banco Ejidal para refaccionar a los ejidatarios recién dotados de tierra. Se construyeron las primeras grandes obras hidráulicas y se hicieron caminos de utilidad, como del ya secularmente abandonado puerto de Acapulco, que jamás había conocido lo que era un automóvil.

Duro y exigente, hizo cumplir las leyes con tal rigor, que provocó la sublevación "cristera", en la que se mezclaban lo mismo la resistencia a ciertas inocuas disposiciones en materia de cultos, que agravios de los rancheros desposeídos de sus tierras por los repartos agrarios precipitados.

Sin duda no era partidario de la reelección, pero tuvo que soportar que la popularidad de Obregón, en contraste con su impopularidad, le llevase por el camino de los compadres, los innumerables amigos y su capacidad de caudillo, a una nueva campaña electoral. Todavía Calles sofocó con esa dureza cruel y rápida que tanto le definía, la apenas iniciada revolución de Gómez y Serrano, aspirantes a la presidencia.

Terminaba su periodo gubernativo con una eficaz organización hacendaria y administrativa, pero salía más impopular y odiado de como entrara. El asesinato de Obregón a manos de un infeliz alucinado religioso, cambió por completo el panorama político.

En 1928, a raíz de dicho asesinato y pocos meses antes de entregar el poder, lanzaba su famosa declaración de que el país, encauzado ya por senderos democráticos, no aceptaría reelecciones ni poderes tras el trono, porque las instituciones eran superiores a los hombres y creaba un "Partido Revolucionario" que regulase las actividades políticas de todo el país, absorbiendo los partidos locales, pues todos los de extracción revolucionaria tenían las mismas tendencias y era absurda la segmentación, resolviéndose los problemas políticos y electorales, previamente por medio de discusiones internas y plebiscitos del mismo partido. Los candidatos, después de una depuración dentro de las direcciones del partido, serían únicos. Por esa época Mussolini era el hombre más popular del mundo y el nuevo partido, sin duda, por lo menos en su aspecto exterior, tiene algo de inspiración italiana.

Fue presidente provisional Emilio Portes Gil, joven gobernador de Tamaulipas, quien realizaba en su persona la fusión de las tendencias obregonistas cada vez más desorganizadas y el creciente poder del mandatario saliente. El nuevo presidente, cuya función más importante debería ser la de convocar a elecciones para quien sustituyese a Obregón, logró terminar el conflicto cristero y llevó a cabo una acelerada obra de repartos agrarios y mejoramientos obreros. Llamó al Ministerio de Gobernación a Ortiz Rubio, amigo y ministro de Obregón, quien desempeñaba por entonces en Europa y Sud-América, importantes puestos diplomáticos.

Se creyó, por los dirigentes políticos, que este llamado era para poner en el plan de la popularidad y por ello, de la candidatura del Partido Revolucionario al nuevo ministro; sintiéndose cada vez con más fuerza el influjo de Calles en todo esto, cuya personalidad se acrecentaba, no obstante no tener ningún puesto oficial y así, antes de que el mismo Ortiz Rubio tomase posesión de su ministerio, se le ofreció la presidencia, que aceptó.

Sin personalidad política, desconociendo las nuevas realidades, el nuevo presidente sufrió un atentado el mismo día de su toma de posesión, que un sector de la murmuración atribuyó a Calles, no obstante que otro grupo de opinión creía que, por el contrario, el hombre no era sino un mero instrumento del "Jefe Máximo", como a poco la adulación llamó al expresidente Calles.

El *maximato* tuvo todas las características y oportunidades para convertirse y ser no sólo una dictadura, sino una auténtica tiranía, sobre todo en los gobiernos de las provincias y entre los funcionarios inferiores, que usaron abusivamente del nombre y amistad de Calles.

Contaba con la falta de resistencia del obregonismo, disperso y cada vez más desorganizado, desde el homicidio de su jefe y cuyos miembros más prominentes acabaron por caer en la órbita del "maximato". Aunque en los primeros meses del asesinato, se atribuyó el mismo, nada menos que a Calles, la investigación

241

judicial, llevada hasta lo último, demostró que el autor no era sino un infeliz fanático simpatizante de los "cristeros", quien creyó que con su crimen libraba a su patria de un tirano anti-rreligioso, pues Obregón reprobó el movimiento "cristero".

Descartada la responsabilidad de Calles en la desaparición de Obregón, los partidarios de éste, cada vez más desconcertados, iniciaron la desbandada. Más aún, la última sublevación que hemos tenido, la de principios de 1929, dejó desterrados y natu-ralmente sin la menor influencia, a los obregonistas más fanáti-cos y atrevidos. La famosa popularidad del caudillo se esfumó, lo que demostró que aparte del reducido grupo de hombres de valer, de sus leales, no había sino ambiciosos y oportunistas.

Disperso el grupo de resistencia, la autoridad de Calles se agrandó. A esto se unió para darles tintes de tiranía, la dureza de su carácter, poco simpático, sombrío... Sus amigos y hom-bres de confianza se apresuraron, miméticamente a parecérse-le, convirtiéndose en una corte de empistolados adustos, atrabi-liarios, perdona-vidas impunes e irresponsables. El ambiente de esos años fue en realidad de los peores.

Desconcertado Ortiz Rubio, llevó a cabo una política vacilante, inconexa, desafortunada hasta lo último, oscilando entre la in-fluencia de los dirigentes del Partido a quienes debía la elección, la autoridad de Calles que dejó crecer y alentar sin medida, a veces hasta con la repugnancia del mismo Calles, pero más a me-nudo con la complacencia y la satisfacción del hombre que ya se creía indispensable y, finalmente tratando de vez en vez de recu-perar, sin lograrlo, su autoridad, crecientemente desprestigiada.

Sin apoyo de fondo, juguete de influencias contradictorias, renunció. Le sustituyó Abelardo Rodríguez, general de la escue-la de Obregón y de Calles, de quienes fuera oficial; con más energía, confianza y personalidad que su antecesor. Sin duda que aunque perteneciente al sistema del "Jefe Mexicano", Ro-dríguez gobernó con más libertad.

Entregó el poder mediante elecciones a Lázaro Cárdenas, su

compañero de armas, con quien tuviera los mismos jefes. Pero el soldado ordenancista, valiente, pero de poca fama guerrera, que prometía ser uno más en la órbita callista, resultó ser el hombre de más personalidad política, que hasta entonces hubiese tenido México en el siglo XX.

En efecto, a los pocos meses de asumir el cargo, surgió le censura del "Jefe Mexicano", a su política agrarista y obrerista, en célebre entrevista con el senador Padilla, quien más tarde sería candidato en derrota a la presidencia. Cárdenas hizo funcionar a toda su capacidad el telégrafo y el teléfono y en dos horas cambió por completo su gabinete y puso en los altos puestos militares a los hombres de su mayor confianza. Al mismo tiempo, declaraba que las responsabilidades del poder público le correspondían por entero a él por ser el presidente y que no estaba dispuesto a aceptar influencias de nadie, por más poderoso que fuese. Las declaraciones, certeras, oportunas y efectivas como un disparo al corazón, derrumbaron en el acto al "maximato" como un castillo de naipes, sin un tiro, ni una gota de sangre. Calles se desterraba voluntariamente, abandonado de todos, en una desbandada impresionante. Sólo le acompañó al aeropuerto el expresidente Portes Gil.

El apoyo de Cárdenas fueron ahora los obreros y los campesinos encabezados los primeros por Lombardo Toledano, los segundos bajo la jefatura de Gabino Vázquez y Graciano Sánchez.

Inició una nueva política radical unida a una personalidad extraordinaria. De un vigor físico que le hacía llevar a cabo jornadas enteras a caballo, de dieciocho horas, por semanas enteras a través de la selva lacandona o del desierto de Mapimí, permaneciendo aislado no sólo de sus subordinados oficiales, sino de su propia comitiva que no podía seguirlo con tanta celeridad y resistencia; algunas de sus famosas caminatas se hacían llevando una estación de radio portátil de onda corta, pero en otras ocasiones ni eso era posible llevar. Con una resistencia de gran madrugador, nadador en los peores inviernos tarahumaras, caminante en los veranos tropicales, Cárdenas recorrió palmo a palmo el territorio nacional, deteniéndose por horas y horas a la orilla de los caminos rurales, sentado en una piedra a la ínfima sombra de los izotes, para oír a los campesinos a quienes dotó de tierras hasta lo último.

Este apóstol atlético, completamente diferente del tipo flaco y alucinado, llevó a cabo, desde el poder, una revolución completa. Cumplió hasta lo último el reparto de tierras, la creación de escuelas, el mejoramiento de los trabajadores. Construyó caminos, ferrocarriles, obras hidráulicas; expropió cuanto le pareció necesario para entregarlo a los campesinos pobres; endeudó al país con sus obras de refacción a los necesitados, en todo con una decisión, una firmeza de quien sabía que sólo contaba con un poder presidencial de seis años. La prosperidad actual de México, su engrandecimiento material, su fama internacional, datan en mucha parte de entonces.

Cuando después de una prolongada huelga y la rebeldía de las empresas petroleras a un fallo de la Suprema Corte, Cárdenas decretó la expropiación de dicha industria, la de mayor capital, producción e influencia en el país, la nación entera respaldó la actitud de quien se enfrentaba al más poderoso imperialismo mundial. 1938 será uno de los años decisivos en la historia de México.

En detalle, su obra aparece carente de conexión, desbaratada y mal ejecutada, impaciente y mal soldada y sus colaboradores fueron, en general, mediocridades. Como Calles, se quejó de la falta de capacidades en sus hombres, si no los más inmediatos, sí en la burocracia, que no trabajó con el ritmo que él deseara.

Cuando llegó la hora de las elecciones, los grupos políticos encuadrados en el Partido Revolucionario —el oficial— interpretaron la voluntad de Cárdenas en el sentido de que el sucesor debería ser el hombre de sus confianzas, Ávila Camacho, cumplido ejecutor de sus órdenes en el Ministerio de la Defensa. La oposición —dentro de las tendencias revolucionarias—

encabezada por Almazán, no tuvo ni programa definido ni guía eficaz.

Cárdenas se retiró del poder con un prestigio, una personalidad y una influencia, que nunca tuvo Calles en sus mejores días de poder tras el trono. Pudo usar de su inmensa popularidad, pero su retiro ha sido completo. No ha vuelto a actuar en política desde entonces.

El obeso, tranquilo e inexpresivo Ávila Camacho llevó a cabo una política nepotista de equilibrismo y moderación. Tuvo que hacer frente a las contingencias de la segunda guerra mundial y, finalmente, nos pusimos en contra del "Eje", pero en actitud puramente simbólica. Cárdenas ocupó el Ministerio de la Defensa solamente por el tiempo de las hostilidades, cumpliéndolo escrupulosamente y retirándose el día mismo en que se suspendió la lucha.

Se continuaron las grandes construcciones materiales como carreteras, ferrocarriles, caminos, presas de agua; se aumentaron las escuelas, se ajustaron las finanzas, pero la escuela de los generales enriquecidos y los logreros al amparo de la inflación, engendrada por la guerra y la influencia política, destacó mucho durante esta actuación. Ese es todavía el cáncer de las administraciones mexicanas.

La presidencia bajo Miguel Alemán, el único civil con Portes Gil, desde Obregón, ha llevado a cabo a escala mucho mayor, la realización de obras materiales y la construcción y servicio de escuelas, lo que constituye, desde Calles, el programa de todos los presidentes.

Después de unos meses, al principio de su actuación, de dificultades y censuras, Alemán gozó de una gran popularidad, como pocos presidentes la han saboreado. Emitir opinión imparcial sobre esta actuación, no es oportuno todavía.

Hombres e Historia en México, Puebla, México, Editorial José M. Cajica Jr., 2 tomos, cap. XIX, 1953.

EL CORRIDO Y LA MÚSICA MEXICANA
VICENTE T. MENDOZA

Tal como ha llegado hasta nosotros, el corrido es un género épico-lírico-narrativo en cuartetas de rima variable, asonante o consonante en los versos pares; forma literaria sobre la que se apoya una frase musical compuesta generalmente de cuatro miembros, que relata aquellos sucesos que hieren poderosamente la sensibilidad de las multitudes. Por lo que tiene de épico deriva del romance castellano y de la jácara, y mantiene normalmente la forma general, conservando su carácter narrativo de hazañas guerreras y combates. De la jácara a su vez ha heredado el énfasis exagerado del machismo, la jactancia, engreimiento y soflama, propios de la germanía y en labios de jaques y valentones. Marca de este modo una faceta de la idiosincrasia mexicana, creando entonces una historia por y para el pueblo. Por lo que encierra de lírico, deriva de la copla y el cantar, y engloba igualmente relatos sentimentales propios para ser cantados, principalmente amorosos.

Los títulos con que se designan los corridos en México son: romance, historia, narración, ejemplo, tragedia, mañanitas, recuerdos, versos y coplas. Estas diversas maneras de distinguirlos derivan, no de las formas musicales, sino de los asuntos que tratan y de la región de donde proceden.

El corrido mexicano, tal como lo conocemos en la actualidad, después de que obtuvo su carácter definitivo en plena revolución, es relativamente moderno; las coplas de que hace mención el P. Cavo en su obra *Los tres siglos de México*, como su nombre lo indica, no eran corridos, estaban emparentadas más de cerca con la jácara del siglo XVII. Como brotes esporádicos de corrido, ya más cercanos a la forma actual, pueden considerarse algunos fragmentos a don José Codallos o a don Eustaquio Arias que publica el coronel Barbosa en sus *Apuntes para la historia de Michoacán*; tienen ya la manera de hablar de los interlocutores por medio del relator. Es a mediados del siglo, durante las guerras de religión y fueros, cuando surge un verdadero impulso que gradualmente irá adquiriendo los últimos rasgos que distinguen este género. Todavía algunos llamados corridos publicados por Vanegas Arroyo no encierran los caracteres completos, van precedidos de décimas, y esta circunstancia aún existe en el corrido de *El agrarista* de Lorenzo Barcelata.

Señalo para la trayectoria del corrido, cuando ya ha adquirido su verdadera forma, tres lapsos fundamentales.

Primero: El último cuarto del siglo XIX, cuando se cantan las hazañas de algunos rebeldes al gobierno del general Díaz. Es propiamente el principio de la épica en que se subraya y se hace énfasis en la valentía de los protagonistas y su desprecio a la vida.

Segundo: El periodo álgido de la revolución con sus diversas etapas hasta el final de la revolución cristera. Son los años en que el pueblo de México por boca de sus trovadores expresó sus emociones más íntimas, su admiración más férvida por sus caudillos y partidarios. Es cuando se produce mayor número de narraciones y de mejor calidad.

Tercero: De 1930 a la fecha, en que el corrido se ha hecho culterano, artificioso, decadente, ya no encierra la frescura, ni el entusiasmo, ni la viveza de los hechos, ni la fuerza y pasión de quienes vivieron los acontecimientos. Actualmente sólo se les imita en la forma, en el exterior, se parodia su lenguaje; pero sólo sirven para reseñar hechos políticos o algún suceso trágico inusitado.

¡ADMIRABILISIMO MILAGRO

Inexplicable prodigio

Por la intercesión de María Santísima de los Remedios que se venera en Cholula (Estado de Puebla.)

En una ciudad del Estado de Sonora vivía Romualdo Quiñones, natural de Cholula; fué acusado por ladrón; todas las sospechas cayeron sobre de él; se trataba de un robo considerable, se le probó el hecho sin que fuese cierto, pues otros habían sido los ladrones. Condújeronle á la prisión y le sentenció el juez á muerte. La ejecución se había de llevar á cabo el día 18 de Marzo del año corriente. Faltaban dos días y este tiempo estuvo el desgraciado Quiñones sufriendo las más terribles angustias, pues nadie mejor que él sabía que era inocente del todo.

Era muy devoto desde niño á María Santísima de los Remedios que se venera en su país y encomendose con toda su alma y su corazón á tan Sagrada Señora, pidiéndole le salvara. Rezando se quedó dormido; su fé era incalculable y firmísima. Una escolta á la hora citada fué á traerlo á otro día, lo ataron y se lo llevaron al campo. Romualdo no cesaba de rezar mentalmente. Como á las tres leguas de haber andado, llegaron al punto designado para la ejecución, le vendan los ojos á Romualdo, le hacen sentar en una peña y se dispone la escolta luego para el fusilamiento.

Se encomendó con más fervor á la Virjen de los Remedios y confió en ella y en Dios. Entónces al pavoroso toque del clarín... dispararon una descarga de balazos al infeliz Romualdo, el cual cayó á tierra, acercóse el capitán y le dió el tiro de gracia en la cabeza. Retiróse el piquete muy satisfecho de que el reo estaba en el otro mundo. Dieron parte á la autoridad y todos quedaron muy conformes. Serían las once de la mañana cuando Romualdo volvió en sí creyó que soñaba, que había tenido una horrible pesadilla. Ni una herida tenía, ni una gota de sangre en la ropa. Milagro sorprendente! Comprendió al poco rato la verdad y cayó arrodillado llorando y dando las gracias más sinceras á María Santísima por el prodigio tan admirable. Tomó camino luego para su choza sin temer nada, pues sintió algo que le decía: "No temas nada, estás salvo, vete á tu habitación" Al oscurecer llegó á orillas de

Hoja volante publicada por Antonio Vanegas Arroyo. Grabado de José Guadalupe Posada.

La canción revolucionaria

Como un resultado del movimiento político que tuvo lugar durante la década del 10 al 20 de la presente centuria, el país entero se conmovió hasta sus cimientos y tanto en lo moral como en lo material se produjo una transformación completa: las ideas y los conceptos cambiaron, y los individuos fueron desplazados de sus lugares de origen hasta los extremos opuestos. El impacto espiritual fue tremendo, la idea regionalista fue sustituida por la de nacionalidad, y así dejó de pensarse en una música del Bajío, de Oaxaca o Yucatán, considerándose la música surgida al calor de la revolución como auténticamente mexicana, digna de ser estudiada.

Fue en los campamentos, alrededor de los vivaques o viajando en los trenes, en víspera del combate o acabando de verificarse éste, cuando soldados y oficiales, generales y tropa se desentendían del peligro o celebraban sus victorias con cantos procedentes de los cuatro rumbos, o traídos por el recuerdo y la añoranza del solar paterno o de la familia ausente.

La canción revolucionaria, frecuentemente tradicional o improvisada por músicos y cancioneros ambulantes, obedecía a estructuras preestablecidas, pues había formas simples de una sola estrofa, como *La Adelita*; de una estrofa con estribillo, como *La Jesusita*; de canción romántica y sentimental como *La Valentina*, o de verso dodecasílabo como *La Joaquinita*. No es, pues, una forma musical nueva la que adoptó la canción revolucionaria, y por lo tanto debe considerársele como canto ocasional nacido de la necesidad de expresión del pueblo enardecido. Basta entonces el mencionar algunos títulos: *La chinita maderista*, *La cucaracha*, *La norteña*, *La rielera*, *Las tres pelonas* y *El Quelite*.

Las características más salientes de la música tradicional de México son: en primer lugar un lirismo desbordante, lo mismo en los textos literarios que en los musicales, apoyados éstos en una multiplicidad rítmica y de forma que en sí misma constituye un tesoro de posibilidades artísticas. La melodía es mórbida, flexible, ondulante, nerviosa; su trazo en general es de un gálibo suave, de tacto liso, aterciopelado, con curvas descendentes lo mismo al terminar los incisos que al concluir los semiperiodos o las frases. La sensibilidad del mexicano no se aviene con los arabescos y jipíos del cante jondo andaluz. Las melodías andaluzas que ha heredado las simplifica: suprime las series de tresillos descendentes, pero conserva como rasgo fundamental, en multitud de casos, la cadencia melódica en la mediante. Puede asegurarse que es ésta lo más mexicano que tiene nuestra música.

El sentido melódico corresponde e interpreta fielmente el de las palabras del texto, se ciñe a él como una yedra a un tronco, resultando imitativo.

El carácter del son, género preponderante y quizá el producto más genuinamente mexicano, sin dejar de ser español, encierra un encanto especial, es al mismo tiempo estimulante y lenitivo. Jacques Soustelle describe admirablemente este efecto en un párrafo que dice en síntesis:

Frente a la posada llegaron dos hombres, con una vihuela uno y otro con un violín, y en medio de la noche la guitarra empezó a rimar en un movimiento envolvente, avasallador. Al poco tiempo el violín empezó a cantar, pero de manera contrastada, y luego la voz, independiente también, inició una serie de coplas; el conjunto era de tal naturaleza que su dinamismo conducía a una embriaguez que daba la impresión de arrebatar el espíritu hacia otros mundos. Sólo el silencio que llegó tras largo rato de sonido reintegraba a la realidad.

Por efecto de los ritmos heredados tanto del alma indígena como de la hispánica, en la melodía mexicana aparece con frecuencia la repetición obsesionante de sonidos, lo que equilibra el desbordamiento lírico; cuando este fenómeno se verifica con ritmos españoles, se hace evidente la ascendencia ya de formas declamatorias, ya de jota o de zapateado.

La armonía en la música mexicana es simple, de tónica y dominante del modo mayor, sólo que este acorde en ocasiones no solamente es de séptima, sino de novena. En el modo menor o sea en la canción de influencia italiana, además de los acordes de tónica, dominante y séptima de sensible, aparecen los de los grados 2o. y 4o.; en los sones de origen andaluz la armonización puede ser con acordes del modo dorio griego, *mi* a *mi* descendentemente; mas al concluir en la tónica se convierte el *mi* en mediante del acorde del modo mayor.

La organografía popular se basa principalmente en el instrumental hispánico. Sobrevive uno que otro instrumento indígena: el teponaztle en algunas fiestas de Jalisco; el huéhuetl en Tlaxcala; la concha de tortuga percutida y la bocina de caracol, en Oaxaca; las sonajas de diversas formas, en casi todas las danzas indígenas. Mas el verdadero instrumental mexicano se circunscribe al arpa de tres dimensiones: grande, media y pequeña, al violín, a la jaranita de cuatro cuerdas, a la mandolina improvisada con concha de armadillo de igual número, a la vihuela de cinco órdenes, a la guitarra de seis y al guitarrón jalisciense, que es el bajo sexto o bajo de espiga adaptado al "mariachi".

Las orquestas típicas incluyen el salterio, la flauta, el bandolón, la trompeta y el triángulo, existiendo además una pequeña orquesta yucateca.

Las danzas tradicionales son acompañadas casi siempre con flauta y tambor hispánicos, siendo aquella de tres perforaciones: dos superiores y una inferior, manejadas con los dedos pulgar, índice y cordial de la mano izquierda, la que sostiene al mismo tiempo el tambor, percutido éste con la mano derecha.

En fin, que la música popular y tradicional de México es una entidad estética de amplísimos horizontes, de la cual sólo se muestra aquí un suscinto panorama.

*Este milagro patente
Que asombrará á todo el orbe,
En Sonora sucedió
Con D. Romualdo Quiñones.*

Hoja volante publicada por Antonio Vanegas Arroyo

MACARIO ROMERO

Por un momento, señores,
prestadme vuestra atención,
para cantar esta historia
que conmueve el corazón.
Hay hombres que son valientes,
pero ninguno fue igual
a don Macario Romero
que tuvo triste final.
Era de buen corazón
y de buenos procederes,
siempre amigo de los hombres,
servidor de las mujeres.
Toda la gente admiraba
su nobleza y gallardía,
y en su caballo melado
donde quiera se lucía.
Era Macario Romero
un valiente guerrillero
que a las tropas federales
les hacía temblar el cuero.
Quiso mucho a Jesusita,
hija del Gobernador,
llamado Vicente Llamas
quien no aprobó aquel amor.
—Mi General, yo me voy
con su licencia o sin ella,
que mi chata allá me aguarda,
aunque caiga una centella.
—Pues vete con Dios, Macario,
que te cuide es mi deseo,
que ese vil de don Vicente
quiere hacerte algo muy feo—.

Macario montó violento
en su caballo melado
y se fue pa' la ciudad
sin tener ningún cuidado.
Cuando le vieron venir
sus traidores enemigos
dieron parte a don Vicente
que estaba con sus amigos.
Don Vicente, luego, al punto,
a todos los escondió
y los mandó que salieran
cuando Romero llegó.
El baile estaba animado
cuando allí Macario entró
y al verle se sorprendieron
y hasta el baile se paró.
Luego llegaron los viles
e hicieron fuego sobre él;
sin respetar a la gente
lo hicieron pronto caer.
Órdenes dio terminantes
de que fueran perseguidos,
hasta acabar con Romero
y sus tropas de aguerridos.
Pero Macario Romero
nunca llegó a dormir
y a las fuerzas del Gobierno
las obligó siempre a huir.
Don Vicente, ya furioso,
un plan le vino a poner
y comprando un mal amigo
lo quitó de padecer.
A un baile fue convidado.
donde estaría Jesusita

y por trasmano le dieron
de su amada aquella cita.
—Mi General, dijo a Plata,
deme licencia de ir,
que Jesusita me llama
y no debe de sufrir.
El General Plata, luego
le negó aquella licencia,
porque parecía traición
y debía tener prudencia.
Cinco heridas recibió
el valiente guerrillero,
pero todavía gritó:
—¡Viva Macario Romero!
Sólo una traición me vence,
cara a cara no pudieron
vencer a un hombre valiente,
sólo a la mala vencieron—.
Jesusita volvió en sí
al caer su prenda querida
y abrazándole muy fuerte
quería volverle la vida.
—¡Adiós, mi chata querida,
Jesusita, prenda amada!
Ya se me acaba el aliento,
ya terminó mi jornada—.
Y aclamando al Justo Juez
entregó su alma al Creador,
quien tanto se hizo temer
y que murió por su amor.
Jesusita lloró mucho
y por fin también murió,
juntándose con Macario
en el cielo que ganó.

Aquí se acaba el *Corrido*
de don Macario Romero,
que fue matado a traición
tan valiente guerrillero.

Procede de Huejotzingo, Puebla. Versión publicada por José Montes de Oca en
"Quetzálcoatl", Sociedad Antropológica de México.

EL CORRIDO DE PUEBLA

JOSÉ RECEK SAADE

Yo tengo en un azulejo
de talavera poblana
el retrato de mi madre,
de mi novia y de mi hermana.

De azul y blanco vestido
azulejo de pañuelo,
lo blanco mis ilusiones
y lo azul, Puebla, tu cielo.

Puebla la de Covarrubias,
de Palafox y Mendoza;
la de Díaz y Negrete,
la de Ignacio Zaragoza.
Puebla la de los conventos
y enladrilladas casonas.
¡Ay, Puebla de las leyendas,
los duelos y las tizonas.

Los ángeles de tu escudo,
por decreto celestial
son las palomas que cuidan
las torres de Catedral.

Templo de Santo Domingo
con la Virgen del Rosario,
un madrigal de Sevilla
lo tienes de escapulario.

Porque en tu calle pregonan
de dos espadas los filos
"Ojos que miráis serenos,
ojos que miráis tranquilos..."

Puebla la de los camotes
y almendrado mazapán,
que amasara con sus manos
Catarina de San Juan,

Puebla, tu casa y tu patio
de azucarillo y pregón
ya elogiaron con sus plumas
De Gante y Sánchez Pontón.

Quinientos cincuenta y cuatro
y año de gracia de mil
cayó Gutiérrez Cetina
vestido de oro y marfil.

Llora campana de bronce,
llora campana "María",
que en tu tañido se escucha
la voz de Motolinía.

También mis versos te cantan
—Puebla en mis versos dormida—
porque sus ojos los tengo
vueltos puñal en mi herida.

Calleja que yo conozco
como la brisa la flor,
mis lágrimas son tus piedras
y tu sombra mi dolor.

Ventana, mi ventanita,
la de la forja de acero,
en que dejé mis suspiros
y dos palabras "te quiero".

Entre cuatro monaguillos
que vienen en procesión
¡ay amor! te traen los cuatro
ya muerto mi corazón.

Con lo negro de tus ojos
bórdale amor su mortaja
y guárdalo entre tus manos
como si fuera la caja.

Ponle una flor de recuerdo
y échalo atrás al olvido.
Que la flor sea tu boca,
¡ay amor! sólo te pido.

Me voy, mas llevo tu nombre
pintado en forma de cruz,
sobre los bordes de un jarro
de los que hacen en La Luz.
Por tí mi verso se aroma,
Puebla en cocina trocada,
con el dulce picadillo
de los chiles en nogada.

Adiós tamales monjiles
y mole de guajolote;
chalupas de San Francisco
y tlatloyos de epazote.

Adiós angelitos blancos
de mi Puebla Colonial,
Que repiquen a difunto
los bronces de Catedral.

Ponte amor el zagalejo
y cuando oigas el repique,
asómate a los balcones
de la Casa del Alfeñique.

Ya me voy, me voy volando
en alas de la ilusión
y un azulejo me llevo...
a cambio del corazón.

LEYENDAS

La Fundación de Puebla
Mariano Fernández Echeverría y Veytia

—————

Dicen, [pues] que entregado a la quietud del sueño, el señor obispo Dn. Julián Garcés, una noche, que asientan haber sido víspera del Arcángel Sn. Miguel, en su festividad que celebra la Iglesia a 29 de septiembre con el título de la Dedicación (Florencia: Aparición de San Miguel. Lib. 1. Cap. 15), le fue mostrando un hermoso dilatado campo, por medio del cual corría un cristalino río, y estaba rodeado de otros dos que le ceñían y le circunvalaban, poblado de variedad de yerbas y flores, cuya amenidad fomentaban y entretenían diferentes ojos o manantiales de agua que brotaban esparcidos en todo su terreno, haciéndole entender al venerable prelado, que aquel era el lugar que tenía el Señor preparado para la fundación que se pretendía, a cuyo tiempo vio descender de los cielos a él algunos ángeles, que, echando los cordeles, planteaban y delineaban la nueva población. Despertó muy de madrugada y la primera diligencia que hizo fue celebrar el santo sacrificio de la misa, con mucha devoción y recogimiento y haciendo llamar después a los religiosos franciscanos, que se hallaban en Tlaxcala (entre los cuales fue uno el padre fray Toribio de Benavente o Motolinía, que algunos afirman estaba de guardia) y a otras personas distinguidas y de su confianza, así españoles como indios, les refirió el sueño y les dijo, que estaba resuelto a salir en persona a conocer la tierra, por si en ella hallaba el sitio que se le había mostrado en el sueño, para cuyo efecto quería que le acompañasen. Salió, pues, con esta comitiva, dirigiéndose, no sin superior impulso hacia la parte del sur y habiendo andado como cinco leguas, llegando al paraje en que hoy está la ciudad, suspendió su marcha, haciendo alto en él y tendiendo la vista por uno y otro lado, conocía ser el mismo que se le había manifestado en el sueño, y volviendo a los que le acompañaban les dijo estas palabras: *Este es el lugar que me mostró el Señor y donde quiere que se funde la nueva ciudad.* A todos agradó mucho el sitio y reflejadas después todas sus circunstancias, creyeron desde luego, que la asignación que de él hizo el señor obispo fue por superior ilustración.

Historia de la Fundación de la Ciudad de la Puebla de los Ángeles en la Nueva España. Su descripción y presente Estado, Puebla, Gobierno del Estado, 1931. Reedición facsimilar, 1992.

REALIDAD Y LEYENDA
DE GUTIERRE DE CETINA

ANTONIO ESPARZA

Corría el año del Señor de 1554. Era la noche del primero de abril, domingo de Cuasimodo, y la ciudad de la Puebla de los Ángeles, recientemente fundada, se disponía a recogerse. Todas las casas de la ciudad, trazada por ángeles agrimensores y construida por las morenas manos de los indios, se parecían a las del poema de Bernández: de amplios patios abiertos, para que el cielo del valle las estuviera gobernando, y con balcones enrejados para recibir por igual la tristeza y la alegría.

Un español, un soldado, un aventurero, un poeta, es decir, un hombre del siglo XVI se encontraba en Puebla; y una dama joven y hermosa lo conocía; y esa dama tenía, además de marido viejo, un enamorado descendiente de conquistadores.

El escenario de la tragedia estaba completo. No necesitaba más la leyenda para elaborar, con esos elementos, otra de sus numerosas y bellas narraciones, que había de vivir, por medio de la tradición, hasta nuestros días.

El poeta fue Gutierre de Cetina; la dama, doña Leonor de Osma; el esposo ofendido, el médico de la Torre; el enamorado, Hernando de Nava.

Nos dice la leyenda que Cetina, prendado de doña Leonor, escribió para ella su famoso Madrigal; que Nava, celoso hasta la desesperación, retó a singular duelo al poeta, duelo que se efectuó, precisamente, bajo el balcón de la hermosa, cuya casa se encontraba junto al convento de Santo Domingo, y que la suerte le fue adversa al poeta, quien cayó atravesado por la espada de su rival; y que antes de morir, repitió por última vez sus versos inmortales.

Ojos claros, serenos
Si de dulce mirar sois alabados,
¿por qué si me miráis, miráis airados?
Si cuanto más piadosos
más bellos parecéis a quien os mira,
no me miréis con ira
porque no parezcáis menos hermosos...
¡Ay, tormentos rabiosos!
Ojos claros, serenos,
ya que así me miráis, miradme al menos.

¿Qué muerte más hermosa podía esperar un poeta del siglo XVI? Ni siquiera la de Garcilaso de la Vega, caído heroicamente en la batalla de Provenza, frente a la fortaleza de Muey, puede comparársele.

La falta de datos históricos convirtió la leyenda en realidad, hasta el grado de que, por obra y gracia del Museo Regional, aparece en el muro exterior que cierra el atrio de Santo Domingo, sobre la calle 5 de Mayo, una placa que asegura que en ese sitio, y hace cuatrocientos treinta y un años, murió Gutierre de Cetina.

Sin embargo, la realidad es otra. Menos caballeresca, menos bella y romántica, pero realidad al fin, y tanto el lugar como la fecha en que falleció el poeta son inexactos.

Don Marcelino Menéndez y Pelayo, el más grande de los historiadores de la literatura española ignoraba, cuando publicó la primera edición de la *Historia de la Literatura Hispanoamericana* en 1893, todo lo concerniente a las estancias de Gutierre de Cetina en tierras de América.

Dieciocho años después, al aparecer la segunda edición de la obra en 1911, Menéndez y Pelayo enriquece los datos sobre Cetina con las notas que le proporcionó el insigne escritor sevillano Francisco Rodríguez Marín.

Gutierre de Cetina nació en la ciudad de Sevilla, en 1520, y perteneció a una familia noble y bien acomodada. Siguió la carrera de las armas, como su ilustre contemporáneo Garcilaso, con quien, como veremos más adelante, tiene muchos puntos de contacto; combatió en Túnez contra Barbaroja; asistió a las batallas de Italia y Flandes, y como otros muchos aventureros, pasó muy joven a las tierras del nuevo mundo.

Hombre de su tiempo, en Europa se había dedicado tanto como a pelear, a amar y poetizar, y trajo a México un bagaje lírico "de maravilloso ingenio e invención, de grandes elegancias y suavidad, de mucha agudeza y soltura en el lenguaje".

Poco se sabe de su primera estancia en México, donde al parecer por una alusión que hace en ella a la Nueva España, escribió su prosa satírica "Paradoja en alabanza de los cuernos", la que, según el decir de algunos críticos, elaboró el poeta para ser leída en una tertulia de Hernán Cortés, de quien Cetina, afirma, era amigo.

En el otoño de 1905 Francisco Rodríguez Marín, trabajando en el Archivo de Indias de Sevilla, encontró el abultado testimonio de cierto proceso criminal contra Hernando de Nava, empezando en la ciudad de Puebla de los Ángeles, y continuando, hasta su término, en la audiencia de México, por heridas que causó a Gutierre de Cetina.

La mención que hace el herido, en sus declaraciones, acerca de su tío Don Gonzalo López, procurador general de la Nueva España, ya conocido como pariente del poeta sevillano, salva toda duda respecto a que se trata del cantor de "Ojos claros, serenos", y no de un homónimo.

Del dicho proceso se desprenden los siguientes datos: Por febrero de 1554 Gutierre de Cetina, acompañando a su tío don Gonzalo López, salió de la ciudad de México hacia la de Veracruz, a embarcar ciertas barras de plata para Castilla. Mas al lle-

gar a la ciudad de los Ángeles, como ya fuese enfermo de las fie-
bres que había contraído durante su primera estancia en América, se quedó en ella para curarse. Acompañole un tal Francisco de Peralta, soldado de fortuna y camarada suyo desde las
guerras de Flandes, y se alojaron en la casa de Andrés de Molina, pared por medio de la que habitaba el doctor de la Torre,
casado con doña Leonor de Osma, joven de 22 años, más alegre
de lo que a su estado y buena fama convenía. En tanto que Gutierre de Cetina recobraba la salud, Peralta solía trabar conver-
sación con la desenvuelta doña Leonor, enterado de lo cual
Hernando de Nava, hijo de Bartolomé Hernández de Nava,
conquistador de los que habían pasado a Nueva España con
Pánfilo de Narváez, tomó infernales celos del soldado; porque
es de advertir que la Osma y Nava sostenían relaciones amorosas de algún tiempo a aquella parte.

Sanó Cetina, y resuelto a esperar en Puebla de los Ángeles el
regreso de su tío, contrajo alguna amistad con Nava, con quien
paseó varias veces. Por las noches solía tomar una vihuela y dar
música, con Peralta, a la mujer del médico, cosa que caía tan
mal al otro despechado y celoso amante, que se propuso hacer
con su rival "una que fuese sonada"; pero como de bueno a
bueno no se atreviera con él, sin duda porque había heredado
de su padre la pingüe encomienda de indios de Castil-Blanco
(hoy Ixtacamaxtitlan), pero no el valor con que éste acometió
empresas para merecerla, esperó a que llegase una noche oscura para ejecutar a traición su mal hecho.

Fue ésta la del primero de abril del dicho año. Estando Cetina y su compañero en calzas y jubón y con solas sus espadas a la
puerta de su alojamiento, y pareciéndoles, pues no era más de
las diez, algo temprano para acostarse, pidieron a un negro una
vihuela y acordaron dar una vuelta a la manzana de casas:

y hacía tan grande oscuridad —dice Cetina en sus declaraciones— que de muy cerca no se podía divisar un hombre, y

este declarante y el dicho Francisco de Peralta, yendo por la dicha calle, habiendo pasado la casa donde vive el doctor de la Torre, iba este declarante delante, y el dicho Peralta iba tañendo un poco atrás, y este declarante vio, llegando a siete u ocho pasos de la encrucijada de la calle de Santo Domingo, dos bultos que le parecían ser hombres, que estaban muy pegados a la esquina de un corral donde suelen encerrar arrias, e pareciéndole a este declarante que sí eran hombres, se volvió al dicho Francisco de Peralta que venía tañendo, e le dijo: paréceme que hay esquina; e acabado de decir esto, tornando a volver el rostro para justificarse mejor, le dieron a este declarante una herida en la cara y en la sien, e luego cayó en un lodo e arroyo que pasa por la calle, e queriéndose levantar este declarante para echar mano a su espada e defenderse, antes de que se levantase llegó otro hombre le dio otra cuchillada en la cabeza, de que este declarante tornó a caer en el suelo e perdió el sentido.

De acuerdo con los mapas de la primera traza de la ciudad de Puebla de los Ángeles, la iglesia y convento de Santo Domingo, con las casas adyacentes, formaban una sola manzana, tal como ocurre ahora con la iglesia y mercado de La Victoria. Sobre la que es actualmente la calle 5 de Mayo, al sur, esquina con la 4 Poniente, se encontraba el atrio del convento; y al norte, en la esquina de la 8 Poniente, las casas que menciona Cetina y el lugar en que se realizó el asalto.

Continúa el poeta su relato diciendo que repuesto algún tanto poco después de ser herido, pudo regresar a su posada. Fue Hernando de Nava, acompañado de un su pariente lejano, llamado Gonzalo Galeote, el autor del alevoso crimen, que cometió haciendo uso de un montante (espadón del tiempo de la conquista que se esgrimía a dos manos) mas no quiso dar tales cuchilladas a Cetina, sino a Francisco de Peralta, y los confundió por la oscuridad; mas cayendo en cuenta de que se había equivocado, cargó sobre Peralta, quien ya apercibido se defendió bien e hizo huir a los atacantes.

Las heridas de Gutierre de Cetina fueron graves, sobre todo la del pómulo izquierdo, a tal grado que pidió confesión, y se confesó, con un fraile de San Agustín que le llevaron:

> e trajeron —dice el mismo Cetina—, al doctor de la Torre e a un viejo que llamado Antón Martín, cirujano, para que me curasen, los cuales, vistas las heridas y la calidad de ellas dijeron a muchas personas de las que allí estaban, donde este declarante lo pudo oír e lo oyó, que no podría vivir hasta el día, e ansí como a hombre muerto no le curaron las heridas , más de solamente ponerles estopas e huevos, e atárselas con paños; e otro día siguiente, viendo el mal aparejo que había de cirujanos para curarse, envió a rogar a un fulano Cortés, vecino de esta ciudad, que lo curase con el ensalmo, e así el dicho Cortés trujo a un mancebo cirujano que le cosió la mitad de la herida del rostro e le sacó dos o tres huesos pequeños de ella, que estaban cortados, e no le hizo lo demás por causa de un hueso que estaba atravesado junto al ojo izquierdo, de manera que no podía salir, e así se ha curado cada día con el ensalmo...

El dato que aporta Cetina acerca de Cortés y el mancebo cirujano es de suma importancia. El día 11 de abril de 1554 el proceso es trasladado a la capital de la Nueva España, y el día 18 de ese mismo mes se le tomó declaración al poeta, quien se queja de que no habiendo podido ser curado en Puebla, mandó buscar "a un vecino de esta ciudad" refiriéndose a la de México, que es donde está fechado este testimonio.

Así pues, se descarta para siempre la posibilidad de que Gutierre de Cetina haya muerto en la ciudad de los Ángeles.

Aunque era grande la influencia de la familia de Hernando de Nava, era aún mayor la de los parientes de Cetina: el heridor se había refugiado en el convento de Santo Domingo inmediatamente después de su mala acción para ponerse al amparo del derecho de asilo de que gozaban las iglesias y las comunidades religiosas; pero el 11 de abril la audiencia de México nombró juez pesquisidor al doctor Antonio Mejía, oidor de la Nueva España, quien sacó por la fuerza a Hernando de Nava de su refugio, lo remitió custodiado, a la ciudad de México y el 12 de mayo de ese mismo año dictó sentencia, condenando al criminal a ser degollado, cortándosele antes la mano derecha.

Fue el proceso a revisión a la audiencia, la cual habida consideración a que la jurisdicción eclesiástica procedía con censuras canónicas reclamando a su retraído Hernando de Nava, y moviendo pleito a la justicia real, modificó la sentencia, para devolverle vivo al reo, pero después de haberle mandado cortar la mano derecha en la plaza Mayor de la ciudad de México, el 17 de julio de 1554.

Hernando de Nava vivía dieciocho años después; no así el desventurado Gutierre de Cetina quien, a juzgar por cierto procedimiento que está al final de los autos, murió, cuando muy tarde, antes de mediar el año de 1557. En efecto, por junio de ese año, Gonzalo Galeote, el pariente de Nava, y contra el que habían resultado algunos cargos como acompañante de éste en la noche consabida, por lo cual había andado fugitivo y oculto, pidió que no se le molestase más en el proceso que se le había seguido, en razón de que "ya se procedió contra Hernando de Nava diciendo haber cometido cierto delito contra la mujer del doctor de la Torre e Gutierre de Cetina, difunto, en el cual yo no soy culpa..."

Es posible que nunca sepamos con exactitud dónde y cuándo murió Gutierre de Cetina. El pintor Francisco Pacheco del Río, suegro de Velázquez, asegura en su "Libro de Retratos" que oyó decir que el poeta estuvo retirado en una aldea cerca de Sevilla, "donde murió", sin precisar fecha.

Por otra parte, la sentencia contra Hernando de Nava fue tan

271

grave, que debemos suponer que Cetina murió a resueltas de las heridas, y que su fallecimiento acaeció entre el 18 de abril, fecha de sus declaraciones en la capital de la Nueva España, y el 12 de mayo de 1554, día en que el juez de la causa condenó a muerte al heridor.

La obra de Gutierre de Cetina, muy poco conocida en nuestros días, es de gran importancia.

El editor Joaquín Hazañas publicó en Sevilla, en 1895, las poesías completas de Cetina, que son: 5 madrigales, 244 sonetos, 11 canciones, 9 estancias, 17 epístolas, 1 sextina y 1 oda.

Delicado y armonioso, Cetina ha sido considerado siempre como el poeta del amor. Rico de fantasía y bellos pensamientos, apenas cabe imputarle cierta difusión prosaica. Sus modelos fueron Petrarca, Ausias March y, sobre todos, Garcilaso de la Vega.

Perteneció Cetina a la escuela italiana, y fue, sin duda, el introductor de la misma en la Nueva España por medio del soneto, estrofa que cultivó más que ninguna otra.

Está probado que el soneto es de origen italiano y no provenzal. Los primeros sonetos se escribieron en lengua SI. La lengua OC, tan rica en manifestaciones poéticas, siguió una evolución muy diversa. La SI se transformó en el italiano, y la OC en el francés. Está probado también que fue Íñigo López de Mendoza (1398-1458) quien primero escribió sonetos en español, pues entre sus obras se cuenta una colección titulada "Sonetos fechos al itálico modo", y no Juan Boscán (1493-1542) y Garcilaso de la Vega (1503-1536) como se suponía tradicionalmente.

De Garcilaso, íntimo amigo suyo y en un tiempo compañero de armas bajo la bandera de Carlos V, siguió los pasos, y fue su modelo para el soneto, mucho más que Petrarca.

Es muy probable que haya sido Gutierre de Cetina quien enseñó el manejo de esa estrofa, tan bella y tan difícil, a los poetas novohispanos. Por lo menos se sabe que el primer poeta nacido en México, Francisco de Terrazas, "Fénix solo, único desde el uno al otro polo", como lo calificó Miguel de Cervantes Saavedra, fue discípulo suyo.

En efecto este soneto de Cetina:

Ponzoña que se bebe por los ojos,
dura prisión, sabrosa al pensamiento.
Lazo de oro cruel, dulce tormento,
confusión de locuras y de enojos.
Bellas flores mezcladas con abrojos,
manjar que al corazón trae hambriento,
daño que siempre huye al escarmiento,
minero de placer lleno de enojos;
esperanzas inciertas engañosas,
tesoro que entre el sueño se parece,
bien que no tiene en sí más que sombra,
inútiles riquezas trabajosas,
puerto que no se haya, aunque parece,
son efectos de aquel que Amor se nombra...

es el antecedente inmediato de ese otro, tan bello de Terrazas:

Dejad las hebras de oro ensortijadas...

Los orígenes literarios de Cetina se remontan a Ausias March, el magnífico poeta catalán considerado como el último de los trovadores medievales, traducido al español por Jorge de Montemayor, gran amigo de Gutierre, y autor de *Los siete libros de Diana*, la mejor de las novelas pastoriales castellanas el que, coincidentemente, en 1561 murió también "a mano airada por ciertos celos o amores".

El mayor mérito del famoso madrigal de Cetina, casi el único de sus poemas que se reproduce en las antologías, es el de haber sido escrito en silva consonante, una combinación de versos endecasílabos y heptasílabos que se convirtió en clásica, y que llegó al siglo XX con toda su frescura como lo demuestra el no menos conocido madrigal de Luis G. Urbina:

Era un cautivo beso enamorado...

Sin embargo, la idea de "ojos claros, serenos", no es original, pues ya la encontramos más de cien años antes del nacimiento de Cetina, primero en el cancionero de Brudieu:

Ojos claros, serenos,
caros me costáis si os vi,
pues para todos sois buenos
y tan malos para mí.
Pues mi pena veis.
miradme sin zaña
o no me miréis.

Y después recogido como anónimo del siglo XV por Julio Cejador y Frauca:

Aunque con semblante airado
me miréis, ojos serenos,
no me negaréis al menos
ojos, que me habéis mirado.

No obstante, la profundidad poética de Gutierre de Cetina es innegable, y en su misma raíz encontramos por la influencia que en su obra ejerció Garcilaso, la ternura de Virgilio:

Oh, dulces prendas por mi mal halladas...

o la de Ovidio:

En tanto que de rosa y azucena...

Y otro de los méritos del cantor sevillano es el de haber difundido y enseñoreado en la poesía hispanoamericana la lira, estrofa consonante de 7 y 11 sílabas y 5 versos, inventada por Garcilaso para escribir uno de sus más conocidos poemas, dedicado a doña Violante Sanseverino, dama hermosísima del barrio de Guido, en Nápoles, de la cual estaba enamorado el gran amigo del poeta Fabio Galeola, y titulado "A la flor de Guido", el que principia así:

Si de mi baja lira
tanto pudiese el sol, que en un momento
aplacase la ira
del animoso viento,
y la furia del mar y movimiento...

Los críticos de la edad de oro de las letras españolas trataron muy mal a Cetina; uno de ellos, Fernando de Herrera, en las anotaciones a las obras de Garcilaso de la Vega, dice:

"En Cetina, cuanto a los sonetos particularmente, se conoce la hermosura y gracia de Italia; y en número, lengua, terneza y afectos, ninguno le negará el lugar con los primeros; mas fáltale el espíritu y vigor que tan importante es a la poesía; y así dice muchas cosas dulcemente, pero sin fuerzas..."

¿Y cómo no iban a pensar los españoles de esa época que Cetina era un poeta blando y dulzón, si el choque de la conquista los había acostumbrado a poseer la pura materialidad de la mujer por la fuerza y la violencia?

Todas las canciones de Cetina son amorosas, y la quinta es una muy bella traducción de Ariosto. Pero donde se revela con mayor soltura, naturalidad más sugestiva, mayor dominio de la versificación y una gracia personal ajena por completo a las pretensiones horacianas, es en las Epístolas, escritas en tercetos, de carácter autobiográfico y dirigidas a sus amigos entre los que se destacan, aparte de Garcilaso, Diego Hurtado de Mendoza, el príncipe de Ascoli, la princesa Molfeta, Jorge de Montemayor, Jerónimo de Urrea y la condesa Laura Gonzaga.

Sin embargo, aunque en toda su obra Gutierre de Cetina logró delicadeza y musicalidad sumas, en la composición de Madrigales no tuvo rival entre los poetas de su época. Y con el de "Ojos claros, serenos" alcanzó, por derecho propio, primerísimo lugar entre los inmortales.

Realidad y leyenda de Gutierre de Cetina, Gobierno del Estado de Puebla, 1989.

EL MOLE

ARTEMIO DE VALLE-ARIZPE

El convento de dominicas de Santa Rosa estaba lleno de una angustia inocente y pueril. En todos los labios había oraciones; en todos los ojos las lágrimas nublaban la tersura candorosa de las miradas. La imagen que había en cada celda tenía una promesa más, fervorosa promesa de novenas, de ayunos, de cilicios, o suaves promesas de flores, de lamparillas de aceite, de velas escamadas o de paños bordados para los altares. Todas las monjas no hacían más que apretarse las manos, acongojadas. Peligraba la buena y noble fama del convento.

El virrey estaba en Puebla de los Ángeles. De todos los conventos, de todos los beaterios, le habían mandado guisados maravillosos para su mesa, guisados que elogió Su Excelencia con floridas palabras, poniendo ojos vagos de beatitud. Del convento de Santa Rosa aún no le habían enviado nada, teniendo, como tenía, tan preclara fama en el arte de guisar. Por eso estas cándidas y castas criaturas estaban en gran tribulación, en la que parecía que el Señor las había abandonado. Todas las monjas envolvían en largas miradas de congoja a Sor Andrea de la Asunción, que poseía pulidas manos de ángel para aderezar los manjares, pero a Sor Andrea, con ser tan buena guisandera, no se le ocurría ningún portento de aquellos con que pasmaba a toda la ciudad.

Estaba Sor Andrea como sonámbula, sus ademanes eran fugaces; no hablaba ni reía; sus ojos miraban soñadoramente a lo lejos; más que andar, deslizábase como una blanca cosa de en-

277

sueño, empujada por un viento manso. Al salir de aquellos trances largos contaba que su alma ausentábasele lejos, muy lejos del mundo, volando como un pajarillo, y luego que se fatigaba, se iba a descansar al Calvario, posándose en el clavo de los pies de la Cruz, y que allí se ponía a mirar con embeleso al Señor y a beber de la sangre de aquellas llagas sabrosas, y otras veces su alma, decía Sor Andrea, que era una abeja dorada, pequeña y sonora, que andaba libando como en flores ya de aquí, ya de allá, de una en otra herida de Cristo, de la cabeza, de la corona de espinas, de las manos, de los pies, o ya del costado, en donde solía meterse y bañarse. Después de estos largos y dulces raptos de su espíritu, miraba todo con caricia blanda, elevando sonrisas hasta sus hermanas en religión; narraba cosas bellas, extrañas, suntuosas, y sus palabras se paladeaban entonces como algo exquisito y fragante, y juntando lo ideal de arriba con lo real de abajo, se iba Sor Andrea con alma gozosa a la cocina, refulgente de azulejos, y aderezaba suculentas, esplendorosas maravillas. "También el Señor anda por los pucheros", dijo la Santa Madre Teresa de Jesús.

Sor Andrea de la Asunción era exquisita maestra en todas las refinadas artes de la gula; había hecho excelsas invenciones, en que, sin duda, ángeles y querubines pusieron el celeste milagro de sus manos: aquellas calabacitas en nogada; aquel estupendo almendrado de carnero, de un sabor profundo; aquel salmorejo de carne de puerco; aquella fragante carne también de puerco en granadino y la misma en envinado de piña; aquellas tiernas lechillas de vaca en blancas cajitas de papel; aquellos sublimes frijoles refritos de ocho cazuelas, y los suculentos pichones a la criolla y los pichones tapados y los de príncipe enyerbados, con toda una larga gama de sabores, y las magritas encapotadas y los fondos de alcachofa al jerez. Todo esto era para morirse delicadamente de dicha. ¿Y los pollos en petiflor, y las migas canas y el caldo de oro para enfermos, y las bolas de chanfaina envinadas? ¿Y qué decir de sus gloriosos potajes, en los que estaban vivos los siete dones del Espíritu Santo, y de sus insignes empanadillas de afiligranados y prolijos repulgos, rellenas ya de sesos con tomate o de picadillos maravillosos, y de su insuperable pipián de almendras, y de su estofado, y de su adobo magistral en salsa de la buena mujer, y de su carne de cerdo en caldo de ángeles, y de su mancha manteles, y de su conspicuo empiñonado de gallina, en el que intervenía directamente Nuestra Señora la Virgen María?

En la portería, con torno de cedro, tibio siempre por las manos que lo volteaban, con cuadros ennegrecidos, y en la que cruzaban sus luces vivas los azulejos del alto lambrín, en la que estaba una campanita inquieta y retozona; en la portería se aglomeraban a diario los lujosos criados de las casas grandes, con fuentes de plata o de blasonada porcelana, o con cazuelas vestidas con servilletas bordadas, para llevar a sus amos aquellos prodigiosos guisados de Sor Andrea de la Asunción, con los que se sentían imponderables goces, y se elevaba el alma a Dios en una pura alabanza estremecida de ternura.

Las monjas de Santa Rosa sabían a diario lo que enviaban al señor virrey. De este convento le mandaron a Su Excelencia unos áureos chiles rellenos, una jugosa pulpa de res en hierbas finas, un guisado de paladar de buey y unos adorables pollos cardenales en yemate; de otro, un faisán en sartén, costillas estacadas, huevos albardados y perdices en angaripola; de otro, gallina en guisado de piña y un canónigo cochinillo relleno de innumerables y divinos primores y con una ramita de perejil atravesada en el hociquillo jugoso; de otro convento le enviaron jigote seco, celestiales codornices rizadas, frondigas y quelomegalo; de otro, el galán de lomo de puerco, un glorioso entomatado de pollo y huevos de agraz, y huevos enormes entre flores de pasas y de jamón y un maravilloso entripado de leche; de otro, la extraordinaria torta de nada, un preclaro cabrito en adobo, riñones de carnero en vino blanco, y lengua de buey empapelada, que le decía a cualquier paladar cosas sublimes; de otro, conejo en salsa de ciruelas, albóndigas reales, apretadas, con culantro verde, liebre en alcaparrado y un platón con carnero en salsa de tortilla y uno más de ese carnero suavísimo, pero en asado prieto; y capones al horno y capones borrachos, que no más de verlos le abrían a uno todos los poros del cuerpo y se salía de él un exaltado regocijo; de otro, fuentes con molotes, con enchiladas, con chalupas ideales, con quesadillas, con garnachas, con tostadas variadamente compuestas y con pambazos magistrales, de una gracia definitiva; de otro, torta de berenjenas, aguacates rellenos y pollo emparedado en queso y al baño maría. Todos estos guisos portentosos ponían un refinado deleite, un imponderable encanto en las elegantes mesas virreinales y se acendraba con ellos el goce de vivir.

Las monjas de Santa Rosa estaban mansamente desesperadas, llenas de consternada tristeza. En cada celda habían una congoja viva y suplicante. ¡Que Dios descendiera pronto su santa gracia sobre el entendimiento de Sor Andrea! En torno de Sor Andrea de la Asunción no había sino un dulce coro de súplicas, que temblaban con una vaga pena, rogándole que aguzara el ingenio para enviarle algo digno al señor virrey, ya que ella se había opuesto a que se le mandara el conejo en arroz que propuso Sor Petra; el queso de huevos y el asado de puerco que dijo Sor Paz; las lonjas con pebre blanco que indicó Sor Clara; las orejas de vaca rellenas y fritas que propuso Sor Luisa; las gallinas gachupinas que deseaba Sor Antonia; la angaripola de pies de cerdo que quería Sor Fermina; el mondongo que guisaba de modo genial, con esclarecida perfección, Sor Anastasia de la Cruz, y los hojaldres fritos de muchos faldellines que hacía Sor Liberata, y que tan ilustre fama le habían dado a su convento de Santa Rosa.

No; Sor Andrea de la Asunción quería mandar a Su Excelencia un plato exquisito, delicioso, en que estuviera el espíritu de México palpitando en toda su finura graciosa; pero no hallaba cómo componer ese plato, para que fuera encantada delicia del paladar del más refinado laminero.

De pronto empezó a sentir Sor Andrea un suave zumbido interior que a veces se transformaba en una delgada voz que le decía con claridad, lo que deseaba; pero apenas lo iba a precisar, cuando se le deshacía en el pensamiento, y entonces una inquietud extraña agitaba constantemente a la buena madre; esa inquietud que precede a los grandes momentos de la vida. ¿Qué rico guisado iría a descubrir Sor Andrea de la Asunción? "El descubrimiento de una vianda nueva importa más para la felicidad del género humano que el descubrimiento de una estrella", escribe el maestro Brillat Savarín. Todo el convento de Santa Rosa temblaba en una dulce angustia, esperando la dicha de aquel nuevo manjar.

Pasó Sor Andrea el domingo de quincuagésima queriendo fijar aquellas leves hablas interiores, aquel runrún misterioso con que zumbaba en su alma de abeja de la gracia. El lunes comulgó en la cratícula enmarcada en policromada y luminosa azulejería. Las vírgenes y santos miraban desde sus altares a Sor Andrea de la Asunción dulcificando más sus rostros. Un grato sosiego se respiraba en aquel ambiente plácido. Sor Andrea se fue rápida hacia la cocina; llevaba ya encendida una gran idea. Le palpitaba la cruz del pecho; una sonrisa inefable se le difundía, iluminándole el rostro; resplandecían con su santo regocijo sus grandes ojos aterciopelados. Entró en la cocina. Los azulejos del techo —de tres bóvedas—, blancos, y cada uno con el temblor de una lucecita; los azulejos del lambrín, los azulejos de las paredes, los de los fregaderos, los de la fuente adosada al muro, los de los poyos, los de los vasares, los de los tinajeros, los que rodeaban, multicolores, las alacenas de hojas talladas; los azulejos del piso refulgente, los de los vastos braseros, le sonreían con sus reflejos numerosos y claros; las cacerolas, los peroles y cacharros de cobre pulido y repulido la reflejaron con cariño, felices de tenerla entre cada uno, blanca y mínima. Sor Andrea, pensativa, se acercó al fogón. Ya iba a florecer la gracia de lo maravilloso. Le iba a dar Sor Andrea el arte culinario de México nuevas e insignes perfecciones. Unas monjas, reunidas en grupo cándido en un rincón, veían a Sor Andrea con efusiva ternura, con suave bondad, ir y venir por la clara cocina, entre las luces de los azulejos.

La tarde anterior había mandado matar Sor Andrea un guajolote que engordaron en el convento con nueces, castañas y avellanas, y que destinaban para guisárselo al señor obispo. En una bandeja estaban ya cortadas las piezas. Inspirada cogió Sor Andrea de un pote vidriado chile ancho; de otro, chile mulato; de una caja michoacana, negra y rameada, sacó chile chipotle; y de otra hizo una cuidadosa y nimia selección de rabioso chile pasilla. Secos y arrugados estaban todos estos chiles y crujían en sus manos como si estrujase las hojas de un viejo infolio. En una cazuela echó manteca, y cuando empezó a chirrar, los tostó en ella, y en una comal tostó también ajonjolí, revolviéndolo unciosamente con una cuchara. Cada granito subía su esencia olorosa por el aire, y todos juntos le unieron para tenderla en el convento por encima del perfume de las rosas del jardín y de la sutil fragancia que emanaba de la capilla doméstica, y de la que efluía de las chiquitas celdas.

De las orcitas talaveranas del limpio vasar fue sacando Sor Andrea clavos, pimientas, cacahuates, canela, almendras, anís, y de un tarro tomó graciosamente unas pulgaradas de cominos y empezó a moler todo eso, mezclándolo, en un almirez que, con los acelerados golpes de la mano de cobre, cantaba festivo. Del tibor chino, azul y blanco, en que se guardaba el chocolote monjil, tomó dos tablillas y las juntó a los ingredientes que acababa de moler, y el almirez volvió, alegre, a tintinear persistente, con un claro repique de campana jubilosa. En otro almirez también la voz límpida, machacó tomates, cebollas, ajos asados, recogiéndose melindrosamente la manga del hábito para que no se le quedara en ella ningún avillanado rastro cebollero.

Luego, todas las especies las juntó con este ajo y con estas cebollas y con estos tomates y a su vez, mezcló todo ello con los chiles y con unas tortillas duras que sacó de lo hondo de un olla alta, panzuda y oronda como cura de aldea, y en seguida, ¡válgame!, con qué santidad, con qué unción fervorosa se arrodilló ante el negro metate; parecía que iba a comulgar o a pedir una merced a la Virgen.

Empezó a moler todas aquellas cosas. Subía y bajaba suave y rítmicamente el torso de la monja, palpitándole las blancas tocas al subir y al bajar sobre el metate la gruesa mano de piedra en que se afianzaban, frágiles, leves y blancas, las manos diligentes de Sor Andrea. Ya para caer la masa en espesa onda bermeja sobre la artesa, con el filo de la mano la recogía rápida, subiéndosela con ágil movimiento a la palma volviendo ésta hacia arriba, para ponerla en seguida encima del metate y seguir triturándola más finamente. Las monjas, en todas esas operaciones que eran como epopeyas, la veían con estupor, con sonriente admiración, y la madre sacristana, juntando las manos dijo:

—¡Ay, madre mía, y qué bien mole su reverencia!...

Un cándido alborozo de risa tintineó lozano en las bocas de las otras monjas por la equivocación de la dulce sacristana...

"¡Madre, muele, muele, no mole; madre, por Dios!", repitieron todas en coro festivo, y volvieron a derramarse las risas por la cocina, frescas y claras, en consonancia con los fulgores innumerables de los azulejos.

Hermana Sor Marta, con su gracioso lapsus linguales le ha dado vuestra reverencia nombre a este guiso que compongo con el favor divino. Mole se ha de llamar, aunque también sé que la palabra mole significa en náhuatl o mexicano salsa o guisado.

En seguida, en una reverenda cazuela de barro, de barro había de ser para que el perfume castizo se uniese delicadamente al de las viandas; en una cazuela de barro, en la que ya se había derretido bastante manteca al calor de un fuego manso, en el que previamente se quemó romero y tomillo para alejar los malos espíritus, echó Sor Andrea aquella mixtura bermeja que hizo chirriar, reír largamente a la manteca con atropellada y amplia risa de ventura. Todo el convento estaba tiernamente embalsamado de una fragancia nueva, que salía a la calle en ondas adorables, y la gente que pasaba, adivinando en ellas un gran bien, las sorbía con ansioso deleite, se envolvía en ellas complacida, como en una indulgencia plenaria.

De la olla en que con papada de puerco se coció el guajolote, sacó Sor Andrea varias jícaras de caldo espeso y desleyó en él la magnífica salsa que se estaba friendo entre las voces suculentas de la manteca, y cuando hirvió bien con ronroneo grave, adusto, puso en su plato de esa salsa fragantísima y con una cucharilla la fue dando a probar a cada una de las monjas. Una monja dio un largo ¡oh! de admiración; otra se quedó inmóvil, con los ojos vueltos hacia el cielo; otra dijo en un suspiro: "¡Bendito sea Dios!", y siguió por largo rato con los brazos contra el muro y allí quedó transverberada de delicia, otra, dando un grito, dijo "¡Ay, miren qué cosa!" y entró en un éxtasis, reclinando la cabeza sobre el hombro como paloma herida, y otra, encogiéndose, se entredurmió de bienestar, sin ninguna palabra. Aquel guisado tenía más espíritu que todos los libros que había en su biblioteca, y, desde luego, más, mucho más, que los sermones que le predicaba su capellán, Don Antonio de la Peña y Fañe.

Sor Andrea, después de repartir, sonriente, estas leves probadas echó en la salsa las piezas del guajolote, gordas, sonrosadas y tiernas, y tras de otro hervor para que se embebieran de aquella salsa gloriosa, las acomodó en una rameada fuente de Talavera, poniendo en su borde tiernas y frescas hojas de lechuga, y entre cada hoja colocó con pulido melindre, un rábano picado en forma de flor extraña y una rodaja de zanahoria. Aquello era magnificente, olímpico, hechizaba la vista. Todavía la pulida mano de la monja sabia revoloteó la fuente, espolvoreando ajonjolí con mucho atildamiento por el rojo dorado de aquel manjar insigne, en el que quedaron los granitos como amarillas gotas de luz.

El virrey y todos sus comensales, llegaron con facilidad al

arrobamiento con aquel guisado estupendo. Jamás la boca de Su Excelencia había probado nada tan singular y magnífico, fuera de uno que otro labio de mujer. El picor que le enardecía la lengua lo empujaba con avidez a que tomara más y más con tortillas calientes, esponjadas, suavecitas, que echaban un tenue vapor. Ese día y otro día, y todos los días que estuvo en la levítica Puebla de los Ángeles, pidió que le enviasen del convento de Santa Rosa esa vianda eminente, el castizo mole de guajolote, que le bañó en enormes deleites el corazón y que agradecía y lo contentaba más que si Su Majestad le hubiese enviado una encomienda. ¿Por qué Sor Andrea de la Asunción no estará aún en los altares de la cristiandad? ¡Ay, Señor, qué gran injusticia!

Fray Sebastián de Aparicio

Fernando Ocaranza

Aparicio ya no pudo resistir a la soledad de su segunda viudez, y por ello concibió el proyecto de abrazar la vida monástica en el convento grande de San Francisco de México; pero antes de aspirar a las vestiduras de novicio, otorgó una escritura con fecha 20 de diciembre de 1566, por medio de la cual cedió todos los bienes que poseía a las monjas de Santa Clara, reservándose tan sólo la cantidad de mil pesos para su manutención y para cumplir con las limosnas que acostumbraba.

Desde luego, vistió el hábito de donado y ocupó su tiempo en recoger limosnas que destinó a la conclusión de la iglesia de monjas de Santa Clara en la ciudad de México.

El 9 de junio de 1574, al cumplir los 72 años de edad, recibió el hábito de novicio en el convento de San Francisco de México, y tan pronto como cumplió el periodo que previenen las constituciones de la orden, hizo la profesión religiosa en calidad de lego, destinándolo el provincial de la Provincia del Santo Evangelio para cumplir la obediencia en el convento de Tecali, "diez leguas distante de Puebla". Ahí permaneció dos meses y la propia obediencia lo trasladó al de Puebla, donde nuevamente desempeñó el oficio de limosnero por las haciendas y ranchos de los actuales estados de Puebla y Tlaxcala. Aceptó gustoso el encargo, ya que le proporcionaba la oportunidad de recorrer los campos y vivir entre los ganados, por los que sentía tanto más cariño cuanto más envejecía. Así, se apartaba de la comunión de los hombres y se acercaba más y más a la de los animales sus hermanos menores.

Adquirió, en calidad de limosna, becerros y novillos, a los cuales ponía nombres tan luego como pasaban a su cuidado. La historia conserva los del *Gachupín*, el *Aceituno* y el *Blanquillo*. Por lo demás, todos recibían el de "coristas", por boca misma de Aparicio. Los consideraba pues, como discípulos. Así fue como fundó la propiedad franciscana cercana a Puebla, que los propios frailes llamaban el "rancho de Aparicio" y donde, después de su muerte habría de levantarse el Santuario de Nuestra Señora del Destierro.

Los novillos correspondían al gran afecto de Aparicio y según cuenta la historia o la leyenda —esto, como quiera pensarse— "le daban pruebas de obediencia, gratitud y reconocimiento".

Después, fue cuando construyó las carretas —carretas famosas de Aparicio— ya que según parece el propio lego fue el primero que introdujo semejante medio de transporte en la América septentrional. Mas, sus carretas debían circular con libertad y así fue como construyó un camino carretero entre Puebla y Jalapa, que según la leyenda llegó hasta Veracruz. Para ello, aprovechó la experiencia que tuvo durante la construcción del camino de México a Zacatecas, a la que el propio lego concurrió.

Refiere fray Luis Malo que no agradó a los coristas del convento de San Francisco de Puebla que Fr. Sebastián diese su nombre de clase a los becerros y para tomar desquite, planearon su revancha. Consistió en cavar un sepulcro en medio de la huerta, donde pretendían enterrar o simular el entierro del sencillo lego, metido previamente dentro de un ataúd. Por fortuna, en el momento mismo en que los coristas se disponían a bajar el ataúd dentro de la fosa, asomó el guardián por la ventana de su celda y pudo evitar la terrible travesura. Al ser reprendidos por el guardián, declararon los coristas que no pretendían consumar un homicidio, sino procurar que sintiera Fr. Sebastián la humedad de un sepulcro.

La leyenda refiere otro hecho, que bien pudiera interpretarse como rivalidad entre criadores de ganado —y ya lo era Aparicio, aunque su escala debía calificarse como mínima. Ocurrió en una hacienda aledaña de Amozoc y fue como sigue: Un día se presentó el venerable lego a las puertas de la finca con el fin de pedir limosna para su convento. En esa misma y precisa hora se dedicaban los rancheros a herrar becerros, y al enterarse de que Aparicio estaba presente, lo invitaron a pasar hasta el corral y con fingido comedimiento le afirmaron su disposición para socorrerlo; y más que a él mismo, a su convento. Le ofrecieron un toro bravo; pero tan sólo podía llevarlo lazado por él mismo, para lo cual le presentaron recia reata. El pobre lego comprendió que se le preparaba una mala jugada y con la mayor serenidad contestó a su generoso donante: "En otro tiempo supe lazar; pero ahora estoy viejo y temo no poder realizarlo. Si usted me hace la caridad de darme el toro que me ha señalado, yo lo tomaré, pues para ello me basta el cordón con que me ciño".

Dichas estas palabras, Sebastián se quitó el cordón y fue directamente hacia el toro prometido, y por cierto el mayormente temido por los rancheros; lo ató por los cuernos y ante la sorpresa de todos, salió con él, paso a paso, hacia el camino que se miraba frente a las puertas de la estancia. Y así fue como el estanciero perdió su toro bravo, mas todo sucedió de acuerdo con lo pactado, y no tuvo más sino acogerse a la resignación.

La misma leyenda nos cuenta acerca del dominio que poseía Fr. Sebastián de Aparicio sobre los animales, así fuesen feroces. Pasaba un día frente a las puertas de un rancho vecino a Cholula e iba en pos de sus carretas tiradas por bueyes. Como sintió que arreciaba el hambre, pidió de comer a la dueña de la estancia, e invitado a tomar asiento en la mesa, se aprestó para desuncir a sus bueyes "con objeto de que descansasen"; pero estos mismos, en cuanto estuvieron libres, tomaron el camino de las milpas, lo cual como es de suponerse molestó a la dueña. Aparicio comprendió su estado de ánimo y se dispuso a consolarla: "Señora, le dijo, no temáis que los bueyes coman una mazorca, o siquiera quiebren una caña, porque les he mandado, por obediencia, que no coman la hacienda ajena".

La dueña no creyó por un momento en las palabras de Aparicio, a las que tomaba por extraviadas o fantásticas y por ello lo
instaba para sacar los buyes de la milpa; pero Aparicio seguía
comiendo con la mayor tranquilidad y tan sólo se conformaba
con decir: "Puesto que no me creéis, venid conmigo, para que
veáis que los animales saben obedecer".

Y así fue como Fray Sebastián y la señora se pusieron en pie y
dirigieron sus pasos hacia la milpa. "Capitán, gritó el lego,
venid acá y traed a vuestros compañeros". La dueña afirmó su
creencia, acerca de la locura de Sebastián, o cuando menos de
su afición por bromear; pero con gran sorpresa, vio que los
bueyes salían de la milpa, paso a paso, y uno a uno, y todos se
acercaban al mágico lego. Este mismo, tomó a un buey por las
astas y le dijo: "Capitán, decid si habéis hecho algún daño en la
milpa". El buey dobló "pies y manos" y movió la cabeza de un
lado a otro, demostrando así que había entendido a Sebastián y
que, por otra parte, ningún mal había causado en la milpa. ¡In-
genua y dulce leyenda franciscana, digna de la leyenda del po-
brecito de Asís!

Mas no fue la única. En otra ocasión estaba Fr. Sebastián en
una hacienda vecina de la ciudad de Puebla y el dueño de la
propia finca se empeñaba en lazar a un toro bravo que había
embestido y maltratado a diversas personas. El objeto de tal
acto era con el fin de matar a la bestia enfurecida. Pero el lego
dijo al caballero: "Hermano, pues queréis matar este probrecito
buey (sic) haced cuenta que ya es muerto y dádmelo para el servicio de las carretas de mi padre San Francisco". El hacendado
cedió el buey; y Fray Sebastián, quitóse el cordón, se acercó al
animal, lo ató de las astas y se lo llevó sin la menor dificultad.
Así se cuenta el caso, por lo menos, agregándose que "otros varios hechos de esta naturaleza demuestran el dominio extraordinario que el virtuoso lego tenía sobre los animales".

Se cita en primer término su gran afición por la concordia; y
no tan sólo la practicó con los demás, sino procuró que los

otros la practicaran entre sí. Se asegura que cuando reñían los indios, bastaba decir el nombre de Aparicio para ponerlos en paz; de tal manera, que a menudo podrían oírse palabras como éstas: "Agradeced que el Santo de San Francisco ha hecho las amistades y nos ha mandado que no entremos en riña". Y así era como "Sebastián restablecía la paz donde encontraba la discordia".

Su pobreza era proverbial y no tan sólo sino prescindía de la comodidad misma. En su calidad de lego, tenía derecho a celda y cama; pero nunca lo ejercitó. Si vivía en el convento, dormía en los claustros o en la huerta, y si en el campo, pasaba la noche debajo de sus carretas.

En cierta ocasión visitaba a su amigo don Domingo Pérez, y al retirarse, llovía en tal forma, que éste mismo le obligó a pasar la noche bajo su techo, para lo cual, le mandó preparar comida confortable. Al día siguiente, tropezó don Domingo con el lego, que dormía en el corredor.

Sentía una gran ansiedad por sufrir. Así fue como caminaba siempre con la cabeza descubierta para ofrecerla al sol, al frío, a la lluvia; y con los pies descalzos, que a menudo se agrietaban y manaban sangre. Entonces, pedía a los zapateros, en son de broma seguramente, que le cosieran las grietas con alesna, o a las señoras para que lo hicieran con aguja e hilo. Por otra parte, la disciplina tenía que ver en su cuerpo muy a menudo y por ello se afirma que lo trataba "con positiva crueldad". Alguna vez un vecino de Tepeaca llamado Pedro Martínez, lo vio salir de su ermita con el cuerpo chorreando sangre y la disciplina guindada en el cordón.

Convirtió en hábito a la más terca abstinencia; jamás volvió a comer carne, ni pescado, ni manjares guisados; tomaba su alimento una vez al día y el mismo consistía en tortillas remojadas en una sencilla salsa. Cuando perdió los dientes, redujo su comida a fragmentos de pan mojados en agua; pero se cuidaba bien de apartar la ración que le daban en el convento; procedía en tal forma con el fin de separar el pan para sí y el resto para un indio que le acompañaba a conducir sus carretas.

Cuando enfermó de gravedad, su confesor, Fray Francisco Garrido, le exigió que tomase una copa de vino y algunos bizcochos, pues así lo tenía prescrito el médico. Fray Sebastián contestó con la mayor firmeza: "Hermano, os agradezco la caridad que me hacéis, pero un fraile franciscano no debe comer manjares delicados, y eso bien lo sabéis".

Jamás volvió a vestir ropa nueva; sus hábitos y piezas interiores pertenecieron antes a otro religioso que las entregaba al Fr. Sebastián cuando estaban muy usadas, pues tal era el deseo del venerable lego. Alguna vez se manifestó muy regocijado por el hábito que llevaba y él mismo decía a manera de explicación: "Mi hábito es bueno, porque me lo dio un santo, el guardián de Tlaxcala, Fr. Diego de Mercado" y es "que quiso ver a un viejo vestido con algo nuevo".

Cuando la necesidad le obligaba a calzarse, por ejemplo en el acto de "ayudar a misa", tomaba el calzado de otros frailes, fuesen o no de su orden; alguna vez, usó un zapato negro y un cacle blanco, de los que usaban los frailes carmelitas. Reprendido por uno de su orden, ya que tomaba aquello como un acto ridículo, el lego le contestó: "Hermano, unos calzan como quieren e yo como puedo".

La beatificación del venerable Sebastián de Aparicio. México, (s.e) 1934.

LA LEYENDA DE LA CHINA POBLANA

FRANCISCO MONTERDE

Nació en la monarquía de los Grandes Mogoles, de un matrimonio de gentiles, de estirpe real, y la llamaron Mirrha, que quiere decir Amargura.

Hombres piadosos que hablan de su vida, refieren que la Virgen María la recibió en sus manos, al venir al mundo; la bañó, para borrar la mancha de su origen y la acostó suavemente al lado de su madre, llamada Fruta Olorosa.

El príncipe, su padre, sabía curar enfermos con palabras de ensalmo, y conjurar las tormentas con el agua de una fuente sagrada.

Como el hada madrina de un cuento, cierto día en que la Virgen fue a visitar a Fruta Olorosa, hizo que la acompañara a un jardín; le dio un alfanje, y le ordenó que con él cavara la tierra.

La madre de Mirrha descubrió, a poco de cavar, unas joyas, brillante reguero de estrellas, que la Virgen misma le ayudó a depositar en lugar seguro, diciéndole: "He aquí tu recompensa, por los cuidados que prodigues a la niña mientras esté contigo."

Meditaban el príncipe y la princesa sobre el sentido de esas palabras, cuando llegaron al palacio tres astrólogos y pidieron que les permitieran adivinar el porvenir de Mirrha.

El horóscopo aseguró que su vida sería prodigiosa, pero que ellos nada sabrían, porque el destino de su hija la llevaría al extremo del mundo. Y los tres adivinos, al concluir, se elevaron batiendo alas de ángeles.

Una mañana la cuna de Mirrha amaneció vacía; entre la ropa

cálida, sólo quedaba —como un molde tibio— el hueco donde se hallaba antes. Cinco días y cinco noches la buscaron por los contornos del palacio, desesperadamente, sus padres y los fieles servidores. Al sexto día, cuando ya no creían poder encontrar siquiera el cuerpecito yerto, hallaron a Mirrha en el río que pasaba cerca del palacio real. Sostenida por un junco trémulo, flotaba, mecida por la corriente, y sonreía en sueños.

Mirrha creció. A veces, la Virgen la llevaba de la mano por caminos que sólo para ella no eran peligrosos. Un anciano y una anciana cuya cabellera se confundía con las nubes, la detuvieron en uno de sus paseos, para explicarle que había llegado el momento de que recibiera nombre cristiano. Al despedirse de ella, dijeron que se llamaban Joaquín y Ana.

Como los turcos se acercaban a la capital, amenazando a sus habitantes, su padre trasladó la corte a una ciudad de la costa, donde, en vez de los árboles a cuya sombra creció Mirrha, se veía una selva de mástiles blancos, en los que se agitaban las banderolas de vivos colores.

Un atardecer, cuando la joven mojaba sus pies en la arena húmeda, surgió detrás de una peña un grupo de hombres de pelambre oscura, largos bigotes caídos y mejillas manchadas de negro. Una tosca mano oprimió sus ojos, y luego sintió que la conducían en un esquife. La pusieron dentro de un galeón, donde arrancaron brutalmente las joyas que adornaban su cuello y sus dedos, y la arrojaron al fondo.

Allí quedó, entre los desechos corrompidos de mercancías, sobre las maderas por donde se arrastraban las enormes ratas; pero en la obscuridad, cuando el terror la hacía entrechocar los dientes, Mirrha vio con frecuencia un bello rostro, del que la bondad fluía como una luz tibia.

No supo cuánto tiempo duró en su prisión flotante, porque allí el día y la noche eran iguales. Cuando las maderas no rechinaban con fuerza, oía los chillidos de las ratas, encaramadas sobre un fardo.

Con la misma violencia con que la pusieron en las tinieblas, la sacaron un día a la luz del sol. Cuando pudo ver, creyó que era la misma playa en que antes corría feliz, porque había en ella, también, una selva de mástiles blancos, en los que se agitaban las banderolas de vivos colores.

Pasó de unos amos a otros; de un puerto, a otros puertos.

Un hombre alto, con el rostro sin barba ni bigote, avanzó un día hacia ella, y dejó caer en su cabeza un poco de agua, mientras decía palabras semejantes a las que su padre, el príncipe, repetía para sanar a los enfermos.

Después de la ceremonia, la llamaron con un nuevo nombre: Catarina de San Juan.

Una noche vio un grupo de hombres rudos que jugaban a las cartas, en medio de gritos que morían en el mar; se volvían a verla, y hacían horribles muecas. Después se inició una lucha entre ellos, cuando el más joven la tomó de un brazo y quiso llevársela. Otro les arrojó una lanza, que rebotó sin herirlos. Gritó implorando ayuda; pero sus gritos murieron también en el mar agitado.

Hasta el fondo del galeón, donde fue a ocultarse para escapar de los que la perseguían, llegaban las voces de los que gritaban roncamente:

—Ven, Catarina de San Juan.

Dieron con ella, al día siguiente; la sacaron de su escondite, y una barca la llevó a tierra.

Entonces conoció casas y gentes extrañas. Vivió mucho tiempo al lado de una vieja que a veces clavaba sus negras uñas en la carne blanca, pronunciando con odio su nombre, "Catarina", hasta hacerla gemir.

Una tarde, la vieja recibió un puñado de monedas de oro, de manos de un mercader, mientras escuchaba lo que le decía, en una lengua incomprensible para ella. Volvieron a embarcarla; pero esta vez pudo contemplar, durante todo su viaje, el cielo reflejado en las aguas inquietas, hasta que vio perfilarse en la lejanía una torre, y oyó, repetida por los marineros, la palabra *Acapulco*.

Al arribar, la esperaba en la costa un caballero con vestido azul, sembrado de botones brillantes. Le dieron a entender que era quien había enviado su rescate, en monedas de oro. Mientras recorría con él un sendero que iba por entre las montañas, aprendió su nombre: Miguel de Sosa.

El camino terminó en una gran ciudad. Allí, una dama tendió los brazos a Miguel, vio lentamente a Catarina y puso una mano sobre su cabeza. Juntos llegaron a un alto edificio en donde, al entrar, hicieron que se arrodillara. El caballero y la dama permanecían con los ojos bajos; pero ella alzó la vista y halló otra vez, rodeado de oro reluciente, el bello rostro, del que la bondad fluía como luz tibia.

En aquella ciudad, llamada Puebla de los Ángeles, vivió Catarina de San Juan. Su virtud fue sometida a duras pruebas. Como su belleza, realzada por los atavíos de oriente, era señuelo que atraía a los malvados, Dios le concedió que la perdiera. Por voluntad de sus amos, se unió en matrimonio con un esclavo *chino;* pero siempre se conservó pura: su castidad la amparaba.

Cuando murió, sus restos fueron a descansar bajo una placa de tecali, en la que se leía: "Guarda este sepulcro la venerable en Cristo Virgen Catarina de San Juan, la cual el Mogol dio al mundo y la Puebla de los Ángeles el cielo."

La voz popular la llamó *la china poblana*.

Imaginación de México, por Rafael Heliodoro Valle, Buenos Aires, México, Espasa Calpe, S. A. 1945.

ÍNDICE BIOGRÁFICO

AUTORES
ARTE

Salvador Toscano nació en Atlixco, Puebla, en 1912 y murió en un accidente de aviación en el Popocatépetl, Estado de México, en 1949. Licenciado en Derecho por la UNAM, por vocación y notables estudios, historiador y arqueólogo. Fundó, con Justino Fernández, Francisco de la Maza y otros más, bajo la dirección de Manuel Toussaint, el Instituto de Investigaciones Estéticas de esa Universidad. Profesor de distintas instituciones de educación superior y secretario del Instituto Nacional de Antropología e Historia a Toscano se debe la monumental obra *Arte precolombino de México y la América Central* (1944), *México Antiguo* (1946) y *Cuauhtémoc* (1953), obra póstuma, entre otras obras.

Dr. Atl (Gerardo Murillo) nació en Guadalajara en 1875 y murió en la ciudad de México en 1964. Estudiante de pintura en la academia de San Carlos, fue becado en Europa donde estudió sociología y filosofía en la Sorbona. Periodista desde los 14 años de edad, colaboró en diversas publicaciones de Italia y Francia. Director de San Carlos, fomentó la crítica y la protesta; bajo su inspiración ocurrió la primera huelga estudiantil en 1911. Ya en 1906 organizó una exposición con obras de Diego Rivera, discípulo en San Carlos y otros jóvenes pintores. Exiliado en París, regresa en 1913 y se incorpora al Constitucionalismo en Veracruz donde dirige *La Vanguardia*. Cerca de Venustiano Carranza, logra que La Casa del Obrero Mundial se sume a la revolución contra Victoriano Huerta, formando los batallones rojos que combatieran contra los campesinos de Zapata. Director de Bellas Artes en el gobierno de Carranza, después de 1920 se retiró a su estudio de pintor. Partidario del fascismo difundió esa ideología en el periódico *Acción Mundial*. Tiempo después, dedicado al estudio de los volcanes, hizo una admirable pintura que culminó en la serie *Cómo nace y crece un volcán* (el Paricutín); recibió, en 1958, el Premio Nacional de Artes. Entre sus libros de arte destaca *Iglesias en México* al cual pertenece su ensayo sobre las cúpulas de Puebla.

Manuel Toussaint y Ritter nació en la ciudad de México (su madre fue poblana), en 1890 y murió en 1955. Historiador del arte mexicano su obra, en la cátedra, en la dirección de instituciones académicas y en sus libros, es fundamental en la cultura mexicana. Secretario de José Vasconcelos en la Universidad Nacional y en Educación Pública, fundador de la editorial México Moderno, viajó por el país con Alfonso Caso, Vicente Lombardo Toledano y Agustín Loera y Chávez para conocer ciudades, ruinas prehispánicas, templos y conventos del pasado. Creador del Laboratorio de Arte de la Universidad y director de Investigaciones Estéticas, formó a un notable grupo de investigadores del arte nacional. Entre sus libros de historia y de arte destacan *La conquista del Pánuco* (1948), *Catedral de México y Sagrario Metropolitano. Su Historia, su tesoro, su arte* (1948) y el publicado en 1954, *La Catedral y las iglesias de Puebla*.

José Moreno Villa nació en Cataluña, España, en 1887 y murió —exiliado republicano— en la ciudad de México en 1955. Perteneció a la generación de Federico García Lorca, Luis Cernuda, Salvador Dalí... estudiante de química en Alemania, fue por vocación pintor y escritor. De 1917 a 1937 dirigió el Archivo del Palacio Real en Madrid. Asilado en México, su amistad con Gerardo Estrada fue decisiva para emprender su obra mexicana: Suplemento *México en la Cultura, Revista Mexicana de Literatura Tierra Nueva* y sus libros, después de su obra en España: *Cornucopia* (1940), *La escultura colonial mexicana* (1942), *Vida en claro* (autobiografía) (1944) y *Lo mexicano en las artes plásticas*, entre otros.

José Luis Bello y Zetina nació en la ciudad de Puebla en 1889 y murió en septiembre de 1968. Benefactor, fundó la Casa del Anciano y la casa de cuna "Palafox y Mendoza". Heredero de una valiosa pinacoteca, la enriqueció notablemente. Con Gustavo Ariza escribió *Pinturas poblanas. Siglos XVII y XIX* (1943) y con Enrique Cordero y Torres, *Galerías Pictóricas de Puebla* (1967).

Gustavo Ariza Dávila nació en la ciudad de Puebla en 1903 y murió asesinado en diciembre de 1944. Abogado en 1927 por el antiguo Colegio del Estado, fue juez de lo civil, magistrado del Tribunal Superior de Justicia de Puebla, profesor de Historia Universal y de Economía Política en ese Colegio, Secretario General de Gobierno del gobernador José Mijares Palencia y gobernador interino del estado en 1936. Su libro, escrito con José Luis Bello, aportó valiosos conocimientos al arte pictórico de Puebla.

Antonio Castro Leal nació en San Luis Potosí en 1896 y murió en la ciudad de México en 1981. Abogado y doctor por la UNAM, fue miembro del grupo de los "Siete sabios", que formaran entre otros, Alfonso Caso, Vicente Lombardo Toledano y Manuel Gómez Morín. Rector de esa Universidad de 1928 a 1929, participó en el movimiento de autonomía universitaria en 1917. Director de Bellas Artes, diputado federal y Coordinador de Humanidades de 1952 a 1954. Autor de *El Laurel de San Lorenzo* (1950) y de ensayos críticos sobre Juan Ruiz de Alarcón, Díaz Mirón, Francisco de la Maza, Gutiérrez Nájera y Ramón López Velarde, entre otros, aportó valiosos juicios críticos a las letras mexicanas.

Antonio Acevedo Escobedo nació en Aguascalientes en 1909 y murió en la ciudad de México en 1985. Escritor y periodista, miembro de la Academia Mexicana de la Lengua, crítico literario y autor, entre otros libros, de *Sirena en el aula, Los días de Aguascalientes* y *Al pie de la letra*.

Jorge Cuesta nació en Córdoba, Veracruz, en 1909 y murió en la ciudad de México en 1942. Desde muy joven colaborador de *El Universal*, miembro del grupo Contemporáneo su primer libro, *Antología de la poesía mexicana moderna*, lo reveló como notable crítico. Poeta y ensayista —muerto como López Velarde a los 33 de edad—, su excepcional obra fue compilada por Miguel Capistrán en cuatro tomos; UNAM, 1964.

Justino Fernández García (1904-1972) nació y murió en la ciudad de México. Doctor en historia del arte; profesor en la UNAM, fundó la catedral de Historia del Arte Moderno. Miembro del Instituto de Investigaciones Estéticas y de la Junta de Gobierno de esa universidad, fue miembro de las Academias de la Lengua, de Artes y de Historia, recibió en 1969 el Premio Nacional de Letras. Entre sus numerosos libros se cuenta *El arte moderno en México* (1937); *Prometeo, ensayo sobre la pintura contemporánea* (1945); *Orozco, forma e idea* (1956) y *Arte mexicano, de sus orígenes a nuestros días* (1958).

Daniel Rubín de la Borbolla nació en la ciudad de Puebla en 1907 y murió en la ciudad de México en 1990. Antropólogo en 1931 colaboró con Alfonso Caso en exploraciones y empresas culturales diversas. Especializado en los Estados Unidos fue profesor en el Museo Nacional de Arqueología, en la UNAM y en el Politécnico Nacional, así como en varias universidades de Suramérica, principalmente en Perú. Entre los cargos que ocupara, destaca el de comisionado de la presidencia de la república en el Departamento de Asuntos Indígenas de 1933 a 1946; director del Museo Nacional de Antropología de 1947 a 1953 de Artesanías de Puebla de 1962 a 1963 y director del Centro Interamericano de Artesanías y Artes Populares de la OEA en siete países. Su vasta obra de investigador abarca del *Arte Indígena de Norteamérica* (1945) al *Informe sobre Patrimonio Cultural* (1978). Su *Informe sobre Monte Albán* (1934) así como el *Arte Popular Mexicano* (1950) son algunos de sus trabajos. No sólo fue un estudioso de la artesanía y el arte popular sino uno de sus más constantes promotores y defensores.

Erasto Cortés Juárez nació en Tepeaca, Puebla, en 1900 y murió en la ciudad de México en 1972. Alumno de la Academia de San Carlos, fue un notable grabador miembro del Taller de Gráfica Popular y de la Liga de Escritores y Artistas Revolucionarios (LEAR), fundó el Taller de Artes Plásticas de Sinaloa en 1957.

Profesor de dibujo en la Escuela Normal, en San Carlos y en la Esmeralda. Crítico de arte, colaboró en el diario *El Nacional*. Publicó *Fisonomías de animales* (1950), *El grabado mexicano contemporáneo* (1951), *Héroes de la patria* (1960) y *Calendario Histórico guanajuatense* (1967).

Luz de Lourdes Velázquez Thierry es licenciada en Conservación y Restauración de Bienes Muebles, por la Escuela de Restauración y Museografía "Manuel del Castillo Negrete" del Instituto Nacional de Antropología e Historia, con Mención honorífica y premio a la mejor estudiante en su licenciatura otorgado por CONACYT y el Instituto Mexicano de Cultura. Profesora en la maestría de Arquitectura y restauradora en el Museo Franz Mayer y en el Palacio Nacional, ha publicado, entre otras obras, *Terminología en restauración de bienes culturales*, México, INAH, 1991; *El azulejo en la arquitectura de Puebla*, Puebla, Gobierno del Estado, Lecturas Históricas de Puebla núm. 72 y *El Azulejo y su aplicación en la arquitectura poblana*, Puebla, Gobierno de Estado, 1991.

POBLANOS

Francisco de la Maza Cuadra nació en San Luis Potosí en 1913 y murió en la ciudad de México en 1972. Maestro en Historia y en Letras por la UNAM; profesor de la Facultad de Filosofía y Letras desde 1945 e investigador en el Instituto de Estéticas; estudió en Italia, Alemania y España, enseñó en la Escuela Nacional de Antropología y en El Colegio de México. La obra de De la Maza abarca los más diversos aspectos del arte clásico y mexicano de su primera publicación en 1941 hasta un año antes de su muerte. Algunos de sus títulos son *El guadalupanismo mexicano* (1953), *Arquitectura de los coros de monjas* (1956), *El sepulcro de sor Juana Inés de la Cruz* (1967), *La mitología clásica del arte colonial de México* (1968), *La ciudad de Cholula y sus iglesias* (1959), *Catarina de San Juan, princesa de la India y visionaria de Puebla* (1971).

Ángel W. Cabrera nació en Zacatlán de las manzanas, Puebla y murió en 1928. Profesor y fundador de una escuela nocturna, contribuyó con diversas obras a mejorar su pueblo natal. Diputado al Congreso del Estado y autor del *Libro primero de Lecturas*, en su biografía de Miguel Cástulo Alatriste consta su conocimiento de la historia de Puebla en la época de la Reforma.

José Clemente Orozco nació en Zapotlán el Grande, hoy Ciudad Guzmán, Jalisco, en 1883 y murió en la ciudad de México en 1949. Uno de los más grandes pintores mexicanos. A principios de siglo se trasladó a la ciudad de México donde estudió en la Escuela Nacional de Agricultura de San Jacinto, durante tres años y, la vez, en la Escuela Nacional Preparatoria. Oyente en la escuela de pintura de San Carlos, se matriculó poco después. Participó en la huelga de esa institución dirigida por el Dr. Atl. De esos años data su conocimiento del taller de Vanegas Arroyo y de José Guadalupe Posada. Colaboró como dibujante en *El Mundo Ilustrado* (1906), *Testarudos* (1910-1912), *El Ahuizote* (1911), *El Hijo del Ahuizote*, de Daniel Cabrera (1911-1912) y en *La Vanguardia*, editado por el Dr. Atl en el campo carrancista (1915). Pintó murales en los Estados Unidos, en el Hospicio Cabañas y el Palacio de Gobierno de Guadalajara, en la biblioteca "Gabino Ortíz" de Jiquilpan, Michoacán... Recibió el Premio Nacional de Artes y Ciencias en 1948. Su *Autobiografía* se publicó en 1954.

Antonio Vanegas Arroyo nació en la ciudad de Puebla en 1842 y murió en la ciudad de México en 1817. Desde 1867 vivió en la capital de la república y trabajó en el taller de imprenta de su padre. En 1847 instaló su propia imprenta en la antigua calle de Santa Teresa —taller que describe Orozco en su *Autobiografía*— que hizo célebre Posada con sus grabados y el propio Vanegas con sus avisos de los sucesos que cubrieran de los años setenta hasta los de la revolución. Vanegas y Posada, con los versos de Constancio C. Suárez y Manuel Romero, fundaron un periodismo popular acaso único por la calidad del arte de Posada y el registro inmediato de lo que ocurría en el país. Publicó Vanegas, además, series de libros pequeños, también ilustrados, como Galería de Teatro Infantil, Colección de Comedias para representarse por niños o títeres y otros de episodios históricos nacionales.

HISTORIADORES

Constantino Reyes-Valerio nació en Zinacatepec, Puebla, en 1922. Estudió la preparatoria en el antiguo Colegio del Estado. Químico bacteriólogo por el Instituto Politécnico Nacional y Maestro en Historia por la Facultad de Filosofía y Letras de la UNAM. Investigador del Instituto Nacional de Antropología e Historia, ha publicado *Tepalzingo* (1962), *Trilogía barroca* (1962), *Juan Gerson, Tlacuilo de Tecamachalco* (1964), *El arte indo-cristiano* (1978), *El pintor de conventos* (1985) y *De Bonampak a Templo Mayor. El azul maya en Mesoamérica* (1994).

José Joaquín Izquierdo Raudón nació en la ciudad de Puebla en 1893 y murió en la ciudad de México en 1974. Médico por la Facultad de Medicina del Colegio del Estado se especializó en fisiología en la Universidad de Harvard (EUA), profesor de esa especialidad en la UNAM y el Politécnico, investigador y profesor en Cambridge (EUA) y Colonia, Alemania, fue jefe del Departamento de fisiología de la UNAM y miembro y presidente de la Academia Nacional de Medicina en 1946. Historiador, escribió *La primera casa de las ciencias en México. El Real seminario de minería (1792-1811), Un veterano del ejército permanente* (1951) y *Raudón, cirujano poblano de 1810. Aspectos de la cirugía mexicana de principios del siglo XIX en torno de una vida* (1949).

Ernesto de la Torre Villar nació en Tlatlauqui, Puebla, en 1917. Historiador, Licenciado en derecho y doctor en Historia. Estudió en la UNAM, El Colegio de México, en la Nacional de Antropología y en París. Profesor en varias instituciones de educación superior nacionales y extranjeras. Subdirector del Archivo General de la Nación y director del Archivo Histórico de la Secretaría de Hacienda y del Instituto de Investigaciones Bibliográficas de la UNAM. De su vasta obra histórica, cabe citar *Historia de México* (1987), *El nacimiento entre los pueblos prehispánicos* (1944), *Baltazar Dorantes de Carranza y la Sumaria Relación* (1945), *El triunfo de la república liberal* (1960), *Lecturas históricas mexicanas*, 5 tomos (1965-1971), *Fray Pedro de Gante, maestro y civilizador de América* (1973), *La expansión hispanoamericana en Asia. Siglos XVI y XVII* (1980), *Testimonios guadalupanos* (1982), *Breve historia del libro en México* (1987) e *Historia de la Educación en Puebla. Época colonial* (1988). Entre las distinciones que ha recibido está la del Premio Nacional de Artes y Ciencias en la rama de Historia (1987) y el Premio Universidad Nacional de México.

Enrique Cordero y Torres nació en Zacatlán de las Manzanas en 1904 y murió en la ciudad de Puebla el 23 de agosto de 1989. Estudió en el Colegio del Estado y fue Secretario de la Academia de Bellas Artes; profesor de dibujo y de geometría y colaborador en revistas y periódicos. Autor, entre otros libros, de *Historia del periodismo en Puebla, Diccionario General de Puebla, Cartografía del Estado de Puebla* y de *Historia Compendiada del Estado de Puebla* en 3 tomos (1966).

José Miguel Quintana Gómez-Daza nació en la ciudad de Puebla en 1908 y murió en la ciudad de México en 1987. Licenciado en Derecho por la UNAM. Profesor en la misma universidad y en el Instituto Politécnico Nacional. Colaborador de diversas publicaciones culturales, publicó, entre otras obras, *Esquicios de Francisco Morales Vandem Eyndem, notable pintor poblano del siglo XIX* (1985), *La primera crónica jesuítica mexicana y otras noticias* (1944), *Varios documentos referentes a Vasco de Quiroga recopilados por Nicolás León* (1949), *Las artes gráficas en Puebla* (1960) y *Los historiadores de la Puebla de los Ángeles* (1970) Fue secretario de la Academia Mexicana de la Historia y miembro de distintas asociaciones culturales.

Carlos M. Ibarra nació en Izúcar de Matamoros, Puebla, en 1905 y murió el 11 de agosto de 1979. Abogado por la Facultad de Derecho del Colegio del Estado, profesor de Historia y de Sociología. Director de la Escuela "Venustiano Carranza"; Secretario del Ayuntamiento y Magistrado del Tribunal Superior de Justicia del Estado. Autor de *Economía política de México, Continente nuevo* y *Hombres e Historia de México*, 2 tomos, en 1953.

Vicente T. Mendoza nació en Cholula, Puebla, en 1894 y murió en la ciudad de México en 1964. Estudió en Puebla y en México. En 1909 en la Academia de Bellas Artes donde estudió música y dibujo. En 1914 fue alumno del Conservatorio Nacional de Música. Para vivir, trabajó como dibujante y topógrafo en el Departamento de Caza y Pesca en el entonces Departamento de Irrigación, más tarde Secretaría de Recursos Hidráulicos. Profesor de solfeo en el Conservatorio y después, por valiosos trabajos, investigador del Instituto de Investigaciones Estéticas de la UNAM. En el Mezquital estudió la música indígena de esa región otomí; con Daniel Castañeda publicó *Instrumental Precortesiano*, obra precursora. Becado por la Fundación Rockefeller, estudió en el Instituto de Folklore de Indiana, Estados Unidos, obteniendo la maestría en Ciencias Musicales en Carolina del Norte y en 1955 el doctorado en Ciencias especializado en música. Maestro honoris causa por la Universidad de Alburquerque, EUA., perteneció a la Real Academia de Bellas Artes de Madrid. *Romance español y corrido mexicano* (1939), su obra más célebre, abrió un campo insospechado para el conocimiento de las raíces del "corrido" y, de éste, las variantes tonales y los temas populares, por sí mismos una historia de los sucesos nacionales desde el siglo pasado al presente. *La Lírica infantil de México* (1951), *La canción mexicana* (1961), escribió ensayos, artículos y monografías no compilados. Su amplia obra de musicólogo ha permitido conocer los varios registros de la música popular mexicana.

José Recek Saade nació en la ciudad de Puebla en 1923 y murió en la misma ciudad en julio de 1970. Estudiante del Colegio del Estado, poeta, obtuvo premios florales, menciones honoríficas y un reconocimiento a su vocación literaria. Fundó varias asociaciones de música y literatura y del Teatro para el pueblo. Colaborador en diarios y revistas culturales, publicó *Romances del Tabladillo, La lucha de la conquista* (teatro), *Manolete, el último Califa* y *Corrido de Puebla*, con música de Celia Valderrábano.

Antonio Esparza, nació en Aguascalientes en 1921. Escritor. Perteneció al grupo literario de la revista "Cauce"; profesor de la Universidad de Puebla y de otras instituciones de educación superior, ha escrito *La muerte de los angeles, Enemigo amor, Navidad de la luz y Aún es mía la estrella de la tarde, poesía; en ensayo, Indole y tendencia de la poesía de García Lorca, La presencia de Platero de la prosa castellana, Impresos poblanos desconocidos de los siglos XVII y XVIII, Puebla y los serdán, corazón de la* *civilidad,* entre otros; el autor, además, de obras de teatro y cuento.

Artemio de Valle Arizpe, nació en Saltillo, Coahuila, en 1888 y murió en la ciudad de México en 1961. Abogado por la Universidad de México, nunca ejerció su profesión. Diputado por Chiapas en 1910, estado que no conocía, en la última legislatura del gobierno de Porfirio Díaz. Diplomático, residió en España. Académico de la Lengua fue Cronista de la ciudad de México de 1938 hasta su muerte. Escritor constante, de su vasta obra histórica cabe citar *La ciudad de México a través de sus cronistas; La vieja calzada de Tlacopan; El Palacio Nacional; Virreyes y Virreinas de la Nueva España; El Canillitas* y *La Güera Rodríguez.*

Fernando Ocaranza y Carmona, nació en la ciudad de México en 1876 y murió en la misma ciudad en 1965. Doctor en medicina y director de la Facultad fue rector de la UNAM en una de las épocas más difíciles de esa institución. Profesor distinguido e historiador por vocación, dedicó su vida al estudio de algunos temas fundamentales del pasado cultural de México. *Capítulos de historia franciscana 2 volúmenes* (1933-34), Los *franciscanos en las provincias de Sonora y Ostimuri* (1933), *Establecimientos franciscanos en el misterioso Reino de Nuevo México* (1934), *El Imperial Colegio de Indias de Santa Cruz de Tlatelolco* (1934), *Parva crónica de la Sierra Madre; Juárez y sus amigos,* 2 volúmenes (1939) y *La beatificación del Venerable Sebastián de Aparicio* (1934), entre otras obras.

Francisco Monterde y García Icazbalceta (1894-1985), nació y murió en la ciudad de México. Doctor en Letras por la UNAM, profesor de literatura, subdirector de la Biblioteca Nacional y director de la Imprenta Universitaria. La vasta obra de Monterde se encuentra en las revistas literarias de más de 40 años. Miembro del grupo de los colonialistas a él de debe *Moctezuma, el de la silla de oro* (1945), *El temor de Hernán Cortés y otras narraciones de la Nueva España* (1943), *La careta de Cristal* (1932). Miembro de la Academia de la Lengua de la que fuera presidente, recibió en 1975 el Premio Nacional de Letras.

Mariano Fernández Echeverría y Veytia (1718-1779) nació y murió en la ciudad de Puebla. A los 15 años de edad obtuvo el grado de bachiller por la Real y Pontificia Universidad de México y, a los 19 años, el de abogado. Enviado por su padre a España llegó a alcalde de la Villa de Oña. Ya en México fue abogado de la Real Audiencia y de los Reales Consejos. Tres obras se deben a Echeverría y Veytia: *La historia antigua de México,* en tres tomos, publicada en 1836; *Baluarte de México,* historia de cuatro Vírgenes: la de Guadalupe, la de los Remedios, la de la Piedad y la de la Bala; la más célebre de todas la *Historia de la fundación de la Ciudad de la Puebla de los Angeles en la Nueva España. Su descripción y presente estado,* que permaneció inédita hasta su primera publicación en 1931 por el gobierno del doctor Leonides Andreu Almazán, al celebrarse el IV centenario de la fundación de Puebla y la segunda edición por el gobierno de Mariano Piña Olaya, al celebrarse el V centenario del Descubrimiento de América.

LEYENDAS

Mariano Fernández Echeverría y Veytia (1718-1779) nació y murió en la ciudad de Puebla. A los 15 años de edad obtuvo el grado de bachiller por la Real y Pontificia Universidad de México y, a los 19 años, el de abogado. Enviado por su padre a España llegó a alcalde de la Villa de Oña. Ya en México fue abogado de la Real Audiencia y de los Reales Consejos. Tres obras se deben a Echeverría y Veytia: *La historia antigua de México*, en tres tomos, publicada en 1836, *Baluarte de México*, historia de cuatro Vírgenes: la de Guadalupe, la de los Remedios, la de la Piedad y la de la Bala; la más célebre de todas las *Historias de la fundación de la Ciudad de la Puebla de los Ángeles en la Nueva España. Su descripción y presente estado*, que permaneció inédita hasta su primera publicación en 1931 por el gobierno del doctor Leonides Andreu Almazán, al celebrarse el IV centenario de la fundación de Puebla y la segunda edición por el gobierno de Mariano Piña Olaya, al celebrarse el V centenario del descubrimiento de América.

Antonio Esparza nació en Aguascalientes en 1921. Profesor de la Universidad de Puebla, perteneció al grupo literario de la revista *Cauce*. Poeta y ensayista, ha publicado *Puebla y los Serdán. Corazón de la civilidad* (1993) y *Aún es mía la estrella de la tarde* (1994)

Artemio de Valle-Arizpe nació en Saltillo, Coahuila, en 1888 y murió en la ciudad de México en 1961. Abogado por la Universidad de México, nunca ejerció su profesión. Diputado por Chiapas en 1910, estado que no conocía, en la última legislatura del gobierno de Porfirio Díaz. Diplomático, residió en España. Académico de la Lengua fue cronista de la ciudad de México de 1938 hasta su muerte. Escritor constante, de su vasta obra histórica cabe citar *La ciudad de México a través de sus cronistas; La vieja calzada de Tlacopan; El Palacio Nacional; Virreyes y Virreinas de la Nueva España; El Canillitas* y *La Güera Rodríguez.*

Francisco Monterde y García Icazbalceta (1894-1985) nació y murió en la ciudad de México. Doctor en Letras por la UNAM, profesor de literatura, subdirector de la Biblioteca Nacional y director de la Imprenta Universitaria. La vasta obra de Monterde se encuentra en las revistas literarias de más de 40 años. Miembro del grupo de los colonialistas a él se debe *Moctezuma, el de la silla de oro*

(1945), *El temor de Hernán Cortés y otras narraciones de la Nueva España* (1943), *La careta de Cristal* (1932). Miembro de la Academia de la Lengua de la que fuera presidente, recibió en 1975 el Premio Nacional de Letras.

Fernando Ocaranza y Carmona nació en la ciudad de México en 1876 y murió en la misma ciudad en 1965. Doctor en medicina y director de la Facultad fue rector de la UNAM en una de las épocas más difíciles de esa institución. Profesor distinguido e historiador por vocación, dedicó su vida al estudio de algunos temas fundamentales del pasado cultural de México. *Capítulos de historia franciscana* 2 volúmenes (1933-34), *Los franciscanos en las provincias de Sonora y Ostimuri* (1933), *Establecimientos franciscanos en el misterioso Reino de Nuevo México* (1934), *El Imperial Colegio de Indias de Santa Cruz de Tlatelolco* (1934), *Parva crónica de la Sierra Madre; Juárez y sus amigos*, 2 volúmenes (1939) y *La beatificación del Venerable Sebastián de Aparicio* (1934), entre otras obras.

Lecturas de Puebla, tomo III
se terminó de imprimir el mes
de abril de 1994 en los talleres de
Imprenta Madero, S. A. de C. V., Avena 102,
Col. Granjas Esmeralda, 09810 México, D. F.
La formación se llevó a cabo con el programa
Quark X Press de Macintosh y se utilizó
tipografía New Baskerville de 8 y 10 pts.
Se imprimieron 17,000 ejemplares, en papel
Kromos ahuesado de 90 gr, de los cuales
2,000 ejemplares fueron distribuidos por el
Fondo de Cultura Económica.